U0739532

陇上学人文存

LONG SHANG XUEREN WENCUN

陇上学人文存

# 张孟伦　卷

张孟伦 著　汪受宽 赵梅春 编选

甘肃人民出版社

## 图书在版编目（ＣＩＰ）数据

陇上学人文存. 张孟伦卷 / 范鹏，王福生总主编 ；张孟伦著；汪受宽，赵梅春编选. -- 兰州 ：甘肃人民出版社，2017.11
ISBN 978-7-226-05235-8

Ⅰ. ①陇… Ⅱ. ①范… ②王… ③张… ④汪… ⑤赵… Ⅲ. ①社会科学－文集②中国历史－古代史－文集 Ⅳ. ①C53②K220.7-53

中国版本图书馆CIP数据核字（2017）第303746号

出 版 人：王永生
责任编辑：袁 尚
封面设计：王林强

## 陇上学人文存·张孟伦卷

范鹏 王福生 总主编

张孟伦 著 汪受宽 赵梅春 编选

甘肃人民出版社出版发行

（730030 兰州市读者大道 568 号）

兰州新华印刷厂印刷

开本 890 毫米 × 1240 毫米 1/32 印张 11.375 插页 7 字数 287 千
2017 年 12 月第 1 版 2017 年 12 月第 1 次印刷
印数：1~1000

ISBN 978-7-226-05235-8 定价：60.00 元

（图书若有破损、缺页可随时与印厂联系）

## 《陇上学人文存》第一辑

## 编辑委员会

名誉主任：陆　浩　　刘伟平

主　　任：励小捷　　咸　辉

副 主 任：张建昌　　张瑞民　　范　鹏

委　　员：张余胜　　吉西平　　魏胜文　　高志凌

　　　　　张　炯　　安文华　　马廷旭

## 学术指导委员会

王希隆　　王肃元　　王洲塔　　王晓兴　　王嘉毅

傅德印　　伏俊琏　　李朝东　　陈晓龙　　张先堂

郝树声　　贾东海　　高新才　　董汉河　　程金城

总 主 编：范　鹏

副总主编：魏胜文　　马廷旭

## 《陇上学人文存》第二辑

### 编辑委员会

名誉主任：刘伟平
主　　任：连　辑　咸　辉
副 主 任：张建昌　张瑞民　范　鹏
委　　员：张余胜　吉西平　魏胜文　高志凌
　　　　　张　炯　安文华　马廷旭

### 学术指导委员会

王希隆　王肃元　王洲塔　王晓兴　王嘉毅
傅德印　伏俊琏　李朝东　陈晓龙　张先堂
郝树声　贾东海　高新才　董汉河　程金城

总 主 编：范　鹏
副总主编：魏胜文　马廷旭

## 《陇上学人文存》第三辑

## 编辑委员会

名誉主任：刘伟平
主　　任：连　辑　张广智
副 主 任：张建昌　范　鹏　马成洋
委　　员：管钰年　吉西平　王福生　陈双梅
　　　　　朱智文　安文华　刘进军　马廷旭
　　　　　张亚杰　李树军

## 学术指导委员会

王希隆　王肃元　王洲塔　王晓兴　王嘉毅
傅德印　伏俊琏　李朝东　陈晓龙　张先堂
郝树声　贾东海　高新才　董汉河　程金城

总 主 编：范　鹏
副总主编：王福生　马廷旭

## 《陇上学人文存》第四辑

## 编辑委员会

名誉主任：刘伟平
主　　任：连　辑　夏红民
副 主 任：张建昌　范　鹏　高志凌
委　　员：管钰年　吉西平　王福生　陈双梅
　　　　　朱智文　安文华　刘进军　马廷旭
　　　　　张亚杰　李树军

## 学术指导委员会

王希隆　王肃元　王洲塔　王晓兴　王嘉毅
傅德印　伏俊琏　李朝东　陈晓龙　张先堂
郝树声　贾东海　高新才　董汉河　程金城

总 主 编：范　鹏
副总主编：王福生　马廷旭

## 《陇上学人文存》第五辑

## 编辑委员会

名誉主任：林　铎
主　　任：梁言顺　夏红民
副 主 任：张建昌　范　鹏　彭鸿嘉
委　　员：管钰年　王永生　王福生　朱智文
　　　　　安文华　马廷旭　王俊莲　张亚杰
　　　　　李树军

## 学术指导委员会

王希隆　王肃元　王洲塔　王晓兴　王嘉毅
傅德印　伏俊琏　李朝东　陈晓龙　张先堂
郝树声　贾东海　高新才　董汉河　程金城


总 主 编：范　鹏　王福生
副总主编：马廷旭

## 《陇上学人文存》第六辑

## 编辑委员会

---

名誉主任：林　铎
主　　任：陈　青
副 主 任：范　鹏　彭鸿嘉　王福生
委　　员：管钰年　王永生　朱智文　安文华
　　　　　马廷旭　王俊莲　王　琦　方忠义
　　　　　李树军

## 学术指导委员会

---

王希隆　王肃元　王洲塔　王晓兴　王嘉毅
田　澍　刘进军　伏俊琏　张先堂　陈晓龙
李朝东　郝树声　傅德印　程金城　蔡文浩

---

总 主 编：范　鹏　王福生
副总主编：马廷旭

---

编辑部主任：董积生　周小鹃
编辑部副主任：赵　敏　胡圣方
学 术 编 辑：丁宏武　丹　曲　王志鹏　艾买提
　　　　　　庆振轩　孙　强　李君才　李瑾瑜
　　　　　　汪受宽　郭国昌

# 总　序

陇者甘肃，历史悠久，文化醇厚。陇上学人，或生于斯长于斯的本地学者，或外来而其学术成就多产于甘肃者。学人是学术活动的主体，就《陇上学人文存》（以下简称《文存》）的选编范围而言，我们这里所说的学术主要指人文社会科学研究。《文存》精选中华人民共和国成立以来，甘肃人文社会科学领域成就卓著的专家学者的代表性著作，每人辑为一卷，或标时代之识，或为学问之精，或开风气之先，或补学科之白，均编者以为足以存当代而传后世之作。《文存》力求以此丛集荟萃的方式，全面立体地展示新中国为甘肃学术文化发展提供的良好环境和陇上学人不负新时代期望而为我国人文社会科学事业做出的新贡献，也力求呈现陇上学人所接续的先秦以来颇具地域特色的学根文脉。

陇原乃中华文明发祥地之一，人文学脉悠远隆盛，纯朴百姓崇文达理，文化氛围日渐浓厚，学术土壤积久而沃，在科学文化特别是人文学术领域的探索可远溯至伏羲时代，大地湾文化遗存、举世无双的甘肃彩陶、陇东早期周文化对农耕文明的贡献、秦先祖扫六合以统一中国，奠定了甘肃在中国文化史上始源性和奠基性的重要地位；汉唐盛世，甘肃作为中西交通的要道，内承中华主体文化熏陶，外接经中亚而来的异域文明，风云际会，相摩相荡，得天独厚而人才辈出，学术思想繁荣发达，为中华文明做出了重要贡献。

近代以来，甘肃相对于逐渐开放的东南沿海而言成为偏远之地，反而少受战乱影响，学术得以继续繁荣。抗日战争期间作为大后方，接纳了不少内地著名学府和学者，使陇上学术空前活跃。新中国成立之后，人文社会科学领域的专家学者更是为国家民族的新生而欢欣鼓舞，全力投入到祖国新的学术事业之中，取得了一大批重要的研究成果，涌现出众多知名专家，在历史、文献、文学、民族、考古、美学、宗教等领域的研究均居全国前列，影响广泛而深远。新中国成立之后，人文社会科学几次对当代学术具有重大影响的争鸣，不仅都有甘肃学者的声音，而且在美学三大学派（客观派、主观派、关系派）、史学"五朵金花"（史学在新中国成立之后重点研究的历史分期、土地制度史、农民战争史等五个方面的重点问题）等领域，陇上学人成为十分引人注目的代表性人物。改革开放以来，甘肃学者更是如鱼得水，继承并发扬了关陇学人既注重学理求索又崇尚经世致用的优良传统，形成了甘肃学者新的风范。宋代西北学者张载有言："为天地立心，为生民立命，为往圣继绝学，为万世开太平"，此乃中华学人贯通古今、一脉相承的文化使命，其本质正是发源于陇原的《易》之生生不已的刚健精神，《文存》乃此一精神在现代陇上得到了大力弘扬与传承的最佳证明。

《文存》启动于中华人民共和国成立六十周年之际，在选择入编对象时，我们首先注重了两个代表性：一是代表性的学者，二是代表性的成果，欲以此构成一部个案式的甘肃当代学术史，亦以此传先贤学术命脉，为后进立治学标杆。此议为我甘肃省社会科学院首倡，随之得到政界主要领导、学界精英与社会各界广泛认同与政府大力支持，此宏愿因此而得以付诸实施。

为保证选编的权威性，编委会专门成立了由十几位省内人文社会科学领域著名学者组成的专家指导委员会，并通过召开专题会议研讨、发放推荐表格和学术机构、个人举荐等多种方式确定入选者。为使读者对作者的学术成就、治学特色和重要贡献有比较准确和全面的了解，在出版社选配业务精良的责任编辑的同时，编委会为每一卷配备了一位学术编辑，负责选编并撰写前言。由于我院已经完成《甘肃省志·社会科学志》（古代至1990年卷，1990至

2000 年卷）的编辑出版工作，为《文存》的选编提供了坚实的基础和基本依据，加之同行专家对这一时期甘肃人文社会科学发展的研究，使《文存》能够比较充分地反映同期内甘肃人文社会科学的基本状况。

我们的愿望是坚持十年，《文存》年出十卷，到 2019 年中华人民共和国成立七十周年之际达至百卷规模。若经努力此百卷终能完整问世，则从 1949 至 2009 年六十年间陇上学人以"人一之、我十之，人十之、我百之"的甘肃精神献身学术、追求真理的轨迹和脉络或可大体清晰。如此长卷宏图实为新中国六十年间甘肃人文社会科学全部成果的一个缩影，亦为此期间甘肃人文社会科学学术业绩的一次全面检阅，堪作后辈学者学习先贤的范本，是陇上学人献给祖国母亲的一份厚礼。此一理想若能实现，百卷巨著蔚为大观，《文存》和它所承载的学术精神必可存于当代，传之后世，陇上学人和学术亦可因此而无愧于我们所处的伟大时代，并有所报于生养我们的淳厚故土。

因我们眼界和学术水平的局限，选编过程中必定会出现未曾意料的问题，我们衷心期望读者能够及时教正，以使《文存》的后续选编工作日臻完善。

是为序。

2009 年 12 月 26 日

# 目　录

# 编选前言

张孟伦先生（1905—1988），出生于江西万年县石梓埠一个小工商家庭。童年时正值社会新旧交替之际，先在乡间私塾接受教育，背诵古文、诗、词，后入新式小学学习。因成绩优异，一学期后升入中学。1929年考入武汉大学历史系，在刘掞藜、李剑农等史家的指导下，学习治学方法，阅读《资治通鉴》，并重读《尚书》《左传》《礼记》等经典，收到"温故知新"之效。大学毕业后，先后在江西萍乡中学、省立樟树中学、国立十三中学、中正大学、南昌大学任教。1950年，响应党和国家的号召，投身建设大西北事业，从江西南昌来到地处西北、条件艰苦的兰州大学任教授。1958年被错划为右派分子，随即被调往条件更为艰苦的张掖师专。1962年，由时任兰州大学历史系主任的李天祜先生请回兰大从事教学工作。"文革"期间，先生遭受批斗，历经磨难。"文革"结束后，先生的生活得到妥善的安置，再度焕发出学术青春。1978年被批准为"文革"后第一批硕士研究生导师，招收中国史学史专业研究生，从此积极从事中国史学史学科建设与硕士研究生的培养工作，先后开出中国史学史等四五门研究生课程，为兰州大学中国史学史学科建设殚精竭虑。1985年北京师范大学史学研究所举办第一届全国史学史座谈会，旨在交流学术，切磋问题，促进史学史学科的健康发展。此时先生已年届八旬，应邀赴京，与白寿彝、陈千钧、张芝联、郭圣铭等著名学者共同商讨史学史学科的教学与研究工作。座谈会上，先生提出的研究生要读经书的主张，引起与会学者的共鸣。

先生任教樟树中学时,受到校长徐廷展的器重和照顾,开始从事学术研究。在《大公报·史地周刊》《中南日报》等报刊上发表有关古代饮食方面的研究成果,撰有《汉魏饮食考》《汉魏人名考》两部专著。在抗日战争与内战时期动荡不安的岁月中,先生坚持学术研究,在中正大学校长胡先骕、系主任王易的支持下,出版了《宋代兴亡史》一书,"以明一代之成败安危存亡之理",借古喻今,抒发书生报国情怀,还撰写了《辽金元史略》《中国上古史》《两汉政治史评》等著作。到兰州大学任教后,先生主要担任中国古代史、秦汉史、历史文选、中国史学史等课程的教学,学术研究的领域也从社会史、饮食文化史、宋史扩展到历史文献学、中国史学史等领域,出版了《中国史学史论丛》《中国史学史》(上、下)等著作,发表了一系列有关中国史学史研究方面的论文。在半个多世纪的治学生涯中,先生凭借渊博的学识,深厚的史学功底,严谨求实的治学态度,在社会文化史、宋史、中国史学史等领域,取得了令人瞩目的成就。

先生的学术研究是从探讨古代的饮食文化开始的,1937年发表在《大公报·史地周刊》上的论文为《豆豉考略》,1940年2月又在《中南日报》上连载《于定国饮酒数石不乱考》一文。《汉魏饮食考》(成书于20世纪30年代,经整理修订于1988年由兰州大学出版社出版)一书,则是先生研究饮食文化的代表作。此书通过仔细把疏散见于各种史籍中的有关资料,旁征博引,详细地阐述了汉魏间各种饭食、饼饵的用途、制作原料与方法,猪、牛、羊、狗、兔、鹿、鸡、鹅等各种肉类食品的产区、烹调方法、用途,各种鱼类食品的养殖、制作方法,蔬菜的种类及其功用,酱、豆豉等调味品在汉魏饮食中的地位、酿造方法,姜、椒、蒜、葱等调味品的产地、性能,酒的创制、功用、酿造技术、原料、种类,茶的起源与制作方法,栗、枣、梨、桃、李、梅、柰、桔、瓜、甘蔗等各种果品的产区、功用、质量、吃法。虽然只有15万余字,内容却十分丰富,涉及汉魏饮食问题的方方面面,是了解汉魏饮食文化,乃至中国古代的饮食文化不可或缺的一部参考书。

先生研究饮食文化时,注意考察与饮食有关的经济、制度、习俗,尤其是其中所记载与饮食有关的典故、逸闻轶事。如叙述饼的种类、制作时,特意讨论了"卖饼者"这一称号,说明在汉代重农轻商的政策下,商人尤其是做小买卖者地位低下,卖饼者被视为无赖、小人的代名词。故凡社会地位低下,被人看不起的人,便被骂为"卖饼家"。从而喜好《左传》,不好《公羊传》的钟繇"谓《公羊》为卖饼家"。①说到蔬菜时,则指出汉魏时期有些人以种菜为名却别有用心。其中,刘备种菜旨在避祸;吴将陆逊在曹魏大军压境之时催人种菜,则意在示人从容闲暇以退敌兵;汉献帝时李孚种植薤不为食用,而"欲以成计。有从索者,亦不与一,茎亦不自食"。②这些人名为种菜,实则另有所图。汉魏时期以蔬菜为食者多是平民百姓,达官贵人之饮食则是美味佳肴,而以蔬菜为恶食。倘若食之,则常为人耻笑。从而甘于蔬食,就成为文人、官吏情趣高尚、清正廉明的象征。如汉明帝时临淮太守朱晖离职后,"屏居野泽,布衣蔬食,不与邑里通。乡党讥其介。"③而朱穆为官几十年,布衣蔬食,两袖清风,家无长物,公卿们请汉桓帝表彰他。汉魏时期的社会风气,在菜食方面可略见一斑。述脍鱼之美,则兼及《世说新语》所载张翰故事。张翰在洛阳,见西风起,思念故乡吴郡菰菜羹、鲈鱼脍,说:"人生贵得适意,何能羁宦数千里以要名爵?"因而辞官归家。读之令人垂涎向往。酒在中国具有悠久的历史,逐渐形成了一种独特的酒文化。先生在考证酒的起源、功用、种类、酿造方法的同时,

①张孟伦:《汉魏饮食考》,兰州大学出版社1988年版,第33页。
②张孟伦:《汉魏饮食考》,兰州大学出版社1988年版,第88页。
③张孟伦:《汉魏饮食考》,兰州大学出版社1988年版,第91页。

还以大量的篇幅叙述了汉魏时期与酒有关的社会生活，如酒家、酒价、禁酒、榷酒、酒令、酒量、酒徒、酒狂、使酒坐骂、名士旷达嗜酒、沉湎于酒色的社会习气以及当时人与后代人对此的箴规、寄政于酒、备酒求学、借酒劝善等，不啻是汉魏酒文化简史。其论及酒家时指出，汉代有卖酒的专市，酒家门前往往高悬着酒望旗以招揽顾客，有美人或胡姬当垆，也有豪杰之士隐身酒肆为酒保的。卓文君当垆曾传为千古美谈，汉初名将栾布穷困时曾卖佣于齐，为酒家保。赊酒之风在汉魏时颇为盛行，亦有典衣卖马以换酒者，汉晋名士则嗜酒以示旷达。这些记述，生动地展现了解魏晋时期的社会风貌。可以说，《汉魏饮食考》填补了饮食文化研究的空白，对发扬中华传统饮食文化有重要意义，对魏晋史的研究也有重要的参考价值。

《汉魏人名考》是先生任教于樟树中学时撰写的另一部研究社会文化史的专著，1988年由兰州大学出版社出版。此书在当时曾获江西省教育厅学术审议会奖金，中正大学文学院王易教授和中正大学校长、著名学者王星拱曾为其作序。此书共十三章，对人名的起因及其与字的关系、汉魏时期命名取字的缘由，尤其是对汉魏时期以古朝代名、古圣先贤之名、天干地支、禽兽鱼虫、福禄寿喜等命名取字，以及改名换字的情形和原因、兄弟长幼排行、避讳等问题，进行了细致入微的考证研究。同时，还对汉魏人名中常带有"阿"字这一特殊现象，以及汉代著名的隐者商山"四皓"的称号、姓名进行了讨论。其"第十二章 同姓名"以表格形式列举出汉朝宗室同名者及同名者之关系，说明汉代纲常伦理、避讳制度并非如后世之严格，以致有父子、叔侄、兄弟，甚至祖孙同名者，并指出历代学者从名教观念出发认为《汉书》所记父子同名必有一误之说，是想当然的错误认识。本书涉及汉魏时期人名问题的各个方面，内容丰富充实，是姓名学的一部力作。

值得注意的是，《汉魏人名考》对汉魏人命名取字、改名背后所反映的时代风尚、政治情状,所体现的社会心理诉求,也进行了深入的分析探讨。对中国人来说,名字不仅仅是一个称呼、符号,而是具有丰富的内涵,其中寄托着命名取字者的意愿、期望,体现了其性情、信仰,包含着其对社会的认识。在某种程度上可以说命名取字是社会的一面镜子,颇能折射出人间百态。本书正是透过汉魏时期命名取字之趋势,揭示出其社会风貌、时代特点。书中指出,汉魏人喜欢以唐、虞、夏、商、周之名,古圣人尧、舜、禹之名,先贤如孔门弟子、管仲、子产、孟尝君、蔺相如等命名取字,反映了一种浓厚的慕古社会风气。而这种社会风气与汉代尊崇孔子,尤其是汉武帝罢黜百家、专尊孔子密切相关。孔子推崇古圣王贤能之人。随着孔子定于一尊,其地位与日俱增,"相应地,他崇古慕古的思想意识,也就逐渐渗透到社会的各个角落,蔚然成风。在汉魏人的命名取字中,就充分体现了这一点。"[1]本书还通过对人们多以福、禄、君、臣、公、卿、寿、延年、延寿、益寿、千秋、万岁等命名取字这一习俗的考察,指出汉魏时期普遍存在着一种期望吉祥万福,希冀高官厚禄、延年益寿的社会心理。嫖、嫚、开明、合欢、娥等字,含有邪淫、轻佻之意。如嫖是邪淫狎妓之意,嫚为淫嫚之意,开明、合欢有狎嫚亵渎之意,而貌美轻佻为娥。然两汉时期女子多以此取名,如汉文帝长公主名嫖,外戚梁竦的女儿名嫚,东平王之婢名合欢,王莽的侍者名开明,名娥者则更多。书中指出,这种以妖冶之字为女子命名的现象,是汉代淫泆社会风气的反映。"秦代统治天下,防民正俗,严禁淫泆,男女一律;汉则不然。'其时宫廷淫逸之习,固已毫无忌讳。《东方朔传》谓自董偃后,公主贵人,多逾礼制。盖上行下效,势所必至'。而女子命名,也都诲奸诲淫,充满了邪妖娇娆的意

---

[1] 张孟伦:《汉魏人名考》,兰州大学出版社 1988 年版,第 18 页。

味。"①在这种社会风气下，女子以妖艳之字命名，习以为常。这种对汉魏时期命名取字所包含的丰富社会内容的探究，使本书脱离了单纯的人名考证，从而从日常生活层面深刻地揭示了魏晋时期社会风貌。诚如评论者所指出的："《汉魏人名考》主要是考证，但又不仅限于考证，它也注重'义理'；它论述的主题是人名，但又不仅限于人名，它还论述了其他内容。作者说：本书'说来虽是人名考，实际上却是上及政治，下涉社会，包罗万象'（第二章），这不属自夸；序者说：本书'探究人名，而隐赜所及，上自政制，下至风尚，莫不囊括包举'，这并非溢美。"②从这个意义上说，《汉魏人名考》也是一部研究汉魏史的重要著作。

20世纪初，在梁启超"史学革命"的倡导下，史学界形成了一股新史学思潮。批判"君史"，撰写"民史"，是新史学的一个重要内容。"夫所贵夫史者，贵其能叙一群人相交涉、相竞争、想团结之道，能叙一群人所以休息、同体进化之状，使后之读者，爱其群，善其群之心，油然生焉。"③与国家、社会、民众生活密切相关的制度、经济、学术、风俗、艺术、婚姻、民族、交通等文化史、社会史，受到学者的重视。先生所撰《汉魏人名考》《汉魏饮食考》，是新史学思潮影响下的产物，同时也是对这一思潮的积极回应。20世纪六七十年代由于极"左"思潮的影响，一部丰富多彩的中国历史日益被简化为阶级斗争史。为了改变这种局面，80年代的史学研究者积极倡导文化史的研究和社会史的复兴。1987年《历史研究》第1期发表评论员文章《把历史的内容还给历史》，

①张孟伦：《汉魏人名考》，兰州大学出版社1988年版，第68页。
②张兴杰：《汉魏史研究的重要成果——张孟伦〈汉魏人名考〉评介》，《兰州大学学报》1989年第3期。
③梁启超：《新史学》，载《饮冰室合集·文集之九》，中华书局1989年版，第3页。

将复兴和加强社会史的研究作为开拓史学领域、改革史学研究的契机。此后，社会史的研究蓬勃发展，成为中国史学研究的重心之一。《汉魏人名考》《汉魏饮食考》的出版适逢其时，无疑有助于社会文化史研究的发展。

先生史学研究的另一个重要领域是宋史，研究成果主要反映在《宋代兴亡史》一书中，着重探讨了赵宋王朝建国之由及其兴衰盛亡之故。其中，有关赵宋王朝内部政治纠纷与外部民族矛盾的分析，深入独到，给人以启迪。

探讨宋代之兴亡，先生特别重视社会风俗、教育、人才培养、士人风操等因素的影响，指出重视人才、讲求气节和良好的社会风气，是宋代兴隆之根本所在。宋代对待人才，朝廷精于遴选，人主慎于接待，大臣乐于延誉，故而人才辈出，国家日盛。自太祖尊崇节义、敦励名实、褒奖韩通，范仲淹厉风节，胡瑗、孙复明正学，欧阳修等倡直言于朝，宋代社会风气为之一变。士存正气，以名节、廉耻相砥砺。国家危难之时，忠义蜂起。尤其是程门弟子，以国事为己任，忠君忧国，为反抗恶势力的领袖，抗击外族入侵的急先锋。在这种风气之下，人民亦怀抱忠义，既有誓志恢复国土的义士，亦有义愤起兵除奸之匹夫，故宋朝能危而复安。至于宋代之衰亡，先生认为，主要缘于姑息苟安、内部纷争不断，以及在处理敌对国家问题上的软弱无能。宋以文立国，其君贤者则仁慈，柔懦者则姑息苟安，优柔守文则有余，拨乱反正则不足，英达奋发之君，不可多得。其臣莫不墨守成规，不达权变，求其果毅驰骋之士，亦不易见。朝廷上下不思进取，暮气沉沉。这种因循苟且之风，表现为在内安土重迁、姑息弛刑，对外则是偷安苟幸，不图远略。北宋立都于无险可据的开封，南宋苟安于偏于一隅之杭州，高唱国之安危在德不在险的陈腐论调，苟且偷安而不愿迁都以应敌。太祖曾欲留洛阳，最终都长安，终为大臣所阻挠。南渡后张浚建议都建康

（南京），以为建康可以北望中原，使人常怀愤惕，不敢暇逸，而临安（杭州）僻于一隅，内则易生安逸，外则不足号召远近。又有人倡议立都于建业（武昌）。皆不为一意求和的宋高宗所采纳。孝宗时，陈亮又建议迁都建业，孝宗欲用之，亦为大臣所沮。先生指出，都城有关一代盛衰，其自然形势实与政治人文相表里。宋若不是苟安，以洛阳为都城，则中原不至于沦陷。若都关中，则金兵南来，犹有形势可据，不像汴（开封）之一无所倚，致敌长驱直入。而南宋以临安为都城，僻处海隅，更加苟安而无恢复中原之志。宋朝不诛违命败军之将，不斩祸国殃民之奸人，甚至赏罚倒置。先生认为，不能明典正刑，无国法纪律，姑息违命败军之将，则将领难以统帅，无望将士出兵御敌。姑息像张邦昌那样的僭叛之人，无以激励天下以图恢复。保全、褒奖黄潜善、汪伯彦、秦桧、贾似道那样的奸臣，则丧失民心。

先生指出，宋人好意气用事，以疾忌排挤为能事。不仅小人陷害君子，君子之间亦相互倾轧。真宗时，王钦若、丁谓嫉恨排挤守正疾恶的宰相寇准，使之一贬再贬。宁宗时，韩侂胄引用群小，排挤贤者，斥朱子之学为伪学。理宗时，权臣史弥远的亲信陷害程朱学者魏了翁、真德秀。宋末当权的贾似道更是嫉贤妒能，必陷之而后快。所谓君子也以议论攻击为尽职，好持高论，不肯舍己从人。一遇不合，就动气相攻，攻之不已，就罢官而去，不以国事为意。王安石变法，援引面谀之人，硕德重望被罢斥。而元老重臣也不肯考察新法之恰当与否，一切指为不善。元祐年间司马光秉政，彻底罢去新法，排斥新党。不久吕夏卿执政，元祐党人被斥。徽宗时立党人碑，称之为奸党。新旧党人相互意气用事，纷争不已，直至北宋灭亡。司马光、欧阳修、吕诲、范纯仁、吕大防等皆是正人君子，却因议论不合，势同水火。胡瑗与孙复争名，遂不相见。范镇攻击陈执中，以为其无学术，非宰相之器。苏轼与程颐门人相互攻击，遂成洛、蜀、朔三党。张浚与赵鼎同时为相，偶以意见不合,就反目。张浚因岳飞与己意相忤,遂不复相容。在揭露宋人热衷于内讧这种做派之后,先生沉痛地指出宋代就是在这样的内耗中日益衰亡的。"宋之名臣,往往如此,国家又几何不衰而且灭也!"①

宋朝在对外问题上,只知一味地退缩,纳币割地以求苟安。先生认为,这种以苟且偷安为上策的做法,也导致宋代之衰亡。先生指出,在处理与辽朝关系上,谨守修德以来远人之陈说,武备松弛。大臣多以弭战息民、修好为言。太祖时议伐北汉而取幽、燕为赵普所阻,太宗欲亲征幽州,亦为大臣所阻。岐沟之战后,像曹彬那样的良将,也苟安言和了。澶渊之盟后,辽人步步逼近,宋则以增纳岁币、割地求苟安。对此,先生不禁悲愤地责问道:"何宋代之苟且优柔,畏惮契丹之至于此也!"②对待西夏,则企图以爵禄予以羁縻,以恩惠予以笼络。举措失当,坐失良机,养痈遗患。至元昊时,西夏势力强大,宋疲于应付。对此,先生叹息道:"何宋代君臣之一味优柔仁懦,力行姑息而无远略也!"③在对待金与蒙古的问题上,宋人亦复如此。金人第一次南下时,以割地求得苟且,朝廷上下弹冠相庆,不知防范。当金人再次南下,唯有惶恐,不知计之所出,而归罪于抗敌将领李纲,自坏长城。南渡后,高宗以秦桧用事,一意求和,迫害抗金志士,使岳飞抗金事业毁于一旦。孝宗曾锐意北伐,失败后,亦狃于苟安之习,不思进取。当蒙古南下时,当权的贾似道昧于攻战,只知享乐,割地求和以图苟延残喘。而在朝大臣则平日空谈心性,自命甚高,临危则逃遁。"辽人入寇,则增岁币;夏人讲和,则增岁币。驯至金师来犯,割地避敌;蒙古南下,称臣

①张孟伦:《宋代兴亡史》,台湾商务印书馆 1972 年台二版,第 100 页。
②张孟伦:《宋代兴亡史》,台湾商务印书馆 1972 年台二版,第 74 页。
③张孟伦:《宋代兴亡史》,台湾商务印书馆 1972 年台二版,第 76 页。

纳贡。故曰宋之衰亡,姑息苟幸之弊也!"①

先生寄情宋代之兴亡,绝非发思古之幽情,而是借宋人之杯酒,浇心中之块垒。中国自19世纪后期以来内忧外患,与宋代的情形颇为相似。先生探究宋代之兴亡,"以明一代之成败安危存亡之理",旨在以史为鉴,对抗战御敌有所裨益。

赵宋一代在中国历史上的地位,近年来日益为学界所关注,内藤湖南、陈寅恪等所提出的宋代近世说,也为学者所熟知。殊不知先生亦是此说的倡导者。先生指出:"昔人每言秦为中国史中之上古与中古之一大关键,愚尤以宋为近古与近代之一大关键。举凡中古之政治思想,社会伦理,风俗教化,莫不经赵宋廓而清之,矫而正之,而另示近代以规范,近代诚受其影响特深,而奉其一切为圭臬者也。"②认为赵宋一代是中国从古代转向近代之关键,要了解近代中国之思想、政治、风俗,须溯源于宋代。在先生看来,赵宋王朝虽富强声威不及秦汉隋唐,但其风俗文物之盛,道德仁义之风则超越汉唐,媲美三代。

20世纪上半叶,从事宋史研究的虽有张荫麟、邓广铭、蒙文通、陈乐素、张家驹、聂崇岐等诸多学者,但先生的《宋代兴亡史》却是有关宋代历史较早的一部系统的断代史专著,筚路褴褛,嘉惠后学。此书在海内外颇有影响,台湾商务印书馆曾多次予以重印,20世纪90年代中华书局出版的民国丛书也将其收入其中。也正是这部著作奠定了先生在宋史研究领域的地位。

进入兰州大学后,先生将学术研究的重点转向文献学与中国史学史领域,因担心自己的研究跟不上学术发展形势,虽然撰写了不少论著,但并未公开发表。"文革"结束后,先生迎来了学术研究的又一

①张孟伦:《宋代兴亡史》,台湾商务印书馆1972年台二版,第72页。
②张孟伦:《宋代兴亡史·自序》,台湾商务印书馆1972年台二版,第2页。

春天。在生命的最后10年（1978—1988），整理、撰写了《中国史学史论丛》《中国史学史》（上、下）两部著作，发表了若干有关中国史学史研究论文，对孔子、李焘、马端临、顾炎武、章学诚等史家，隋代史学、宋代重修《唐书》、宋代统治阶级在撰修国史上的斗争、《汉书·地理志》、小说的史料价值等中国史学史上的重要问题，进行了深入的探讨，取得了令人瞩目的学术成就。

先生对所研究的史学问题，多有创见。即便有所偏颇，亦不失为一家之言。孔子是私人修史的开创者，其所删订的《尚书》、述作的《春秋》对中国史学产生了巨大的影响。先生所撰写的《孔子与中国古代史学》①一文，纵览中国史学发展历程，旁征博引，从体裁体例、历史思想、史学观念、撰述方法等方面，详细地阐述了孔子的史学对中国古代史学发展的深远影响，并以司马迁撰《史记》、班固修《汉书》为例，说明中国古代史学是如何师承孔子史学的，从而使孔子为中国史学祖师一说落到实处。此文是研究孔子史学的代表作。从20世纪20年代开始，章学诚的史学日益受到学者的重视，评价也愈来愈高。先生《章学诚的史学》一文，辨析了章学诚对待考据的态度、所提出的"六经皆史"观点，还着重分析了其史学为清政权巩固统治服务的实质。在章学诚史学研究日益兴盛，章学诚学术地位日隆的今天，重读此文，不啻是一副清醒剂。在《宋代统治阶级在撰修国史上的斗争》一文中，先生详细地阐述了宋太祖与太宗帝位之争、王安石变法新旧党人之争对宋代实录、起居注、时政记、国史撰修的影响，秦桧、韩侂胄、史嵩之、贾似道等权臣对史家的迫害、史书的篡改，及其对修史活动的干扰、摧残。这是将史学发展置于一定的政治环境中予以考察，揭示了

①所引论著，因文后附有先生《论著目录》，故不再注明出处。

政治斗争对史学的深刻影响，说明良好的社会环境对史学发展的重要性。在《关于宋代重修〈唐书〉》一文中，先生从政治和学术两个层面探讨了宋代重修《唐书》的原因，以及宋代在重修《唐书》过程中所出现的纠纷，并对宋人所夸耀的《新唐书》特点"其事增于前，其文省于旧"进行了辨析，指出这正是《新唐书》的缺点所在，其所增之事，多无根据，所省之文，则有关军国大事。其以文省事增为能事，则违背了当初重修《唐书》的宗旨。在《关于马端临〈文献通考〉人民性的问题》一文中，先生对学者提出的马端临《文献通考》具有人民性、民族正义感、敢于对现实作抗议的观点，进行商榷。首先，提出"评论一部历史著作是否有人民性，有民族正义感，就得：第一，必须把它放在一定的历史情况下，一定的环境中去考虑。第二，必须从它本身的总的倾向性，全部的主要意旨去分析。"如果研究者不从作者所处的时代、其著作撰写的背景，不从其著作总的精神实质出发，所得出的结论难以使人信服。其次，分析了马端临所处的时代及其对时代的回应、《文献通考》对史实的处理及其思想倾向，认为马端临的史学思想很难说具有人民性、民族正义感。先生指出，马端临身处国家民族危难之时，面对广大人民群众如火如荼的反抗民族压迫斗争，却躲进书斋，逃避现实。宋亡后，又以元顺民自居，称宋为宋朝，不敢称国朝或我朝，并出任元的书院山长。这与胡三省以宋遗民自居，以文天祥守节伏死自励，在《通鉴》注中抒发民族爱国情感，且不许子孙仕元，截然不同。马端临所撰《文献通考》成书于元成宗大德十一年，本应写到宋亡，使宋朝一代典章制度首尾完整。但因害怕元代统治者的猜忌而影响自己的身家性命，却止于宋宁宗嘉定五年(1212)，不敢记载宋朝亡国痛史，更不敢歌颂民族斗争的悲壮事迹。与此同时，大量宋遗民所著之书与诗文，不惧祸患，多忠愤激烈，黍离麦秀之悲，溢于言表。马端临对南宋抗金名将岳飞、韩世忠、刘琦"一遇女真，非败即遁"的评价，不合乎历史真实。在江南人民反抗民族压迫之时,马端临不歌颂岳飞等抗金英雄,以鼓舞人民的反抗斗争,反而不顾事实进行污蔑,这是他顺民心理的反映。因此,很难说马端临具有民族正义感、敢于对现实进行抗议。同时,马端临在《文献通考》中极力散布消极因素,如鼓吹遵循三年之丧的礼制、宣扬落后于时代的车战、要求在征战中讲求堂堂正正之举。在广大人民处于反侵略斗争的关键时刻,这些主张无疑是有害的。马端临在《文献通考》中否定、诋毁王安石变法,逐条指斥王安石所变之法。因此,很难说马端临史学思想具有人民性。

《中国史学史论丛》,是先生研究中国史学史的论文集。《中国史学史》,则是先生自20世纪60年代以来从事中国史学史研究的心血的结晶,也是一部史学史研究力作,阐述了自先秦至鸦片战争前的中国史学发生、发展、繁荣至嬗变的历程,反映了先生对中国史学史的系统认识,至今仍被研究者视为学习、研究中国史学史的一部重要参考书。在众多的中国史学史著作中,此书特色最为鲜明。[1]一、将各个历史时期史学发展概况的阐述与专题研究有机地结合起来。书中的各部分,分之则可独自成篇,合之亦为一部完整的著作。既展示了中国古代史学发展的历程,又对重要问题进行了深入阐述;既是一部中国史学史教材,又可视为中国史学史专题讨论集。二、详人所略,略人所详,不求面面俱到。如有关司马光及其《资治通鉴》的论述,着重分析了《资治通鉴》编撰成功的原因,并将宋代重修《唐书》的情形与《通鉴》的撰修进行比较,说明众人修史须有一负责任、善于领导史局的主裁,以及志同道合的专家相互配合,精诚合作,才能取得成功。而对

---

[1]参见汪受宽:《史学史园地的一朵奇葩——喜读〈中国史学史〉》,《甘肃版图书评论集》,甘肃人民出版社1986年版;宋仲玉:《读张孟伦先生著〈中国史学史〉》,《兰州大学学报》1986第3期。

《通鉴》及其学术价值则基本上没有进行评论。三、旁征博引,立论独到。据学者不完全统计,全书所引用的文献达近七百种之多,大凡与中国史学有关的资料,莫不加以搜罗。并在丰富的资料基础上提炼出独到的认识,无论是对一代史学的评价,还是对一部史著、一个史家的认识,皆新见迭出。可以说,在已出版的众多的中国史学史论著中,此书资料最为丰富,识见也最为独特。如对裴松之、刘知几、马端临、章学诚等史学家的评价多不同于其他学者。四、注意研究政治与史学间的关系,揭示时代对史学的深刻影响。这主要表现在两个方面,一是考察政治对史书编纂的影响,尤其注重考察史书编纂的政治背景。如述及唐初撰修前代诸史的原因时,着重分析了唐代统治者在政治上的动机。而论及唐代国史的撰修时,则详细地考察了统治阶级内部的政治、思想斗争在撰修国史上的种种表现。二是关注史籍在流传过程中因各种政治因素影响所经历的曲折复杂的历程。如论及《战国策》一书时,着重阐述了其从汉代到清代因与儒家思想格格不入致被现实政治所排斥而遭遇的曲折命运。五、爱而知其丑,憎而知其善。一般的史学史著作多着眼于总结中国史学的优良传统和成就。本书总结了中国史学的成就,同时对中国史学上的缺点与不足,甚至丑恶现象进行揭露。对史家史著的评价,尽量做到"毋固""毋我",既不虚美也不没其所长。如对于马端临及其《文献通考》,既批评了马端临在民族斗争如火如荼之时,逃避现实,闭门著述《文献通考》,以成名山之业,以及为了避免元统治者的猜忌,在书中回避宋末历史,只记载到宋宁宗嘉定五年,缺乏民族正义感。又肯定了《文献通考》是一部典章制度巨著,绝非章学诚所说的只是一部类书之学。六、重视历史上的学者对有关史学问题的认识,或对其进行论辩,或以之作为自己立论的佐证。如有关《左传》的作者,是一个长期以来争论不休的问题。该书首先梳理了中唐以前的学者如司马迁、严彭祖、班彪、桓谭、王充、班固、许慎、卢植、杜预、荀逊、孔颖达、刘知几等有关《左传》及其作者的认识，说明在中唐以前根本不存在《左传》是不是左丘明所作的问题。其次，对汉代有关《左传》的争执问题进行讨论。指出汉代在《左传》上的争论，一是述事解经（《左传》）与训诂解经（《公羊传》）之间的斗争；二是政治问题，即以哪一部春秋传为汉代服务的问题。不是《左传》作者真伪问题。再者，对中唐以来的学者如严助、陆质、郑樵等所持《左传》非左丘明所作的有关论点进行批驳。在此基础上，指出《左传》作者无疑就是左丘明。这种通过详细地剖析不同时代各家各流派学者的有关认识以阐明自己见解的方式，既便于读者了解所研究的问题的来龙去脉，也使作者的立论底蕴深厚，观点鲜明。当然，要做到这一点，需要具有深厚的史学根底。这也是本书不同于一般的中国史学史教科书，而具有学术专著性质的一个重要方面。总之，与同类著作相比，先生这部《中国史学史》风格最为独特，故而被学界称为"别具特色的专家之作"。朱仲玉先生评价道："读张孟伦先生的《中国史学史》，则令人感到这书确是跳出了大多数人在不知不觉中形成的框框，充分显示了自己独特的风格，既不与别的同一类书相似，而别的书也很难与之相似。"

先生治学深受传统史学的影响，孔子是先生最为崇敬的史学家。先生认为"无论从史家私人修史，还是从史学体例来说，我们都得尊奉孔子做中国史学的祖师"。孔子倡导的有疑则缺，无徵不信，深为先生所信服。在史、论关系上，先生主张"论从史出"，重视学问的功底，强调史料在史学工作中的重要性，所撰论著总是旁征博引，探赜索隐。在《中国史学史·自序》中，先生强调："又因无徵不信，无徵则难于发现问题，分析问题，得出有理有据而较为可靠的结论。以故采辑史料较多。"在《中国史学史论丛·前言》中，先生指出："十个专题，有些地方所要求古史学名家的，如果有所偏颇，也都是力求'论从史出'，不是'以论带史'的。"可见"论从史学"是先生所遵循的治学宗旨。先生的史学论著,皆以资料丰富、立论精当见长。所征引的资料遍及经、史、子、集四部,对一般治史者不太留意的笔记小说、诗文、戏曲、医书、农学书籍、佛教经典等,也予以搜罗引用。如"《人名考》以《四史》为纲,博采旧闻遗逸,广览经、子、集部。搜集证据,推勘事故,虽毫末细微,不肯稍事疏忽;措辞立论,则审慎权衡,平心察其是非,精意求其义旨"。"出入乎汉魏史乘之林,旁及乎逸闻轶事之微"。①《中国史学史》"据粗略统计,张先生共征引了六百七十多种典籍。他不只是把目光集中在史部文献上,还注意探讨群经、诸子与其注疏,汲取后人有关研究成果,参考了与史有关的一百五十多种集部文献,征引了自《蔡中郎集》至《饮冰室合集》以集名书的有九十种之多。"②

先生治学重视史学根底,对研究生的培养也是如此。先生认为研究生应学点文字学、提高古籍阅读的水平、学点"经书"、加强通史的学习、掌握撰写史学论文或史学专著的方法。这些要求都是着眼于培养研究生治学的根基。先生为提高学生阅读古代文献的能力,开设了《左传》选读课,以中华书局出版的《左传选》为教材。不仅在课堂上对《左传选》中的篇章进行详尽地讲解,而且撰写了《〈左传选〉注释管见》一文,对《左传选》应注释而没有注释的、已注释而欠妥善以及注释不全的,进行增补与修正。

先生治学,讲求自得。孟子说:"君子深造之以道,欲其自得之也。自得之,则居之安;居之安,则资之深;资之深,则取之左右逢其源,故君子欲其自得之也。"③许多史学大家都将自得作为治学最要紧的事,

①《汉魏人名考》,王易序、王星拱序。
②吴荣政:《张孟伦先生〈中国史学史〉读后》,《甘肃社会科学》1987年第3期。
③杨伯峻译注《孟子译注·离娄章句下》,中华书局1960年版,第189页。

先生也是如此。先生所撰《中国史学史》自序云："与时贤立论，本不敢立异；然见仁见智，终究在一些问题上，也又有所不同。"这是《中国史学史》的撰述旨趣，也是先生治学讲求自得之学的表白。为先生所撰之《汉魏人名考》作序的王易教授曾指出，《汉魏人名考》"探究人名，而隐赜所及，上自政制，下至风尚，莫不囊括包举，慧眼见真，独创一家之言"。王星拱则在序中说："发凡创例，一空倚旁，探赜索隐，成此传世之名著。使世之览者，于名字本末先后，时势升降，礼俗醇醨之际，了然于胸次而毫无所憾，则其大有造于学术也可知矣！"这里所说的"独创一家之言"、"发凡创例"，是对《汉魏人名考》在学术研究上创造性贡献的充分肯定。对史学史上的诸多问题，先生也以丰富的史料为基础，提出了新的认识。先生所撰《中国史学史》一书论及裴松之注《三国志》时，虽然肯定裴松之的贡献，但不赞成运用"补缺""备异""惩妄""论辩"这四种方法注史是裴松之的创作之说，指出在裴松之之前已经有人分别使用过这四种方法，最早综合使用这四种方法的也不是裴松之，而是孙盛的《异同评》。述及范晔史学时，则对《后汉书》在体例方面创立了皇后纪与逸民、列女、孝子、文苑等传这一传统观点进行了辨析，指出这些纪、传并非范晔所首创，而是向前人学习来的。因为，晋华峤《后汉书》有皇后纪以反映东汉多幼主继位而又母后临朝执政这一客观事实，范晔《后汉书》是以华峤之书为蓝本的，那么首创皇后纪的应该是华峤，而非范晔。《东观汉纪》为隐居不仕的逢萌、周党、黄霸、严光等人作传，梁鸿则撰有《逸民传》。刘向、皇甫谧、綦毋邃等撰有《列女传》，刘歆、曹植等曾撰《列女传颂》。晋肖广济、刘宋郑缉之、王韶之等都著有《孝子传》。秦汉以前没有以文章名家的，到了汉代才开始有了词人。随着文艺的发展，晋朝有《文苑钞》。那么，《后汉书》中的《逸民传》《列女传》《孝子传》《文苑传》也不是范晔所创制的。所以，范晔在史书体例上没有创制之功。在先生的史学论著中，像这样的新见，司空见惯。

辛安亭先生在《中国史学史》序言中指出："张先生学问渊博，功力深厚，阐述前贤史学，钩稽载籍，探究精微，不但广征于史，而且博取于经，旁及子、集，鉴空平衡，慎之又慎。故能采缀百家之菁华，创成一己之旨趣，别开生面，而'不同人共生活'，弥足珍也。"这是对先生学术的精当概括。

赵梅春

2017年5月13日

# 孔子和中国古代史学

孔子是中国历史上伟大的思想家、政治家和教育家,同时他对中国古代史学发展有相当大的影响。

## 一、无定法与有成例

《尚书》,孔子之所删订,《春秋》,孔子之所述作。然而"《尚书》无定法,而《春秋》有成例"①,这在体例上来说,二者截然相反。但不论无定法还是有成例,在中国史学史上却都起了绝大作用,而为后代史家所师法。

1. 无定法

孔颖达疏《尚书·尧典》说:"《书》篇之名,因事而立,既无定例,随便为文。"这就更是详明地指出了《书》的篇目,是随所述之事而名之,并没有什么一定的法则。为什么?这因《尚书》之教,并非纤悉委备,而是举其大纲,叙而述之,以示古代帝王经世之大略,以故典、谟、训、诰、誓、命之篇,唯意所命,并不拘泥于一定的题目,而写法也是多所变化而没一定的法则的。

正因为《尚书》是因事命篇,写法多变,活络而没一定的成法。从而卓越的史家司马迁撰《史记》,也就心领神悟,继承这种遗意,明权达变,体圆用神,著述列传而不拘守任何一定的成例。

_____

① [清]章学诚:《文史通义》卷1《书教下》。

　　且举七十列传之首的《伯夷列传》来说,便是不为传名所拘,作的是《伯夷传》,却又不是为伯夷作传,而是有感于世俗浇漓,以致激动发愤,而又不能不有所忌讳。以此议论多,叙事少,纵横变幻,一如排空游龙,使人捉摸不得。这就使得精言史意的名家章学诚不得不说:"太史公《伯夷传》,盖为七十列传篇作叙例。惜(许)由、(务)光让国无征,而伤伯夷、吴太伯之经夫子(孔子)论定,以明己之去取是非,奉夫子为折衷,篇末隐然以七十列传窃比夫子之表幽显微。传虽以伯夷名篇,而文兼七十篇之发凡起例。"①这就肯定了司马迁《史记》的列传,是没有一定的写法,师承《尚书》之无体例,沿袭孔子表幽显微的意旨,而自成一套凡例。这种说法,自是探穷幽隐,推极本原,而深中肯綮的。

　　再就《孟子荀卿列传》来说,先之以受业子思门人,而阐述孔子之意的孟子;继之以闳大不经,而又能归到仁义节俭的阴阳家邹衍;再继之以学黄老之术的慎到、田骈、接子、环渊;最后才归到最受尊敬的儒家荀子。一篇传文,竟写得如此汪洋恣纵,交错缤纷,真是体圆而用神,牢笼天地了! 至于《龟策列传》,并没叙述哪一个卜策者的事迹,而只说是自古帝王何尝不重视龟卜、蓍筮,则是本于《尚书》因事命篇之意旨,更是明白显然不待说了。

　　如其有人说,《龟策列传》诚然是因事命篇,效法孔子的删订《尚书》而来的。但纵横变化,错杂多端《伯夷传》《孟荀传》,也都是折中孔子而得《尚书》的意旨,那就令人疑莫能明了。然而我们认为:意会神悟,在乎其人;"运用之妙,存于一心。"诸凡广大宏博,精微奥妙的旨趣,都非语言笔墨所能传授,要在学者心神领悟,善于抉择去取,则"妙思所集,宜如其实,犹或增之",②哪有什么一定的法则呢? 不见草

---

①[清]章学诚:《章氏遗书》外编《丙辰札记》。
②[汉]王充:《论衡》卷8《艺增》。

圣张旭，就曾从他切身体验中，"旭言'始吾见公主、担夫争路，而得笔法之意；后见公孙氏舞剑器，而得其神'"，[1]"自此草书长进，豪荡感激"，[2]妙绝古今的故事吗？这因他焦神费思，揣摩比合，也就会悟到了作字伸缩变异的神妙，从而成竹在胸，挥运在手，书法愈出愈奇，终于入了圣境。举一反三，由此及彼；学书学史，唯在妙悟。马迁、张旭，识趣奇高，而又锲而不舍，也都一如禅师住心于一境，冥想妙理，终于入了悟门，其史法、书法的蕴蓄宏富，笔力豪放的由来，也都难以为一般人所可理解了。

再说，《尚书》既是因事命篇，而没定法，没定格。那么，探究精微，追索根本，则袁枢"因司马光《资治通鉴》分类排纂，以一事为一篇，各详起迄，各自标题，门目分明，始末了然"。[3]实是远承《尚书》而来的。所以章学诚说：袁枢《纪事本末》"之为体也，因事命篇，不为常格……决断去取，体圆用神。斯真《尚书》之遗也。"这就可见袁枢之能将每一历史事实的始末，网罗隐括，无遗无滥，叙述得丝索绳贯，脉络分明，实是就《尚书》因事命篇，加以神明变化，不为常例所拘泥，而得变通之道的缘故。从此师事相承，章冲的《春秋左氏传事类本末》，高士奇的《左传纪事本末》，陈邦瞻的《宋史纪事本末》《元史纪事本末》，谷应泰的《明史纪事本末》，也都陆续成书，这就说明《尚书》在中国史学史上影响之大，而纂定《尚书》的孔子，又是纪事本末体的祖师了。

2. 有定例

然而《尚书》之所以因事命篇，而没一定的法则，这当不是没有原因的。"盖官礼制（《周官》之法）密，而后记注有成法；记注有成法，而

---

①［唐］李肇：《国史补》。

②［唐］杜甫：《杜少陵集》卷 20《观公孙大娘弟子舞剑行·序》。

③《四库全书简明目录》卷 48《史部·纪事本末类》。

后撰述可以无定名……不必著为一定之例焉。"①所以说:"《书》录帝王言诰,举其大纲,事非繁密",即足以通帝王经世之大略,而垂知远之教了。②

但从周室东迁,政教号令,既已不行于天下;加之"至官礼废,而记注不足备其全"。③从而孔子之作《春秋》,除了求得周史纪与百十二国宝书,以备其始末外,又得著为一定的义法而发凡起例。

什么叫凡例? 举要谓之凡,④律例谓之例。⑤推而至之,凡是著书,其说明书的内容主旨,撰述的体例规条,便是凡例。杜预《春秋经传集解序》说孔子作《春秋》,"发凡以起例",便是中国史学史上,在撰述史书时,先行制订凡例破天荒的第一次。刘知几就曾说,"昔夫子修经(《春秋》),始发凡起例"焉。⑥

孔子作《春秋》,为什么先要发凡起例呢? 这因"史之有例,犹国之有法。国无法,则上下靡定;史无例,则是非莫准。"⑦"史者,国家之法典也";⑧"史之为务,树之风声";⑨所以警戒当时以及后代统治者不敢放肆胡作非为者也! 何况孔子之作《春秋》,唯一的主要意旨,是在明邪正,著劝诫,拨乱世而返之于正呢。

然则孔子所订的春秋凡例,又是哪些呢? 那便是:"微而显,志而

①[清]章学诚:《文史通义》卷1《书教上》。
②《礼记·经解》及疏。
③[清]章学诚:《文史通义》卷1《书教上》。
④[汉]董仲舒:《春秋繁露》卷10《深察名号》。
⑤《晋书》卷20《刑法志》:"集罪例以谓《刑名》。"
⑥[唐]刘知己:《史通》卷4《序例》。
⑦[唐]刘知己:《史通》卷4《序例》。
⑧[宋]欧阳修:《欧阳文忠公文集·奏议集》卷12《论史馆日历状》。
⑨[汉]荀悦:《申鉴》卷2《时事》。

晦,婉而成章,尽而不污,惩恶而劝善"①等5条。给予引申,则是:第一,言辞隐微而意义显著。第二,记事杀伐而行文幽深。第三,曲折婉顺而成篇章。第四,直书其事而不污曲。第五,善恶必书以为惩劝。总之,前四条是作《春秋》的方法,后一条则是作《春秋》的法例,正是所以达成惩恶劝善,拨乱反正的目的。

从此,孔子作《春秋》而发凡起例,以及所制定的凡例,在中国史学上莫不起了重大作用,深远的影响。

首先,就得到了为《春秋》作传的左丘明的赞美,不但说若非圣人,谁能做到这二点,②而且给《春秋》"立传","显其区域",一如孔子之订凡例,而"科条一辨,彪炳可观"。③

其次,陈寿修《三国志》,秉承孔子"微而显,志而晦"的凡例,绝不同王沉所作的《魏书》,鱼豢所著的《魏略》之以魏为主体,而是"齐魏于吴、蜀,正其名曰'三国',以明魏不得为正统"。④措辞隐微,而下笔则极严正,以寓其帝蜀的宗旨。其书也就以质直见称,而非司马相如文艳之文可比了。⑤再次,干宝撰《晋纪》,首立凡例,因而"其书简略,直而能婉,咸称良史"。自此,邓粲著《元明纪》(元帝、明帝纪)、孙盛撰《晋阳秋》以述晋的中兴,无不追踪干宝而立凡例,"词直而理正,咸称良史焉。"⑥

三次,沈约才高学博,"其著《宋书》……颇具别裁",⑦但从他《志

---

① 《左传》成公十二年。
② 《左传》成公十四年。
③ [唐]刘知己:《史通》卷4《序例》。
④ [清]朱彝尊:《曝书亭集》卷59《陈寿论》。
⑤ 《晋书》卷82《陈寿传》。
⑥ 以上见《史通》卷4《序例》、《晋书》卷82《干宝、邓粲、孙盛传》。
⑦ [清]章学诚:《文史通义》外篇二《读史通》。

序》里之所历述他的撰修《礼志》《符瑞志》《州郡志》《百官志》的方法看来,虽然名之曰序,而在实际上也都是凡例。不又证明史家修史,是师承孔子而发凡起例的吗?

四次,司马光推尊孔子备至,修《通鉴》而奉《春秋》为经,故不敢始于获麟而另起于三家分晋。[①]又复秉承孔子的遗训,一丝不苟,以故凡例都是和他得力的助手、史学名家刘恕、范祖禹几经商讨,才确定下来的。[②]其书也就修得格外简明精审,独步千古。

五次,就唐初修《晋书》来说,虽曾由有良史之才,自称为陈寿之流的敬播总其类而立了凡例。[③]只以执行不严,立了"凡天子庙号,唯书于卷末"的义例,而孝宗死后,却又不言庙而曰烈宗;[④]至于列传,则更是文不准例,而艾兰不分,将解系、解结、缪播等忠臣,与逆乱之徒孙旗、孟观、牵秀等合在一起。这又何怪乎《晋书》之在《二十四史》中,是问题较多而又较严重的呢。

六次,正因修史须效法孔子之作《春秋》而先发凡起例,以故元修辽、金、宋三史,为了探究应以谁为正统的体例问题,也就从世祖时开始,历经仁宗、文宗两代,争论不休。直至政权摇摇欲坠的前夕,这个难于解决而又不能再不给予解决的时期,才作出了"三国各与正统,各系其年号"[⑤]的义例,而开始撰修。不就可见孔子作《春秋》而先立义例,在中国史学上所起的影响,是如何的深远,而为后代之所宗师吗?

七次,正因为修史须效法孔子之作《春秋》而先发凡起例,以故明修

---

① [宋]晁公武:《郡斋读书志》卷2上《资治通鉴》。

② [宋]洪迈:《容斋续笔》卷4《资治通鉴》;[清]全祖望:《鲒埼亭集外编》卷40《通鉴分修诸子考》。

③ 《旧唐书》卷189、《新唐书》卷198《敬播传》。

④ [唐]刘知己:《史通》卷4《序例》。

⑤ [元]权衡:《庚申外史》卷上。

《元史》，不但撰修纪、志、表、传，事先都立有严明的凡例，以明传信传疑，笔削褒贬的不苟；而且尊奉《春秋》为准则，"不作论赞，但据事直书，具文见意，使其善恶自见。"①只以制订义例是一回事，执行起来又是一回事，致将为宋死难的忠臣洪福、赵安、张珏等诬为叛逆，则又何怪乎明修的《元史》，是历代"正史"最差的一部呢（诚然还有其他的原因）。

总之，修史首先必须发凡起例，以便有所遵循，则所修之史，才能少有谬误，已是从事实上历经证明而丝毫不爽的。而在中国史学史上，修史而先制立凡例，则是从孔子开始的。至于修史效法孔子而先立凡例，只以执行不力，而没有收到预期的效果，以致所修之史没有修好，也都无损于发凡起例的本身，更无害于孔子之名为中国史学的祖师的。从而清修《明史》，史官朱彝尊第一次上书总裁，便提出了"体例当先定"的问题，认定"作史者必先定其例，发其凡，而后一代之事可无纰缪"；复以"体例犹未见颁"，又在第三次上书里，申说了体例未定，则史官提出的史稿，将无法诠择而会于一②的理由。从此，总裁徐元文的《修史条议》、王鸿绪的《史例议》、汤斌的《明史凡例议》，也都相继提出，慎重地讨论了这个问题。这岂不都是在尊奉孔子为祖师，效法他作《春秋》之首先发凡起例吗？

## 二、正统问题

孔子作《春秋》以道名分，故以尊王为第一义，周虽衰微，犹是奉之以为天下的宗主。当时各国已经不把王室放在眼里，自用其历。如郑用夏正（以正月为岁首），宋用殷正（以十二月为岁首），甚至犹秉周礼之鲁也都改用了夏正。但孔子却因史见意，每岁"必书春王正月"，

---

①《元史》附录《纂修元史凡例》。
②［清］朱彝尊：《曝书亭集》卷32《史官上总裁第一、第三书》。

大事阐发"王者受命,制正月以统天下,令万物无不一一皆奉之以为始"①的政治意旨,以示周是一系相承,"六合同风,九州共贯"②之大一统的王朝,而膺天下的正统。

清儒鲁一同(好谈经世之学的道光举人)因之说:"居得其正之谓正,相承勿绝之谓统。"③反过来,则越礼犯分,假冒名义的,便是僭窃的伪政权。以故孔子之后,正统与僭窃,便在中国史学史上成了个被极其重视的重大政治问题。约略言之:

班固便不满于司马迁著《史记》的将汉高祖侧于秦、项之列,而遵循孔子"显助祖宗,扬明其躅哲之德"。既作《典引》"先扬大汉",以汉为帝尧之后,绍继其绪,"高祖、光武,如北辰居其所,而众星拱之","光被四表,格于上下",是乃"当天之正统"。④又修《世祖本纪》,于列传之外,特创载记一体,把那与刘秀争天下的群雄刘玄、刘盆子、隗嚣、公孙述等,一一列在里面。标志他们虽然曾文名号,却是僭窃分子。是后,唐初官修《晋书》,又将十六国的刘元海(刘渊)等一概列入载记;清的《四库全书》史部,更将载记这一门类,专事收罗《吴越春秋》以下偏方割据的史籍。穷根追源,不都是效法孔子之作《春秋》之尊周为天下大一统的宗主吗?

习凿齿以魏武曹操志在篡汉,便谓晋不宜上承魏统,而应越魏继汉,故作《汉魏春秋》,起于汉光武,终于晋愍帝。于三国时,以蜀为宗主,魏虽受汉禅,尚为篡逆。至文帝(司马昭)平蜀,才为汉亡而晋始兴起。⑤

①《春秋公羊传》隐公元年疏。
②《汉书》卷72《王吉传》。
③[清]鲁一同:《通甫类稿》卷1《正统论》。
④《昭明文选》卷48《典引》及注。
⑤《晋书》卷82《习凿齿传》。

魏收修《魏书》，本是以东魏为正统，而不给西魏诸帝立纪的。然而杨坚则是上承北周帝统，北周又是承西魏帝统的。那么，推而论之，则隋便成了僭伪政权，不成其历史上的正统王朝。于是杨坚即位之初，便迫不及待地命魏澹等更修《魏书》，而以西魏为正，东魏为伪，①则隋便成正统的政权了。

李渊父子灭隋而承其帝统，统治全国，自是一代的统一政权。然而隋末群雄纷纷而起，建国称帝称王的，除了李渊在长安建唐，年号武德外，则尚有梁师都、王世充、刘黑闼、林士宏、李密、刘武周等。然则他们所建的政权，究竟哪个才是非法僭伪，哪个才算合法正统的呢？因此，唐修《隋书》，就得改书隋炀帝大业十三年（617）为唐高祖所建立的隋恭帝义宁元年；并遥尊炀帝为太上皇，"逊位于大唐"②，李唐政权才有其合法性而是正统的，其他梁师都等建国号，也都属于僭伪了。

元修辽、宋、金三史，从世祖以来，便因辩论究竟应以谁为正统的问题，纷纷扰扰，不曾得到解决，也就无法进行。岁月悠悠，一直拖到顺帝末年，政权已是摇摇欲坠，设局通修三史，再也不容悬而不决，几经激烈争论，都总裁脱脱才断然作出"三国各与正统，各系其年号"③的义例，辽、宋、金三史，才得修成。

自从辽、金、元贵族建立他们的政权以来，正统问题，也就越加成了辩论不休的问题。而清贵族入关统治了全国，又更激起了有民族气节之士的激烈反抗。因之清政权以为史家修史，如果不以元为正统，而"以明继宋"，便是极其"荒唐悖谬……病狂丧心"，而"其书可焚，其

---

①《魏书》附录《旧本魏书目录序》。
②《隋书》卷 5《恭帝纪》。
③[元]权衡：《庚申外史》卷上。

版可毁，"以免流毒"而为世道人心之害"；①并以此严厉地宣告自唐、虞、三代以来，只有我大清皇朝是得天下最正，而为天与人归的正统政权。总之，指导中国封建史家修史的理论基础，是孔子的史学思想。自孔子作《春秋》书"王正月"的阐发"大一统"主义而以周为宗主后，历代史家诸如班固、习凿齿等等，王朝诸如隋、唐等等，莫不严重地注视着这个问题。而欧阳修、苏东坡、郑思肖、魏禧以至鲁一同，都无不鼓吹正统论，以为"取之以诈力，守之以残暴，恶在其为正统也"。②也就是说，只有"统天下而得其正，故系正焉；统而不得其正者，犹弗统乎尔"。③因而唐代的萧颖士，早就说是"仲尼作《春秋》为百王不易之法"，④而为后代史家的祖师。

### 三、尊王攘夷、内诸夏而外夷狄

孔子作《春秋》，既然主张大一统，对内以尊王为第一要义，对外也就大赞攘夷者的业绩。猃狁（秦汉时的匈奴），北方的强族，自殷末以来，即向内入侵，以至逼近周的镐京，造成了极其严重的危难。孔子删《诗》，也就保存了《小雅》歌颂北伐猃狁的南仲、尹吉甫，赞美宣王中兴的《出车》《六月》诗篇。尤其西部犬戎的入侵镐京，杀幽王，灭西周，迫使平王不得不迁徙洛邑而成了东周。从此，"封疆不固……南夷与北狄交侵中国，不绝若线。"⑤孔子作《春秋》也就以"尊周攘夷"相号召，"内诸夏而外夷狄"，⑥抗拒敌人，捍卫边防。这就在中国史上产

①《四库全书总目提要》卷50《宋史质》《宋史新编》。
②《魏叔子文集外篇》卷1《正统论中》。
③《欧阳文忠公文集·居士外集》卷5《正统辨上》。
④《新唐书》卷202《萧颖士传》。
⑤《晋书》卷56《江统传》。
⑥《春秋公羊传》成公十五年。

生了极其严重而深远的影响。

1. 就"内诸夏而外夷狄"说，孔子尽管对管仲有所不满，说他器量小，不能俭，不知礼；却高度地赞美了他"一匡天下"，而使诸夏得免于亡而"被发左衽"①的功业；并对吴、楚的称王，而贬之曰"子"。②从而：

晋武帝时，江统作《徙戎论》，首先便说："《春秋》之义，内诸夏而外夷狄。"今夷狄入居，必生事变，自应发遣，还其本域。帝不能用其言，不满十年，也就发生了"五胡乱华"的大灾难。③

唐武后时，突厥、吐蕃、契丹，往往遣子入侍，左补阙薛谦光因之力陈戎夏不可杂处，而让他们得知边塞、险要，妄生祸心，要当严加禁绝。

明英宗时，吏部主事李贤，又以成祖、宣宗以来的鞑靼降人留住京师，"一旦边方有警，其势必不自安"，请将他们调至各都司卫所，以分其势，而消未萌之患。④

总起来说，不都证明孔子"内诸夏而外夷狄"之说，在历史上发生了深重影响吗？

2. 就"尊周攘夷"说，孔子作《春秋》，意在拨乱反正，道名分"以达王事"。⑤然而"君臣之分，所关者在一身，夷夏之防，所系者在天下。故夫子之于管仲，略其不死(公)子纠之罪，而取其一匡九合之功。盖权衡于大小之间，而以天下为心也。"⑥从而：

王夫之"生当鼎革，窃自维先世为明世臣，存亡与共"，"虽荐辟皆

---

①《论语·八佾》《论语·宪问》。
②《史记》卷47《孔子世家》。
③《晋书》卷56《江统传》。
④《明史》卷176《李贤传》，《日知录》卷29《徙戎》。
⑤《史记》卷130《太史公自序》。
⑥[清]顾炎武:《日知录》卷7《管仲不死子纠》。

以死拒。"至死,且"自题墓碣曰:'明遗臣王某之墓'"①,这便是从他自己身上来阐扬《春秋》的大义,以为"夷夏者,义之尤严者也";"《春秋》者,精义以立极者也。"读圣人书,所学何事,当着异族大肆入侵,能够临难苟免,而不死节吗?正因为他拳拳服膺"尊王攘夷"大义而弗失,因之极力推尊刘裕之北伐中原,"东灭慕容超,北灭姚泓",乃"自刘渊称乱以来……仅延中国生人之气者!"乃"以功力服人而移其(晋)天下",不能"没其挞伐之功而黜之"者!甚至认为"即令桓温功成而篡,犹贤于戴异类以为中国主"②也!王氏如此慷慨激昂的爱国主义史论,诚是有得于《春秋》,才如此精辟的。

至于两宋、有明之末,许多英勇奋发,生死不渝的民族死节之士,其悲壮淋漓,惊天动地的"攘夷"业绩,史家又得因事制宜,有的为他们作了专传,有则列入了忠义传,务使他们的浩然正气,照耀万代而不灭,只以篇幅有限,也就不在这里一一细述了。

总之,孔子"夷夏之防"的论点,在今天说来,自然是一种民族狭隘主义。然而放在古代的历史条件下,要当知人论世,则那为民族死节之士的正气,又是至大至刚,岿然长存而明并日月的呢!

### 四、属辞比事

"属辞比事",原是孔子作《春秋》首创的一种修史的法则。从此,相承不坠,也就成了一条极具权威性的"《春秋》之教"。③

孔子博学多能,识大识小,④将西去王室和在鲁所收集的丰富史

---

①[清]李元度:《国朝先正事略》卷 27《王而农事略》。
②[清]顾炎武:《读通鉴论》卷 14《安帝 14》、卷 15《宋武帝》、卷 13《晋成帝》。
③《礼记·经解》。
④《论语·子张》。

料一一排列,连类而比较之,明其异同辨其真伪,析其疑似,曲证旁通,求出其中的有机联系,便是"比事"。然后折中引义,有典有法,严其笔削以成一字都明是非,而具褒贬的《春秋》,便叫"属辞"。从而这条《春秋》之教,在中国史学史上便成了金科玉律,为史家拳拳服膺所不失,而奉孔子为修史的祖师了。

这到底是啥道理呢?因为"好书而不要(要领体会)诸仲尼,书肆(卖书市肆,不能释义)也;好说而不见诸仲尼,说铃(小说不合大雅)也。"①那么,博通群籍,"皆斟酌其本"②的扬雄,在效《论语》之所作成的《法言·吾子》里,竟谆谆如此地教诚世人,不就恳切指出了修史的,要于所得资料,考求是正,合乎大雅,都非向孔子学习"比事属辞"之教不可吗?所以章学诚说:"《春秋》'比事属辞',必征其类……比事参观,甚资启悟,一隅三反,文章不可胜用矣。"③又说:"史学渊源,必自《春秋》'比事属辞'之义。"④这不又是诲人谆谆,修史务须遵循"比事属辞"之教,而奉孔子为宗师吗?

举例来说:司马光修《资治通鉴》,首先便效法孔子之作《春秋》,广征史料,取材于"正史"、诸子以及其他稗官野史、百家谱录、文集等等,共计有三百多种,而与史学名家刘恕、刘攽、范祖禹辨难商榷,攻坚扣巨,几经裁正,再定去取,组成长编。然后再由他自己就长编加以"删削繁冗,举撮要"的艰深力作,"抉摘幽隐,校计毫厘"⑤的勤密工夫,也就裁成了一部天衣无缝,万古不朽的绝业。

①[汉]扬雄:《扬子法言》卷2《吾子篇》。
②《汉书》卷87下《扬雄传·赞》。
③[清]章学诚:《文史通义》外篇三《杂说中》。
④[清]章学诚:《章氏遗书》外编《丙辰札记》。
⑤[宋]司马光:《进资治通鉴表》。

李焘修《续资治通鉴长编》，远师孔子，近学司马光，所搜资料，"自实录、正史、官府文书，以逮家记、野记，无不递相稽审，质验异同"，① 是则存之，非则去之，缺则补之，误则改之，务使众说咸会于一，而归之至当。从而也就受到了当时言必"当审而后发"，② 而"以人望召入朝"③ 的叶适高度评价。而谓"李氏《续通鉴》《春秋》之后，才有此书。此言非欤？ 自史法坏，谱牒绝，百家异传，与《诗》《书》《春秋》并行，而汉至五季事多在记后。史官常狼狈收拾，仅能成篇，呜呼，其何以信天下也！《通鉴》虽幸复古，然由千有余岁之后，追战国秦汉之前则远矣！ 疑词误说，流于人心久矣！ 方将钩索质验，贯殊析同，力诚劳而势难一矣！ 及公据变复之会，乘岁月之存，断自本朝，凡实录、正史、官府文书，无不是正求一律也。而又家录、野记，旁互参审。毫发不使遁逸。邪正心迹，随卷较然。夫孔子所正时月日，必取于春秋者，近而其书具也，今唯《续通鉴》为然耳。故余谓《春秋》之后，才有此书，信之所聚也。"④ 是李焘秉承"比事属辞，《春秋》之教"而撰《续资治通鉴长编》，其客观条件，又一如孔子之作《春秋》，"近而其书具"，优越于司马光修《通鉴》"事多在记后，史官常狼狈收拾，仅能成篇"了。所以朱彝尊说："宋儒史学，以文简（李焘）为第一。盖自司马君实（司马光）、欧阳永叔（欧阳修）书成，犹有非之者，独文简免于议驳。"⑤ 非偶然也。

反过来，如其不明孔子《春秋》之教的"比事属辞"法则，那就便是章学诚说的，即以 韩"昌黎道德文辞，并足泰山北斗……而昌黎之于

① ［清］冯云濠：《宋元学案补遗》。
② 《宋史》卷 434《叶适传》。
③ 《宋元学案》卷 14《水心学案·叶水心先生适》。
④ ［宋］叶适：《水心集》卷 12《巽岩集序》。
⑤ ［清］朱彝尊：《曝书亭集》卷 45《书李氏续通鉴长编后》。

史学,实无所解;即其叙事之文,亦出辞章之善,而非有'比事属辞','心知其意'之遗法,……特不深于《春秋》,未优于史学耳。"①正因为章学诚是极其推尊孔子这个"比事属辞"撰修史书的方法的,所以他又不厌其烦地说:"韩氏道德文章不愧泰山北斗,特于史学非其所长……史家渊源,必自《春秋》'比事属辞'之教,韩子所不能也。"②以故所修"《顺宗实录》,繁简不当,叙事拙于取舍,颇为当代所非。"③

又,欧阳修蓄道德能文章,倡导古文运动,原是声名奔走天下的文坛领袖。然所修《唐书》与《五代史》,"其实不脱学究《春秋》与文选、史论习气,而于《春秋》、马、班诸家相传所谓'比事属辞'宗旨,则概未有闻也。""其于史学,未可言也"!④以故《唐书》《五代史》修成,吴缜即撰《唐书纠谬》《五代史纂误》,指出其瑕疵了。

总上看来,如果不深通《春秋》"比事属辞"的法则,那就不论文章道德高出一代的韩昌黎还是欧阳修,都是不能修好史书的,这就可见孔子实是史学的祖师了。

## 五、司马迁、班固之宗师孔子

北魏史家李彪说:"史官之达者,大则与日月齐明,小则与四时并茂。其大者,孔子、左丘明是也;小者,史迁、班固是也。"⑤这就是说,孔子、左丘明,是中国史家的开山祖,他们的业绩,将与日月齐明,永远是后世史家的指路明灯,而马、班则是师承他们(尤其是孔子)私淑的

---

① [清]章学诚:《文史通义》补遗《上朱大司马论文》。
② [清]章学诚:《章氏遗书》外编《丙辰札记》。
③《旧唐书》卷160《韩愈传》。
④ [清]章学诚:《文史通义》外篇三《与汪龙庄书》、补遗《评沈梅村古文》。
⑤《魏书》卷62《李彪传》。

最佳弟子。所以善言史法的名史家刘知几著《史通》,第一章《六家》,便以《尚书》《春秋》为史家的开体,总领群史,尊奉孔子为祖师;刘恕撰《通鉴外纪》,又说"历代国史,其法出于《春秋》《尚书》"。①总之,"《尚书》《春秋》,实为史家之权舆。"②孔子则是史家的祖师。

司马迁史裁绝业,独步千古。然而"有因而成易,无因而成难"。如其沿流探源,则《史记》的发凡起例,名理旷论,是皆师承孔子之所删订的《尚书》,述作的《春秋》而来的。须知"孔子是述作设教之圣";③史迁又当仁不让,而以孔子的正《易传》,继《春秋》,本《诗》《书》的述作相比拟。④章学诚因之说:"史迁绝学,《春秋》之后,一人而已。其范围千古,牢笼百家者,唯创例发凡,卓见绝识,有以追古作者之原,自《春秋》家学耳。"⑤这就可见史迁的史学是来自孔子,不论是他自己,还是章学诚,都是说法如一的。至于班固,又何尝不是一样呢? 兹且试述于下:

1.《史记》《汉书》是师承孔子撰成的

学术是逐步向前推进的,后人的说法,是较前人更细密、更完备的。南宋郑樵,虽是一位善于阐发"会通"之义的史学名家,但只说了"自书契以来,立言者虽多,唯仲尼以天纵之圣,故总《诗》《书》《礼》《乐》而会于一手。然后能同天下之文,贯二帝、三王之文而通一家,然后能极古今之变。"⑥但乾嘉时代的章学诚,则更说了"《书》与《春秋》,本一家之学也……《书》篇乃史文之别具,古人简质,未尝合撰纪、传耳。左氏以传翼经,则合为一矣。其中辞命,即训、诰之遗也;所征典

①[宋]刘恕:《通鉴外纪·自序》。
②[清]钱大昕:《廿二史札记·序》。
③《史记》卷130《太史公自序》正义。
④《史记》卷130《太史公自序》。
⑤《文史通义》内篇四《申郑》。
⑥[宋]郑樵:《通志·总序》。

实,即贡、范之类也。故《周书》迄平王(《尚书》记周事,虽然迄于秦穆,但《秦誓》乃附侯国之书),而《春秋》托始于平王,明乎其相继也。左氏合而班、马因之,遂为史家一定之科律,殆如江、汉分源而合流,不知其然也。"①这就是说,孔子删定《尚书》,即成了一部上自唐、虞,下至东周的通史;左氏作传,又辑上古以来的辞命,征上古以来的典实而辅翼之,从而体圆用神。史迁师承前者之意,撰成了通史体裁的《史记》;班固宗仰后者的主旨,修了断代史的《汉书》。

再说,"纪、传之兴,肇于《史》《汉》。盖纪者,编年也;传者,列事也。编年者,历帝王之岁月,犹《春秋》之经;列事者,录人臣之行状,犹《春秋》之《传》。《春秋》则传以解经,《史》《汉》则传以释纪。"是《史》《汉》的本纪,实源于《春秋经》,列传则始于《左氏传》。"载笔之体,于斯备矣。后来继作,相与因循",②本纪以诠岁时,列传以管行事,两两相行,不可偏任而废其一,所有"二十三史,皆《春秋》家学也。本纪为经,而志、表、传录,亦如《左氏传》例之与为终始发明耳。"③信乎,孔子、左氏,史法的宗祖,马、班以及其他史家,皆宗仰其学之私淑弟子呀。

2.《史记·自序》《汉书·叙传》都是渊源于孔子为《书》、为《易》卦作序的

刘知几说,孔子删《书》,"始自唐、尧,下终秦穆,其言百篇,而各为之序","言其作意"。④是孔子纂定《尚书》百篇,曾条其篇目,撮其意旨,使后人易于领悟其笔削大凡,篇章之次第了。

---

① [清]章学诚:《章氏遗书》卷 14《方志立三书议》。
② [唐]刘知几:《史通》卷 2《列传》、《史通》卷 2《二体》。
③ [清]章学诚:《校雠通义》内篇一《宗刘》。
④ [唐]刘知几:《史通》卷 12《正史》。

孔颖达说,孔子以"文王既繇(音胄,通籀,卦兆的占辞)六十四卦,分为上下二篇,其理不见,故孔子就上下二经,各序其相次之义。"①姚鼐又说:"序、跋类者,昔前圣作《易》,孔子为作《系辞》《说卦》《文言》《序卦》《杂卦》之传,以推论本原,广大其义。"②是知解说六十四卦之《十翼》,皆孔子阐明其义旨,其赞《易》之功,也就正在于此。

从而史迁、班固,师承孔子,《史记》有《自序》,《汉书》有《叙传》,以发明其述作之意旨,篇目之先后。所以卢文弨说:"《太史公自序》,即《史记》之目录也;班固之《叙传》,即《汉书》之目录也……吾以为《易》之《序卦传》,非即六十四卦之目录欤?《史》《汉》诸序殆昉于此。"③

3.《史记》诸表之详今略古,是师承孔子之次《春秋》、序《尚书》的

撰述史书, 远的不可详,近的不可略。故孔子次《春秋》,记元年,正时日月;序《尚书》,则略而无年。史迁著《史记》,因师其意。三代远,远则略,故作世表;十二诸侯、六国,既不远,又不近,故作年表;秦汉之际最近,最近则最详,故作月表。总之,能详应详的详,难详宜略的略,一切从实际出发,也就显得格外妥帖允当。"详今略古"的法则,岂但为史迁所遵循? 且成了后代所有史家修史的准则了。

4. 不作褒贬的论赞而纪外事的史论

孔子作《春秋》,据事直书,其义旨寓于一字之褒贬,而不再作论赞。以故史迁《史记》所有"太史公曰",并非什么褒贬之辞而皆史外的事;《汉书》班彪所撰元、成二帝之赞,班固自著的《扬雄传》赞,无非都是别纪所出,而非蛇下添足颊上增毛的赘辞,是皆学孔子深入其室而

①[唐]孔颖达:《周易正义》。
②[清]姚鼐:《古文辞类纂·序》。
③[清]卢文弨:《龙城札记》。

明其意旨之所在的。

5. 删润典章以入《史》《汉》，是师法左氏受孔子之命以传《春秋》的

孔子作《春秋》，"其事则齐桓、晋文，其文则史，其义则丘（孔子名丘）窃取之"，①而寓于一字之褒贬。以故"不与《文侯之命》同著于篇"，②而命左氏为之作传，则宰孔命齐侯、王子虎命晋侯③的训诰之文，都所采入。从而师道相传，"马迁绍法《春秋》，删润典谟，以入纪、传；班固承迁有作，而《禹贡》取冠《地理》，《洪范》特志《五行》"。④是马、班修史，乃以史之小者，师法孔、左史之大者了。

## 六、孔子之所以成为中国史学之祖的原因

孔子的史学之所以博大渊深而成为中国史家的祖师，这当不是无缘无故，而是有其自身因素和客观条件的。

1. 自身因素

孔子从 15 岁成童以来（古以 16 岁为成年），即有志于学，自强不息，以至"发愤忘食，乐以忘忧，不知老之将至"。⑤如此"有始有卒，日久常新"，⑥也就终于成了史学"述作设教之圣"⑦了。

孔子本是一位天纵多能⑧，"博学多识"⑨的通材。但他温恭谦让，

---

① 《孟子·离娄下》。
② 见《书序》。
③ 《左传》僖公九年、二十八年。
④ 《文史通义》内篇一《书教上》。
⑤ 《论语·为政》、《论语·述而》。
⑥ ［宋］张栻：《论语解》。
⑦ 《史记》卷130《太史公自序》。
⑧ 《论语·子罕》。
⑨ 《列子·仲尼篇》。

认为自己的资质,只能是个"学而知之"的次等人。"知之为知之,不知为不知",决不内而欺己,外而欺人。不知就得虚心向人请教:①"学于老聃、孟苏夔、靖叔"、②项橐,③学琴于师襄,④问官于郯子,问乐于苌弘。⑤那么,"好问则裕,自用则小",⑥故能集众学于一身,师心独学,强力专精,而一以贯之,成为中国史家崇奉之祖,不祧之宗矣!

尤其难能可贵的,是师道尊严。孔子却独不以长者自居,而是诱导学生们自由发言,不受拘束;而是认定师生之间,要当质疑问难,相互启发,且谓颜回、子贡都是能对他起帮助作用的。⑦这是何等坦荡胸怀,并不以为老师事事贤于弟子而允为万世师表了!

2. 客观条件

我国古代,史是由史官掌记的,史官也就是史家。"掌管文书者,谓之史。其字以又持中。又者,右手,以手持簿籍也。"⑧然自周室东迁,王官失守。于是政权与教权分离,原来总司政教之权的史官,只是撰修史书,不能参与政治。在这种情形下,孔子也就得以在野的身份修史。所以章学诚说:"春秋以前,凡有文字,莫非史官典守;即大小艺术,亦莫非世氏师传;未有空言著述,不隶官籍,如后世家自为书者也。"⑨这就足见"史氏之职,旧矣。自周衰失官,旧章隳紊,仲尼因鲁史

---

① 《论语·学而》、《论语·季氏》、《论语·为政》、《论悟·乡党》。

② 《吕氏春秋·仲秋纪·当染》。

③ 详见[清]俞正燮:《癸巳类稿》卷11《项橐考》。

④ 《韩诗外传五》,《史记》卷47《孔子世家》。

⑤ 《国语·周语下》。

⑥ 《尚书·仲虺之诰》。

⑦ 《论语·先进》《论语·先进》《论语·八佾》。

⑧ [清]江永:《周礼疑义举例》。

⑨ 《章氏遗书·逸篇》。

记之文,考其真伪,刊而正之,以为劝戒",①才撰成了《春秋》。如果生活在西周时代,史由史官掌记,孔子又哪有可能私修史书呢?

我国古代,自王室以至诸侯之国,所藏的典籍,"皆令人臣得以阅读",以故孔子删订《尚书》,著作《春秋》,既"以鲁周公之国,礼文备物,史官有法,故与左丘明观其史记";②又能西去参考王室所藏典籍,③得见百十二国的宝书。④如果如元朝的国史院,且不许以所藏的国史供官修《经世大典》的参考;⑤如明代将"所收南宋以来旧本藏之秘府,垂三百年无人得见……虽以夫子(孔子)之圣;起于今世,学夏、殷礼而无从,学周礼而又无从也",⑥又将何以删《尚书》而著《春秋》呢?

我国古代,国史诚然是由史官撰修的。但国家并未设立史馆,更未设什么监修之官,而是由史官自行撰修的,从而史官也就能执行其尊严的职责,而是能自君臣善恶、功过,皆得直书不隐的"谔谔之臣";⑦所撰史书,也就自然而然的是国家的法典,史官是大义凛然,主旨是非自主,只知"唯实",而不"唯上"的,是不为权势、威武之所屈服的!周成王剪桐封弟,自己以为只是戏言,史佚却以为"天子无戏言",致使王不得不封其弟康叔于唐;⑧赵穿攻灵公于桃园,太史董狐以为赵盾是晋唯一掌大权的正卿,而逃不越境,返不讨贼,便公开地直书"赵盾弑其君"以示于朝,致使权威炙灼"如夏日可畏"的赵盾,虽然不

①《册府元龟》卷555《国史部二·采撰》。
②《汉书》卷30《艺文志》。
③《史记》卷12《十二诸侯年表序》。
④《春秋公羊传》徐彦疏。
⑤《元史》卷181《虞集传传》。
⑥[清]顾炎武:《日知录》卷18《秘书国史》。
⑦《韩诗外传七》。
⑧《史记》卷37《晋世家》。

以为然,也都对他奈何不得。①所以刘知几说:"古者刊定一史,纂成一家,体统各殊,指归咸别。夫《尚书》之教也,以'疏通知远'为主;《春秋》之义也,以惩恶劝善为先……顷史官注记,多取禀监修。杨令公则云'必须直词',宗尚书则云'宜多隐恶'。"是非不一,"虽使仲尼再出",②也都无法秉忠执直,撰述一字之间都成褒贬之史了!

所以那位深明世故,洞悉史法,而尤长于《春秋》之学的刘永之说:"夫《春秋》之为《春秋》,明王法,彰乱逆,诚圣人之旨……今之与古,远矣。而其理弗异也,设使有一孔子,生乎今之世,立乎今之朝,非君之命与其职守,而取今之国史而损益焉,予夺焉,褒讥焉,而公示之人,其乃不为僇民(即戮民,受刑辱的罪人)者,鲜矣!"③总之,"为于可为之时则从,为于不可为之时则凶。"④孔子本来就是个主张正名定分,"事君尽礼",⑤坚决反对"犯上作乱"⑥的学者。那他也就只能给自己提出说明世界的任务,决不能提出改造世界的任务。说穿了,他若不是生在春秋允许私自撰述史书的时代,而是活在后代的情况下,他敢私自去修国史吗? 更莫说资料秘藏,无由得见,而不可能呢!

再说,任何一部史学名著,都不是专靠某个个人的学力才智,独自创造出来,而是在前人的基础上加以提高,有所发展而成的。所谓"为高必因丘陵,为下必因川泽";⑦所谓"古来辞人,异代接武,莫不参

---

①《左传》宣公二年、文公七年注。
②[唐]刘知几:《史通》卷20《忤时》。
③[清]朱彝尊:《曝书亭集》卷64《刘永之传》。
④[汉]扬雄:《解嘲》。
⑤《论语·八佾》。
⑥《论语·学而》。
⑦《孟子·离娄下》。

伍以相变,因革以为功";①不都正是这个意思吗?所以在孔子未作《春秋》之前,也都有了鲁的《春秋》,②以及周、燕、宋、齐的《春秋》。③至于《春秋》之义之在正名分,褒善贬恶,则管仲已说"《春秋》之记,臣有弑其君,子有弑其父者";④申叔时已要楚庄王以耸善抑恶之义教太子。⑤是春秋之书,春秋之义,都已先于孔子而存在,而阐述过了。只是"后浪催前浪,新人胜旧人",孔子作了《春秋》以后,各国的《春秋》随即废弃,《春秋》的名之与义,就都专属于孔子一人了。

再说,"孔子修《春秋》,鲁史旧文不可见,故无从参校圣人笔削之处。今以《汲冢纪年》书考之,其书'鲁隐公及郑庄公盟姑蔑',即《春秋》'公及邾仪父盟于蔑'也。书'晋献公会虞师伐虢灭下阳',即《春秋》'虞师,晋师灭夏阳'也。据此可见当时国史,其文法大概,本与《春秋》相似,孔子特酌易数字,以寓褒贬耳。"⑥是孔子作《春秋》,且有底本了。

最后,还得指出。孔子作《春秋》,删《尚书》,诚然是非常谨严,一字不苟的。然而因此便谓其中所载,都是真实的信史,那就未免"法天贵真",而饱含一股浓厚的稚气了。试看"夏桀让汤,武王斩纣,其事甚著,而芟夷不存"。⑦因而即是最尊孔子的嫡派孟轲,也都说"《尚书》之文,不可尽信",而于《武成》仅取二三策而已。⑧再看,春秋"二百四十

---

① [南朝梁]刘勰:《文心雕龙》卷10《物色》。

② 《左传》昭公二年。

③ 《墨子·明鬼下》。

④ 《管子·法法》。

⑤ 《国语·楚语》。

⑥ [清]赵翼:《陔余丛考》卷2《春秋底本》。

⑦ [唐]刘知几:《史通》卷13《疑古》。

⑧ 《孟子·尽心下》及疏。

二年中,鲁君之见弑者四(隐公、闵公、子般、子恶),见逐者一(昭公),见戕于外者一(桓公),而《春秋》不见其文而孔子之徒,犹言鲁之君臣未尝相弑。"①这就未免过于矜智饰愚,爱憎由己了!又何怪那慷慨纵横,其词具有深厚的爱国感情,广阔的社会内容的辛弃疾,不胜感叹系之地说,"近来始觉古人书,信著全无是处"②呢!

总之,孔子作《春秋》,删《尚书》,是有他为亲者贤者讳的目的的。以故不顾事实,而以私意击断之。宜乎汉代今文经师,谓《春秋》乃经而非史,吾侪不得不宗信之。甚而"著《春秋》隐、桓之际则彰,至定、哀之际则微"。③这就可见他著《春秋》,还是明哲保身,以免时难放在第一位,而以传存史事放在第二位的。否则,为何删订古代的《尚书》,则略于远的唐、虞,详于近的三代;作《春秋》,则彰于较早的隐、桓之际,而微于近现代定、哀之时呢?尤其是,因为孔子出生在一个没落的贵族家庭,自己又做过司寇,也就不能不打上他的阶级的烙印。所删《尚书》,既是一部先王的政典;所作《春秋》,也又是偏重王室、诸侯,而于整个社会情形则不给记载;甚至排斥创造历史的"庶人(广大人民)不得见于史",④这都给后代史家,带来了极其严重的恶果了!

①梁启超:《中国历史研究法·史之改造》。
②[宋]辛弃疾:《稼轩词·遣兴》。
③《史记》卷110《匈奴传赞》。
④[清]钱大昕:《潜研堂文集》卷2《春秋论》。

# 《左传》的作者问题

《左传》究竟是不是左丘明作的，至今还是个没得到解决的问题，但我却认为是左丘明作的。现试论证于次。

## 一、根本不存在《左传》不是左丘明所作的问题

西汉去古未远，学者著书立说，又莫不出于博士、经师而有其家法。尤其司马迁一家，从上古以来即世守史官之职，掌管金匮石室之书，则他的论述，当更有其确凿的证据。而他又是个"好学深思"①的人，著《史记》所收集的材料，则更是经过"精择而慎取之"②的。他却说孔子作《春秋》，"鲁君子左丘明惧弟子人人异端，各安其意，失其真，故因孔子具论其语，成《左氏春秋》"；③而在《史记》里，又多引用《左氏春秋》。这就可见在他脑子里，根本就不存在什么《左传》不是左丘明所作的问题。

西汉初年，是尊尚《公羊传》的时代。是后，严彭祖又是"深明《春秋》之意"，有自己的见解，以《公羊春秋》之学成派，而为宣帝博士，决不"委屈从俗"的一代大师。④但著《严氏春秋》，却引《孔子家语·观周

①《史记》卷1《五帝本纪赞》。
②[明]赵恒：《春秋录疑》。
③《史记》卷14《十二诸侯年表序》。
④《汉书》卷88《儒林严彭祖传》。

篇》①所说:"孔子将修《春秋》,与左丘明乘,如周,观书于周室,归而修《春秋》之经,丘明为之《传》,共为表里。"是西汉学者包括公羊派的严彭祖,莫不都说孔子与左丘明是两相合作,一个修经,一个作传,相辅相成,共为表里的。这也又不存在《左传》不是左丘明所作的问题了。

研究经书西汉重家法,东汉重师法,但家法、师法,实际上都是学有渊源,说有所本,重师承而非凿空臆说的意思。②张采田作《史微·凡例》就曾郑重地重申:"古今学术,以西汉为一大界限。两汉以前为学,皆有师承,立言皆有宗旨。虽其间不无见仁见智之殊,识大识小之别,然未有无故而云然者。学者于其不同处,正宜着眼理会。司马迁所以有'好学深思,心知其意也'"之言。从而我们今天研究《左传》是不是左丘明所作的问题,对这一点是决不可不注意的。

班彪出身于校秘书,为皇帝讲书的家庭;自己又是个尽心"圣人之道",③秉"性沉重好古"之士,而作《后传》却说:"定、哀之间,鲁君子左丘明论集其文(《春秋》)作《左传》三十篇。"④是又完全肯定《左传》是左丘明所作,而不存在不是左丘明所作的问题的。

桓谭是个"博学多通,尤好古学",而"屏群小之曲说,述五经之正义",深明"说训大义"⑤的人。他著《新论》,却也同样地说:"左氏经之于传,犹衣之表里,相持而成。"⑥这在桓谭的脑子里又根本就不存在《左传》不是左丘明作的问题。

①西汉本《孔子家语》,非今本《孔子家语》。
②参阅[清]王鸣盛:《十七史商榷》卷27《师法》。
③《汉书》卷100上《叙传上》。
④《后汉书》卷40上《班彪传》。
⑤《后汉书》卷28上《桓谭传》。
⑥《太平御览·学部四·春秋》。

　　王充本是个"居贫苦而志不倦"，①著《论衡》以"疾虚妄"，②而"就世俗之书订其真伪"③的杰出唯物主义思想家，但丝毫也不怀疑《左传》不是左丘明所著而是说"左氏传经"④的。

　　班固（班彪的儿子），既有家学渊源，著《汉书》又是备极严肃认真，决不"不知而作"，反对"言过其实"⑤的。他在《艺文志》里就和司马迁同样地说过："仲尼思存前圣之业，故与左丘明观其史记，据行事，仍人道，有所褒讳贬损，不可书见，口授弟子，弟子退而异言。丘明恐弟子各安其意，以失其真，故论本事而作传。"是又谓《左传》是左丘明为孔子传《春秋》而作，丝毫也不存在不是左丘明所作的问题的。

　　许慎"五经无双"，以至受到"博通经籍"的大师马融所"推敬"，也还是说"左丘明述《春秋》"。⑥

　　卢植是东汉末年著名的群儒所推崇的儒宗，他也又说："左氏有传记，与《春秋》相表里"，其"义相须而成"。⑦

　　总之，两汉从司马迁、严彭祖、班彪、桓谭、王充、班固、许慎到卢植，这么多大学者、大经师，莫不一致地说《左传》是左丘明作的，压根儿就不存在什么不是左氏所作的问题。

　　西晋初年，精研《左传》以至成癖的杜预。他以《左传》附会《春秋》而著《春秋左氏经传集解》，"盖合众家之长，不特考据精核，援引确

①［汉］王充：《论衡》卷30《自纪》。
②［汉］王充：《论衡》卷20《佚文》。
③［汉］王充：《论衡》卷29《对作》。
④［汉］王充：《论衡》卷29《案书》。
⑤《汉书》卷67《朱云传赞》。
⑥《后汉书》卷79下《许慎传》、卷60上《马融传》。
⑦《后汉书》卷64《卢植传》及注。

切"。①且说"左丘明受经于仲尼";②"又非先儒说左氏,未究丘明意,而横以二传乱之"。③因为他的这个说法言之有故,持之成理,也就受到了武帝的重视,赐蜜、香纸供他撰写;④而"才学通博"的挚虞⑤又大加欣赏,且说"左丘明本为《春秋》作传"。⑥是挚虞、杜预都是不存在什么《左传》不是左丘明作的问题的。

东晋元帝时,荀崧又上疏曰:孔子作《春秋》,"左丘明、子夏,造膝亲受,无不精究。孔子既没,微言将绝,于是丘明退传所闻而为之传。"⑦可见荀崧同样是没啥《左传》不是左丘明所著的想法的。

到了唐代,孔颖达这位少年时代说经即为老师宿儒所不及的经学大师,而受太宗之命所撰的《五经正义》,既经颜师古考定;复同诸儒详覈,又得马嘉运驳正。高宗时,又复诏令中书、门下与国子三馆博士,宏文馆学士考正,然后才颁布施行,⑧总可说是慎重之至,精审之至。然而还是保留了孔颖达在《春秋正义序》里所说:左丘明作传"以释孔氏之经,所谓子应乎母,以胶投漆"。这不是唐初的经学之士,莫不一致地认为《左传》是左丘明所作,毫不存在不是左丘明所作的问题吗?

刘知几从小就受过父亲严格课读经、史的教育,自己又是"事理缜密,识力锐敏",⑨研究古代典籍,而"皆得之襟腑,非由染习",⑩敢于

①[清]赵翼:《陔余丛考》卷2《杜预注左传》。
②[晋]杜预:《春秋左传集解序》。
③《太平御览》卷610《学部四·春秋》所引王隐《晋书》。
④[晋]嵇含:《南方草木状》。
⑤《晋书》卷51《挚虞传》。
⑥《晋书》卷34《杜预传》。
⑦《晋书》卷75《荀崧传》。
⑧[清]赵翼:《陔余丛考》卷1《五经正义》。
⑨梁启超:《中国历史研究法·过去之中国史学界》。
⑩[唐]刘知几:《史通》卷10《自叙》。

疑古惑经的名家，但却十分推尊《春秋左氏传》，特作《申左》一篇，阐发左氏比较二《传》为优的几点。首先，就指出"《春秋》之作，始自姬旦，成于仲尼。丘明之传，所有笔削及发凡例，皆得周典，传孔子教"。次而又说"左丘明以同圣之才，而膺授经之托"。三而又说"当时国史已有成文，但编而次之，配经称传"。四而又说"《周礼》之故事，鲁国之遗文，夫子因而修之，亦存旧制而已。至于实录，付之丘明"。最后再作出结论说："传之与经，其犹一体，废一不可，相须而成。"总之，《春秋》与《左传》是孔子、左丘明二人合作的。《左传》是丘明膺授《春秋》之托，是配合《春秋》，是传《春秋》实录的史事而作的。二者的关系，也就密切地相结合起来了。这么说来，哪里还存在什么《左传》不是左丘明所作的问题呢？

然从唐中叶以后，治经的风气，为之大变，不依章句，妄肆穿凿；甚至向壁虚造莫须有的说法。于是《左传》不是左丘明所作的问题也就产生而滋蔓起了，这且待到后面再详述之。

## 二、在《左传》上所发生的争执问题

一部《春秋》，三家作传，见仁见智，传释有所不同，这是极其自然而可以理解的。然而，传受三传之所争执的问题，在两汉并不是什么《左传》是不是左丘明所作的问题，而是述事解经与训诂解经的问题以及为现实政治服务的问题。

1. 述事解经与训诂解经的斗争

西汉一代，公羊一派势力最大，立博士于官也就最早；穀梁派的势力次之，宣帝时亦复立了官学；而左氏却未得立。直到哀帝时，刘歆才建议左氏可立。

刘歆受父亲刘向之学，又与父亲领校秘书。父死以后，他又"总括群书,撮其指要",以为《七略》,①成为我国典籍目录学的开山祖。又从尹咸、翟方进受《左氏春秋》。他"以为左丘明好恶与圣人同,亲见夫子……《春秋左氏》,丘明所修。"因而求立《左氏春秋》于学官以致遭到了五经博士们的反对。

　　然而博士们所反对的,并不是什么《左传》作者的问题,而是因为他们一向只是传释训诂;"因陋就寡,分析文字,烦言破碎"。而左丘明的《左传》却与他们专主训诂解经的不同,记事的多,解经的少,便以为只有训诂经的才可叫作传;左氏是述事,则是自己著书,不是给《春秋》作传,故"谓'左氏为不传《春秋》'"。"及歆治左氏,引传文以解经,转相发明,由是章句备焉",还要立《左传》于官,他们也就自然而然地反对了。这在他们认为,所谓"传"者,只是推明训诂以释《春秋》之义而已。其实,记事多解经少的,同样也可以叫"传",在汉初就有这种例子。比如伏生的《尚书大传》叙事的多至八分,而释义的却只二分,也都叫"传",而左丘明依经述事的著作,又为啥不可叫"传"呢? 何况《左传》依《春秋》编年,以鲁为主,以隐公为始,明明是冀附《春秋》而为之作传,而将其中的简明纲目,结合历史本事,原原本本,曲尽细密地加以叙释,使《春秋》中的史实和意义,不致失传于后人的。所以桓谭《新论》说,如果"经而无传,使圣人闭门思之,十年不能知也"。刘知几也说:"向使孔子独用,《左传》不作,则当代行事,安得而详哉!"②只因当时的五经博士们"抱残守缺",门户之见极深,与己相同的则引为同党,和己不同的则共伐之,而说什么"左氏不传《春秋》",难怪刘歆骂他们"专执己所偏见,苟守残缺之文","党同师之学,妒道艺之真"了!

----

　　①《隋书》卷32《经籍志一》。
　　②[唐]刘知几:《史通》卷14《申左》。

正因为五经博士们一味地顽固"专己守残,而无善服义之心",①所以虽经他们顽强地反对,"其书(《左氏春秋》)虽不立于学官,通材大师犹递相传习其训。"②至于刘歆"教子孙下至妇女读论者",③那就更不必说了。所以王鸣盛说:"前汉左氏之学极盛,但不立学耳。"④

### 2. 是政治问题,不是真假问题

东汉初年,专用《公羊》;宣帝以后,《穀梁》又立;哀帝时刘歆请立左氏而又遭到强烈的反对,也就积重难返了。因而范升便认为"《左氏》不祖孔子","无有师本"而是"异端",不宜立。⑤陈元"天下极才","连属条事是非"。⑥则说"丘明至贤,亲受孔子";范升徒然"固执虚言传受之辞,以非亲见实事之道。前后相违,皆断截小文,掇为巨谬",以破大道。⑦双方针锋相对,彼此寸步不让,遂致左氏旋立旋废。

然至章帝时,贾逵善于附会图谶,而谓左氏独明刘氏为帝尧之后,以为汉政权服务,便得"受诏《春秋公羊》《穀梁》,不如左氏四十事奏之,名《左氏长义》。帝大善,赐布五百匹"。⑧"并令自选公羊、严颜诸生高材者二十人,教以左氏"。由是左氏遂行于世。⑨

我们认为,西汉之所以表彰《公羊》,给它建立博士,完全是为了政治上的需要。董仲舒研究《公羊春秋》素为学者所尊仰,武帝时他适

---

① 以上引文凡是未注明的,都见《汉书补注·楚元王传》。

② [清]沈钦韩:《春秋左传补注·自序》。

③ 《北堂书钞》卷98,《太平御览》卷610《学部四·春秋》引桓谭:《新论》。

④ [清]王鸣盛:《蛾术编》卷7《三传废立》。

⑤ 《后汉书》卷36《范升传》。

⑥ [汉]王充:《论衡》卷29《案书》。

⑦ 《后汉书》卷36《陈元传》及注。

⑧ 《太平御览》卷610《学部四·春秋》。

⑨ 《后汉书》卷36《贾逵传》。

应统治主的需要,便把《春秋》的大一统主义,说成是天经地义的真理。武帝因而采纳他的建议,发挥公羊的大义,以做他巩固封建大一统理论的根据。光武帝善谶以之迷惑人心而做争取天下的思想武器,以至取得政权以后,国家大事无不援引五行灾异之说来处决,却遭到桓谭、尹敏们的非议。今章帝祖述"光武善谶",[1]贾逵便能奉迎他的意旨,而说什么"五经家皆无以证图谶,明刘氏为尧后者,而左氏独有明文",也就越加打中了"特好《古文尚书》《左氏传》"[2]章帝的心怀,受到了章帝的奖赏。总之,西汉武帝的发扬《公羊》,东汉章帝的特好《左传》,都是一个为政治服务的问题,而不是什么《左传》是不是左丘明所作的问题。

就以清代的"公羊派"来说,他们认为今本《经传》是经刘歆作伪,而非左氏原来的旧样,始而庄存与、刘逢禄根据今文公羊,以发挥他们维护封建统治的思想;继而龚自珍、魏源以公羊为义抨击封建专制制度的腐朽;终而康有为凭借今文以作《新学伪经考》而做他变法维新的理论基础。无非都是因为左氏所叙述的是史事,公羊所阐发的是义理。义理可以凿空臆说,史事则难于胡缠妄言。故只阐发公羊而诋毁左氏,以便参与政治,也都并非《左传》本身有个什么真伪的问题。

### 三、驳斥啖助们全凭私臆的妄说

唐承江左义疏,于"《易》主王(弼)注,《书》主孔(安国)传,《左传》主杜(预)解;郑(玄)注《易》书,服(虔)注《左传》,皆置不取"。[3]但到天宝末年,经学之风一变,左氏之学却被后起的啖助、赵匡、陆质(质本

---

①《后汉书》卷59《张衡传》。
②《后汉书》卷36《贾逵传》。
③[清]皮锡瑞:《经学历史》。

名淳,以避宪宗讳,改名质)一伙"异儒",①夺取去了。"是犹入室而不由户也!"②这因他们一帮子研经,全凭私臆,蔑视前贤,不顾事实,而只一味"哆然弄笔,弱弓蒿箭,竞以左氏为质的",③《左传》也就成了不是左丘明所著之书了。其实,他们的说法,都是一派胡言,驳斥即倒的。

1. 驳斥啖助说经的妄说

啖助说:"古之解说,悉是口传,自汉以来乃为章句。如《本草》皆后汉时郡国而题以神农;《山海经》广说殷时而云夏禹所记。是知三传之义本皆口传,后之学者乃著竹帛而以祖师之目题之。予观《左氏传》,自周、晋、齐、宋、楚、郑等国之事最详,晋则每一出师具列将佐,宋则每因兴废备举六卿,故知史策之文每国各异。左氏得以数国之史以授门人,义则口传,未形竹帛。后代学者乃演而通之,总而合之,编次年月,以为传记,是非交错,混然难证,其大略皆左氏旧意。"④

以上啖助以为左丘明只是口传未著竹帛,《左传》乃后代学者所作,可说是全凭臆度不顾事实的妄说:

(1)啖助胡缠一通,用《神农本草》《山海经》做例,证明"三传之义本皆口传,后之学者乃著竹帛而以祖师之目题之"。其实,《山海经》乃是恢诞志怪之书,司马迁在《大宛传》既说"《山海经》所有怪物,余不敢言之";南宋尤袤又以它夸大不实,非是一种典常之作;⑤明代杨升庵又以它文多冗复,说是非一时一手所为。⑥至于《神农本草》虽有

---

①《旧唐书》卷189下《陆质传》。

②[宋]王应麟:《困学纪闻》卷6《左氏》。

③[清]沈钦韩:《春秋左氏补注·自序》。

④[唐]陆淳:《春秋序传纂例》引啖助《三传得失议》。

⑤[宋]尤袤:《遂初小稿》。

⑥[明]杨慎:《升庵集》卷2《山海经后序》。

说是神农所作的,而神农则是原始社会传说中的乌有人物,其书不见于《汉书·艺文志》;所说百草出产之地,则时有后汉郡、县,明明是后代人伪托之书。那么,又怎好用这两部书为佐证,来说"三传之义本皆口传",而是"后之学者乃著竹帛而以祖师之目题之"呢?

至于《公羊传》则是汉景帝时公羊高的玄孙公羊寿所著竹帛之书;①《穀梁传》"亦是著竹帛者题其亲师"②之作。又怎可说"三传之义本皆口传"呢? 啖助说"古之解说,悉是口传,自汉以来乃为章句",而公羊寿则正是西汉时为章句者,哪还能说公羊之义是口传而不是著之竹帛呢? 总之,无论怎么说,啖的说法都是没有理由的。

(2)啖助以为"左氏得此数国(周、晋、齐、宋、楚、郑)之史以授门人,义则口传,未形竹帛。后代学者乃演而通之,总而合之,编次年月,以为传记"。这又真是一叶障目,不见泰山。从司马迁以至陆德明等许多经学大师,史学名家都不在他眼目之中,可见是瞎说一通了。

《史记·十二诸侯年表》说:"孔子论史记旧闻,兴于鲁而次春秋,上记隐,下至哀之获麟,约其辞文,去其烦重以制义法。七十子之徒口授其传指,为有所刺讥褒讳抑损之文辞,不可以书见也。鲁君子左丘明惧弟子人人异端,各安其意以失其真,故因孔子史记具论其语成《左氏春秋》。"则左丘明不正是鉴于口传《春秋》易于失掉它的真义,又特搜集历史事实,给以诠释,著之竹帛而成《左氏春秋》吗?

正因为左丘明之传《春秋》,确实不是口传而是著在竹帛的,所以班固也就同样地说:"仲尼思存前圣之业……以鲁周公之国,礼文备物,史官有法,故与左丘明观其史记,据行事,仍人道……有所褒讳贬

---

①[宋]晁公武:《郡斋读书志》卷3《春秋类》。
②[唐]徐彦:《公羊传疏》。

损,不可书见,口授弟子,弟子退而异言。丘明恐弟子各安其意以失其真,故论本事而作《传》,明夫子不以空言说经也。"①而啖助的说法则正是和马、班唱反调的。当然,我们并不是说马、班之说就是只能赞同,不能非议的。但得重证据,摆事实。如其抹杀一切,只能嘴巴任意张开,那便是向壁虚构了。

再如,刘歆说"《春秋左氏》丘明所修",缀学之士"信口说而背传记,是末师而非往古","随声是非"。②这不正是说左丘明传《春秋》不是凭口说,而是著之竹帛;只是一般传信口说的缀学之士,才反对述往事而修传的左丘明么。那又怎能把"义则口传,未形竹帛"的事,记在左丘明账上呢?

陈元谓光武帝言"丘明至贤,亲见孔子",而论者则"固执虚言传受之辞,以非亲见实事之道"。③这不又是说左丘明著之竹帛以传历史本事,而虚传口说以非之的则是一般的论者吗?

其他的汉儒如班彪既说左丘明作《左氏传》,又以《左氏传》与《乘》《梼杌》为列国诸史,④难道不又是说《左氏传》是著之竹帛的吗?又桓谭《新论》既说《左氏传》较《公羊》《穀梁》"为近得实",又说《国语》,乃"《左传》之外传";《国语》,"世儒之宝书也"。所谓"得实""实书",连同《左氏传》来说,不就是说左丘明传史之本事而著之竹帛之上吗?

陆德明讲经,从陈历隋至唐都是为群儒所折服的。但在所著《春秋释文自序》里却也是说:"孔子与鲁左丘明观书于太史氏,因鲁史记而作《春秋》以教弟子,弟子退而异言。""左丘明恐弟子各安其意以失

①《汉书》卷30《艺文志》。
②《汉书》卷36《刘歆传》。
③《后汉书》卷36《陈元传》。
④《后汉书》卷40上《班彪传》。

其真,故论本事而为之传,明夫子不以空言说经也。"是陆氏所说,还是遵循马、班而不曾有所立异的。

总之,左丘明传史的本事而著之竹帛作传,是将孔子之所褒贬之旨皆著于传,使之深切著明以免口说异言而失掉它原来的真实意义,则是从马、班直至经学大师陆德明,都是说法一致而没有什么分歧的。而唐中叶以后,啖助却独唱反调,故意好奇立异,蔑视前贤,企图变乱是非,达到他不可告人的哗众取宠的目的。难怪清代的俞正燮要把他列为"蔑弃典文,幽沉仁义,游辞浮说,波荡后生,使《易》《书》《礼》《春秋》《论语》旧说尽乱"的"异端"。①北宋的宋祁严厉地指斥他说:"《春秋》《诗》《易》《书》,由孔子时师弟子相传,历暴秦不断如丝。至汉兴,劐挟书之令,则儒者肆然讲授,经典浸兴。左氏与孔子同时,以鲁史附《春秋》作传……啖助在唐,名治《春秋》,撅讪三家,不本所承,自用名学,凭私臆决……徒令后生穿凿诡辩,诋前人,舍成说,而自为纷纷,助所阶已!"②宋祁这段话确非妄骂前贤,啖助实是一个始作俑者的大罪魁。清代的经史名学者王鸣盛就曾对宋祁这段话大加赞赏说:"此段论断则其确切,中若辈病痛。"③又说:"《新唐书·传赞》出宋祁,乃有此言,不特切中唐人说《春秋》之弊,凡宋、元、明人解经病痛,皆可以此为良药。"④王氏一再赞扬宋祁的话打中了啖助说经的弊害,但言之者虽是谆谆,而附和啖助的听之者却是藐藐的。

2. 驳斥陆质谈经的妄说

啖助既以为左丘明只是口传《春秋》之义,而著之竹帛的则是后

---

① [清]俞正燮:《癸巳存稿·异端》
② 《新唐书》卷200《啖助传赞》。
③ [清]王鸣盛:《十七史商榷》卷92《新啖助传误》。
④ [清]王鸣盛:《蛾术编》卷7《废传说经》。

代的学者。于是他的高足弟子陆质便助之张目，极力鼓吹老师的论调；并以老师所说为不足，而变本加厉地胡说什么"啖氏依旧说以左氏为丘明受经于仲尼。今观左氏解经浅于公、榖，漫缪实繁。若丘明才实过人，岂宜若此？推类而言，皆孔门之后人。但公、榖守经，左氏通史，故其体异耳。且夫子自比，皆引前人，故曰'窃比于我老、彭'，又说伯夷等六人云'我则异于是'，并非同时人。丘明者盖孔子以前贤人。《论语》云'左丘明耻之，某亦耻之'，如史佚、迟任之流，见称于当时耳。焚书之后，莫得详知，学者各信胸臆，见《传》及《国语》俱题左氏，遂引丘明为其人，此事无明文。"[1]"盖左氏广集诸国之史以解《春秋》，子弟门人，见事迹多不入《传》，或复不同，故各随国编之，自古岂止一丘明姓左乎？"[2]

其实，陆氏以上所说，都是他自己只"信胸臆"，"事无明文"的说法。第一，他既以左丘明为孔门的后人，又以左丘明为孔子的前人，就充分说明他对于这个问题是是非不定难于抉择的。其实，《太平御览》卷208引《符子》曾明言，"鲁侯欲以孔丘为司徒，将召三桓而议之，乃谓左丘明曰：'寡人欲以孔子为司徒，而授以鲁政焉，寡人将欲询诸三子。'左丘明曰：'孔丘其圣人与！夫圣人任政，过在离位焉，君虽欲谋，其将弗合乎？'于是鲁侯遂不与三桓谋，而召孔丘为司徒。"是左丘明与孔子为同时之人是事有明文而不是"事无明文"，又怎能说左是孔门的前人或后人呢？第二，左丘明姓左丘，名明，并不是姓左名丘明（详后）。第三，王弼就曾说"老是老聃"。[3]那么，这"老"不就是与孔子同时而孔子且向他问过礼的老子吗？为何还要自凭胸臆，把他说成是

①［唐］陆淳：《春秋集传纂例》。
②［宋］陈振孙：《直斋书录解题》卷3《春秋类》。
③［宋］邢昺：《论语注疏》引。

孔子引以自比的前人呢?第四,孔子就曾说"十室之邑,必有忠信如丘者焉?不如丘之好学也。"①由此可见,孔子不但以当时人自比,而且以当时广大的十室之邑所有的人都自比了。又怎么能说"夫子自比皆引前人"呢?古话说得好,"君子不难于攻人之失,而难以正己之是。必有得也,乃可知其失;必有是也,乃可斥其非。"今陆质却徒好攻人之失,言人之非;而自己却无一是,一得,也就不能正己之得,而只以己之非,妄想斥人之是了!所以晁公武以为"啖、赵(匡)以前,学者皆专门名家,苟有不通,宁言经误。其失也固陋。啖、赵以后,学者喜援经击传。其或未明,则凭私臆决。其失也穿凿。均之失圣人之旨,而穿凿之害为甚。"②这是因为啖助们以后,唐人研经,不但附会穿凿得厉害,甚而阁束三传不用,妄肆胡言,试看卢仝(自号玉川子)撰《春秋摘微》,解经全不用传,韩昌黎《赠玉川子》诗却还恭维他说:"春秋三传束高阁,独抱遗经究终始。""同之经术,谅可知也。而昌黎推之如此,盖中唐人习习然矣!"③其实,离开三传而研《春秋》,则意旨无从而明,史事无由而晓,闭目思之,虽圣人亦不能了解它的"微言大义"之所在了!今卢仝驾空凿虚,全凭胸臆以妄测孔子的意旨而撰《春秋摘微》,也就真的所谓"只恐说到无言处,不信人间有古今"了!因而意旨极其简陋,宜乎宋仁宗以昭文、史馆、集贤、秘阁四馆所藏的图书,命张观等鉴定存废,而诏王尧臣等校勘的《崇文总目》,并不认为《春秋摘微》是什么研究经、传的著作,摒弃它而不为编后了!

　　总之,"自唐中叶以后,凡说经者,皆以意说无师法,夫以意而废

---

　　①《论语·公冶长》。
　　②[宋]晁公武:《郡斋读书志》卷 3《春秋类》。
　　③[清]王鸣盛:《蛾术编》卷 7《废传说经》。

师法,此夫子之所谓'不知而作'也?!"①从此狂澜既倒,放失难收,到了北宋,甚至有假冒王安石的名字作《左氏解》一卷,"专辩左氏为六国时人,其明验十有一事,题王安石撰,实非也!"②为了达到自己的目的,便如此地不择手段,还谈什么治《春秋》而辨左丘明是六国时人呢?

### 四、驳斥郑樵"左氏非丘明是六国时人"的八说

自唐中期以后研究经学的既然全凭私臆,不讲师法,附会穿凿的也就大有人在。今且仅举史学名家郑樵来说一说。擒贼擒王,其他的人也都从略了。

郑樵是中国史学史上著名的史家。他在所著《春秋传·左氏非丘明辩》里,却列举了八事证明左氏非是丘明而是六国时人。他说:"左氏纪韩、魏、智伯之事,又举赵襄子之谥,则是书之作,必在赵襄子既卒之后。若以为丘明,自获麟至襄子卒已八十年,使丘明与孔子同时,不应孔子既没七十有八年之后,丘明犹能著书,今左氏引之,此左氏为六国人在于赵襄子既卒之后,明验一也。左氏:'战于麻隧,秦师败绩,获不更女父。'又云'秦庶长鲍、庶长武帅师及晋师战于栎'。秦至孝公时立赏级之爵,乃有不更、庶长之号。今左氏引之,是左氏为六国人,在于秦孝公之后,明验二也。左氏云'虞不腊矣',秦至惠王十二年初腊。郑氏、蔡邕皆腊于周即腊祭,诸经并无明文,唯吕氏《月令》有'腊先祖'之言。今左氏引之,则左氏为六国时人,在于秦惠王之后,明验三也。左氏师承邹衍之后而称帝王子孙。按齐威王时邹衍推五德始

①[清]王鸣盛:《十七史商榷》卷27《师法》。
②[宋]陈振孙:《直斋书录解题》卷3《春秋类》。

终之运,其语不经。今左氏引之,则左氏为六国人,在齐威王之后,明验四也。左氏言分星皆准堪舆。按韩、魏分晋之后而堪舆十二次始于赵分曰'大梁'之语。今左氏引之,则左氏为六国时人,在三家分晋之后,明验五也。左氏云'左师辰将以公乘马而归'。按三代时有车战无骑兵,唯苏秦合纵六国,始有"车千乘,骑万匹'之语。今左氏引之,是左氏为六国人在苏秦之后,明验六也。左氏序吕相绝秦,声子说齐,其为雄辩狙诈,真游说之士,排阖之辞,此左氏为六国人,明验七也。左氏之书序秦、楚事最详,如'楚师燔''犹拾沈'等语。则左氏为楚人,明验八也。据此八节亦可知左氏非丘明,是为六国人,无可疑者。"

诚然,郑樵是个史学名家,但又该知道他是个狂妄之人。他曾自负地说:"使樵直史苑,则地下无冤人。"[1]但在实际上,他却是个为地下人制造冤案的人。比如班固本是一位"博极载籍,九流百家之言无不穷究,所学无常师",[2]贯穿古今而深明会通因仍之道的通人,他所修的《汉书》虽以体裁的关系,纪、传限于西汉一代,而十志却穷古至今,贯通了历代因仍损益之所在的关键。而郑樵却不顾事实,不惜采用"狱吏锻炼之法","强坐班氏之过",[3]胡骂他断代为书,是不议会通的意旨,这不就使班固成了地下的冤人吗?

正因为郑樵是个逞辩而给地下人制造了一些冤案的人,所以他以上所举八个左氏不是左丘明而是六国时人的例证,都是站不住脚而一驳斥即倒的。现且论说于下。

(1)据《史记·孔子世家》,鲁哀公十四年(前 481)获麟。又据《史记·赵世家》赵襄子元年,是公元前 457 年;立 33 年卒,是公元前 425

---

①[宋]郑樵:《夹漈遗稿》卷 3《与景韦兄投宇文枢密书》。

②《后汉书》卷 40 下《班固传》。

③[清]章学诚:《校雠通义》内篇二《郑樵误校汉志》。

年。那么，自获麟至襄子卒，只有 57 年，并非如郑樵说的 80 年。那么，使左丘明与孔子同时，孔子殁后 55 年（孔子死于鲁哀公十六年，是公元前 479 年），左丘明犹能著书也还是可以的。

至于智伯灭亡之事，则在周定王十六年（前 453），距孔子死只有 26 年。那么，与孔子同时的左丘明，更加可能比孔子小 26 岁。嘉庆年间的进士雷学淇，是个长于考订，好为讨论的名学者，在其所著《介菴经说·春秋·左氏之圣门之事必用特笔》里就曾说："左氏实夫子受业门人。公、谷经文终于获麟，左氏经文终于孔子卒，尊师之义也。其传终于智伯之灭，此左氏及见之事。然则左氏后孔子三十余年而卒矣。"是左丘明年纪小于孔子三十多岁，则《左传》终于智伯灭亡之事是合乎情理的。为什么要因《左传》记载了智伯之事，就认为它不是左丘明所作的呢？其实，还是东汉初年，范升"固执虚言传受之辞，以非亲见之道"，就曾"以年数小差，掇为巨谬"，被陈元所驳斥了，[1]今郑樵又把这作传年数的问题提了出来，亦徒拾人牙慧，又有什么意思呢？

退一步说，智伯灭亡，赵襄子的事是战国时人记载的。那么，前人所著典籍而为后人所附益，也是常有的。此如，"《史记》一书，为后世妄人附益甚多"。[2]试看司马迁在《仲尼弟子列传》里，明明记载了子路死于卫难，"孔子闻卫乱曰：'嗟乎，由死矣。'已而果死。"但《儒林传》却说："仲尼既没，弟子散游诸侯，子路居卫。"则孔子死时，子路尚在了。这不明显地是后世妄人所附益的吗？纪昀就曾说："《史记·司马相如传》中，有扬雄之语，不能执是一事，指司马迁为后汉人也。则《左传》载及智伯之说，不足疑也。今仍定为左丘明作，以祛众惑。"[3]须知

①《后汉书》卷 36《陈元传》。
②[清]王鸣盛：《十七史商榷》卷 27《师法》。
③《四库全书总目》卷 26 经部《春秋左传正义》提要。

《四库全书》,是乾隆时集合许多汉学考据名家,费时十多年,才编订成功的。其中每部书的提要,都是由馆臣中的考据名家拟写,再经总纂纪昀、陆锡熊修改、补充、辩定、润饰,才行定稿,是精确而可靠的,所以他们那种毫"不足疑",毅然决然断定《左传》是左丘明所作"以祛众惑"的说法是极其权威,足令我们信服的。

其实,唐初经学大师孔颖达作《五经正义》,即已指出《左传》文十三年中的"其处者为刘氏"一句,是后人附益的插辞,并且说明了所以增益这一句是为了证明"刘氏为尧后"的政治原因。此外,《左传》为后人增附的还有不少。陈澧说:"《左传》解《春秋》书法有不通者,必后人附益",又说:"《左传》凡例与所记之事,有违反者,可见凡例未必尽是左氏之文,有后人附益。"①按陈氏为清末考据名家,所著多补乾嘉学者所未及。所说如此,也就使我们越加相信《左传》被后人所附益的是很多的(陈氏举例以证附益的话很长,恕不备引)。

所以精研经史,上承先辈江永、戴震等的皖派名学者俞正燮说:"传书附益,古多有之。左丘明可续经,曾申、吴起,何不可续传?""《左传》若非丘明作者,乃是怪事矣!"②俞氏这种论《左传》是左丘明所作,真可说是语重心长了。姚鼐精研经学,兼及子、史,是生当乾隆考据盛世,论学力主义理、考据、辞章三者之长缺一不可的名学者。他说:"左氏之书,非出一人所成。自左丘明作传以授曾申,申传吴起,起传子期,期传楚人铎椒,椒传赵人虞卿,虞卿传荀卿,盖后人屡有附益。其为左丘明说经之日,及为后人所益者,今不知孰为多寡矣。其书独重,世皆弱其文辞,宋儒颇知其言之不尽信。然遂以讥及左氏,则过矣。彼

①[清]陈澧:《东塾读书记》卷10《春秋三传》。
②[清]俞正燮:《癸巳类稿》卷2《左丘明作〈左传〉论》。

儒者承孔子之学以授其徒,言亦约耳,焉知后人增饰若是之多也。"①
是《左传》不但有后人的附益,而且附益是很多的。

总之,《左传》是左丘明作的,只是经过曾申、吴起等的增饰附益,
其中也就出现了战国时人如智伯灭亡以及赵襄子等等的史事。所以
纪昀说"《左传》成于众手"②是正确的;郑樵说《左传》是六国时人著的
则是错误的。不见马端临修《文献通考·经籍考九》就已指出:"《左氏
传》……获麟之后,引经以至仲尼卒,则分明增入。杜注亦自以为《春
秋》本终于获麟,弟子欲记圣师之卒,故采鲁史以续夫子之经终于
此。"只以啖助、赵匡、陆质等故意呈奇凿空,便置汉、晋以至唐初学者
之说于不顾? 便说《左传》是六国时人所作,不是左丘明所著的了。我
们知道,"杜氏撰著,多存古说。预去古未远,汉人释经之书具在"。其
说皆"有所本"而"非独断"。③然则为啥不信汉、晋大师学有本源的解
经之说,而要轻信好奇凿空的啖助以及郑樵们的说法呢?

再则,三传之中,岂但《左传》有后人附益的语言?《公羊传》有"子
沉子曰""子马子曰";《穀梁传》有"沈子曰""尸子曰"之类;哪里又不
是后附益的话呢? 且莫说三传,就是孔子的《春秋》里面,又何尝没有
弟子们以至左氏、公羊、穀梁追书附益的语言呢? 比如,襄公二十一
年,公、穀"皆书孔子生,而左于哀公十四年获麟之后,又复引经以至
十六年四月书孔子卒"。不都是 "三子……以其意之欲增益者搀入
之"④吗? 又如,陈成子弑简公,孔子本曾沐浴而朝,直呼他的名字陈
恒,请求鲁哀公明令讨伐以声张他的弑君罪恶,⑤但后来孔门弟子追

①[清]姚鼐:《左氏补注序》。
②《四库全书总目》卷26经部《春秋穀梁传注疏》提要。
③[清]孙星衍:《孙渊如外集》卷2《重刊春秋释例序》。
④[元]马端临:《文献通考》卷182《经籍考九》。
⑤《论语·宪问》。

书此事却是"齐人弑其君壬于舒州"。所以刘知几说："案《春秋》之书弑也，称君，君无道；称臣，臣之罪。如齐简公，未闻失德，陈恒构逆，罪莫大焉。而哀公十四年书'齐人弑其君壬于舒州'。是则贤君见抑，而贼是党，求诸旧例，理独有违。但此是绝笔获麟之后，弟子追书其事。岂由以索续组，不类将圣之能者乎？何其乖剌之甚也。"[①]可见孔门弟子且有破坏孔子的义例而在《春秋》里造书附益的地方，更何况《左传》呢？我们既不能因为《公羊》《榖梁》传里之有后人的益文而说二传不是公羊高、榖梁赤著的；更不能因为《春秋》里有孔门弟子以及左、公、榖追加之辞，而否认《春秋》是孔子作的；也就同样不能因为《左传》里面有后人增附之辞，而就说它不是左丘明所著的呀！

正因为《左传》是春秋与孔子同时的左丘明著的，而不是六国时人著的，因而"孔子所修《春秋》，战国时已大行于世"；[②]战国诸子也都看过、钻研了《左传》，而韩非且引用了《左传》。沈钦韩《汉书疏证·艺文志》就曾说："战国诸子又尝睹《春秋》传而成书，如《韩非子·奸劫弑臣篇》：'《春秋》记之曰：楚王子围将聘于郑，未出境，闻王病而返'云云。此全依《左传》也。故《十二诸侯年表》曰：铎椒、虞卿、吕不韦之徒各据摭《春秋》之文以成书，是先秦周末并钻研其学也。"

总括以上所说，郑樵"左氏为六国人"的说法也就很难成立了。

（2）郑樵认为"秦至孝公时立赏级之爵，乃有不更、庶长之号。今左氏引之，是左氏为六国人，在于秦孝公之后"。其实，《史记·秦本纪》就曾记载春秋之初还是周桓王十二年（公元前707年）秦"宁公卒，大庶长弗忌、威垒、三父废太子而立出子为君"的事。是在商鞅为左庶长变法之前，秦已有庶长这一官爵，只是郑樵熟视无睹罢了。

---

①[唐]刘知几：《史通》卷16《杂说上》。
②[清]赵翼：《陔余丛考》卷2《〈春秋〉》。

清代李慈铭，是一位"读书考证，详审精密，评审群籍，识解精卓"的著名学者。他说得好："郑渔仲（樵字）所证《左传》为六国时人所作有八验，如云不更、庶长之爵起于孝公。不更等爵，孝公特更定之，非先皆无此号，考据疏舛。且左氏如果是六国时人，亦不得以时之官制追纪昔事。"①这段驳斥的话，既确实，又平正，郑樵若在，又将何辞以对呢？

（3）郑樵认为"秦至惠王十二年初腊。今左氏引之，则左氏为六国时人，在于秦惠王之后"，然此条张守节《史记正义》既说"秦惠文王始效中国为之，故云初腊"；清吴翌凤《与稽楼丛稿》又说"郑康成、蔡邕谓腊即周之蜡祭"。可见腊原是周人祭祖的腊祭之名的简称，而秦至战国时的惠王，才仿效中原国家而开始腊祭的。则生当春秋末年的左丘明为《春秋》作传而言"秦不腊矣"，在时代上又有什么问题，而要把这句话做证据，说《左传》的作者是六国时人呢？

元人赵汸是专心《春秋》之学，著有《春秋集传属辞》《左氏辅注》，而认为"啖、赵之徒横生义例，无当于经，唯最近正"②的经学专家，他就说过"腊字者，字书别无他意，只是腊祭耳……秦以前已有此字，已有此名……后儒不深思，则谓秦始称腊。学者便据此以疑《左传》，此何可信哉！"③那么，郑樵又怎能以左丘明曾说"秦不腊矣"，而视他是六国时人呢？

清儒阎若璩深通经、史，在经过30年苦心钻研所写成的《古文尚书疏证》中也又驳斥了这个"秦始称腊"之说。他说："史称秦文公始有史以记事，秦宣公始志闰月，岂亦中国所无，待秦独创哉？"如此地反

①［清］李慈铭：《越缦堂读书记·由云龙序·经类》。
②［清］阮元：《揅经室一集》卷11《春秋公羊通义序》。
③［元］赵汸：《春秋师说》卷上《论三传得失》。

问驳斥,的确鞭辟入里,使我们越加知道郑樵的话是胡说的。

(4)郑樵第四、第六明验左丘明为六国时人的说法,李慈铭也有驳斥。他说:"若谓'帝王之说承于邹衍''左师长将以乘马而归,三代时有车战无骑兵',尤迂谬琐碎,不足置辩。"①也就不用我们再去一驳了。

(5)近人方孝岳以为"堪舆分野之名,其天者相承甚古,下土地域时有变更,而星次诸名则古堪舆以来之旧。"②那又怎能以左氏之言分星皆准堪舆,引了"韩、魏分晋之后而堪舆始于越分曰大梁之语",以证左丘明是六国时人呢?

(6)春秋时代,诸侯各国交相聘问,出使的官员,是只受君主之命不受宾主对答之辞的。因为命有一定③而"言辞无定准,故不受之也"。④如果预先划定一个框框,则"不能专对",⑤只有见机行事,时而温柔敦厚,时而雄辩狙诈才能对付一切。正因为辞令是出使官员随机应变的一个主要环节,所以治国的能手郑相子产,便以"公孙挥(子羽)能知四国之为……且使多为辞令"。⑥那么,又怎能因为"左氏序吕相绝秦,声子说齐,其为雄辩狙诈",便说是"真游说之士,排阖之辞,此左氏为六国人,明验七也"呢?

(7)郑樵说"左氏之书序楚事最详,则左氏为楚人"。这个,赵汸也给我们作了强有力的驳斥。他说:"近世学者,以左氏载楚事烦详,则

---

①[清]李慈铭:《越缦堂读书记·经类》。

②方孝岳:《左传通论·释宋郑樵左氏非丘明之疑》。

③《公羊传》"庄公十九年"条。

④《礼记·聘义》疏。

⑤《论语·子路》。

⑥《左传》"襄公三十年"条。

以左氏为楚人，此执一偏之说，而未尝虚心以求故也。凡作史必须识大纲领。周虽微弱，终为天下宗主。故当时作史，必须先知周事，其次莫如晋、楚，国大而各有所属。若得晋、楚之事，则诸国之事，自然易举矣。然晋、楚之事详于周者，盖周室微弱，号令不及于诸侯，而事权皆出于晋，其次则楚。故晋、楚之事多于周也……今却为载楚事详，遂谓之楚人，其亦未尝深思其故，只见其可笑耳。"①

我们认为，郑樵原是一个知识渊博的史学通才。然意气骄矜，自负太过，主观太甚。因而抹杀一切，只有自己，无视前贤，而置汉唐以来学有师承的学者之说于不顾，却独取中唐以后，呈胸臆，凭私见的啖助、赵匡、陆质凿空不根之说。张而扬之，妄陈八说明验左氏非是丘明，也就都没一验可以站立得住而一驳即倒了。

### 五、关于左丘明的姓名问题

左丘明究竟是姓左、名丘明，还是姓左丘、名明呢？唐初名儒孔颖达以为左丘明姓左、名丘明。他说："《艺文志》云：'左丘明，鲁太史也。'是言丘明为传，以其姓左，故号为《左氏传》也。"刘宝楠既承家学（父刘台拱是乾隆时和王念孙等稽经考古为耆宿们所推重信服的名家），又是不持门户之见的经学大家。他辑汉儒旧说，而又加以近代诸家和宋人长义之所征引极博而著成的《论语正义》，在《公冶长》里则说《史记·太史公自序》"以左丘连文，则左丘是两字氏。明，其名也。左丘，亦单称左。故旧文皆言《左传》不言'左丘'传"。这就认为左丘明是姓左丘而以明为名，而和孔颖达以左丘明姓左名丘明的完全不同，使我们难所适从了。所以杨伯峻先生在《文史》第六辑发表的《〈左传〉成

---

① [元]赵汸：《春秋师说》卷上《论三传得失》。

书年代论述》一文中还是把左丘明看成是个不能解决的老大难问题。他说:"关于左丘明的可靠材料太少,因之他的姓氏、生存年代和是否《左传》的作者,我们目前还不能作较有把握的结论。探讨《左传》的著作年代,只能撇开左丘明这一问题,而从其他途径着手。"看来这个问题实在是没办法解决了。

然而清初博览群书而尤长于考订的朱彝尊就曾说:"按司马迁《报任少卿书》'左丘失明,厥有《国语》';应劭《风俗通》'丘姓,鲁丘明之后'。然则左丘为复姓甚明。孔子作《春秋》,明为作传。《春秋》止获麟,传乃详书孔子卒。孔子既卒,'周人以讳事神,名终得讳之'。为弟子者,当讳师之名。此第称《左氏传》而不书左丘也。"①是左丘明姓左丘名明也。清代中期的杰出史家王鸣盛又在所著《蛾术编·左丘明》里说:"左丘明,左丘,姓;明,名……司马迁《报任少卿书》:'左丘失明,厥有《国语》。'省文故单举其姓,言《国语》则《左传》可知。"左丘明之姓左丘,名明也就可以相信了。所以连鹤寿的按语对王鸣盛的说法虽然时有辩驳,而对这却不得不同意说:"今案史迁称'左丘失明'。应劭《风俗通》称'邱(清制,讳孔子名之字曰邱)姓,左邱明之后'。然则左邱为复姓甚明。孔子作《春秋》,明为作《传》。《春秋》至于获麟,《传》乃详述孔子卒。孔子既卒,'周人以讳事神,名终将讳之'。弟子自当讳先生之名,故但称'左氏'。"是朱彝尊、王鸣盛、连鹤寿都一致肯定左丘明姓左丘,名明;且认为孔子作《春秋》而是左丘明为他作《传》的。

我们且认为,古时"因生以赐姓"——如"舜为庶人时居于妫汭,其后因为氏姓,姓妫氏。武王克殷,得妫满之后封于陈。是舜由妫汭,姑称为妫姓也。"②这就是古人以所居之地名为姓的绝好证据。所以

---

① [清]朱彝尊:《曝书亭集》卷56《孔子弟子考》。
② 《春秋左氏传》"隐公八年及疏"条。

《姓氏考略·左丘》说:"左丘,左丘明之后。《元和姓纂》:'齐国临淄县有左丘。'《通志·氏族略》:'《论语》之左丘明居于左丘,以地为氏。'"这就又是肯定左丘明以所居之地左丘而姓左丘,明则是他的名了。

根据以上所述,左丘明的姓名这个老大难问题,也就算是得到了解决;而左丘明为《春秋》作传的问题,也又在这里得到了一次证明。嘉庆时,汪中"讨论经史,皆确有依据。其表章经传及先儒者,则有《左氏春秋释疑》"。而谓"明周公、孔子之道,莫若《左氏春秋》"。因之据《周官》大史、小史、内史、外史、御史以及瞽史、视、卜、梦等职以证左丘明记人事之外,所有"天道、鬼神、灾祥、卜筮、梦之备书于策者,史之职也";并谓不可用后代"儒之所业以疑古史之职",而"使学者笃信古人而息其畔唫(刚猛逞辩,以至怨形于面的意思)之习",①真可说是用心良苦了!沈钦韩是道光时学问渊博,长于训诂考订的著名史地学家。因为有人对于左丘明妄肆攻击,而"久怀愤懑",遂补注《春秋左氏传》,且自作序说:"孔子因《春秋》以见意,左氏亲受指归,以全《春秋》付托之重",孰谓《左传》不是左丘明所作的呀!又近人张采田,本是一个深于经、史而"演浙东遗绪"的名学者。他著《史微》既在《经辩篇》历举铁的证据以证《左传》是左丘明所著,复于篇末不禁叹息地说:"嗟呼!诸经得失既如彼,而三传异同又如此。得余说而存之,庶几可以息争矣。"那么,综合汪中、沈钦韩、张采田这三位国学大师之说看来,说《左传》不是左丘明所作的先生们,也都可以休息了。

---

① [清]王念孙:《述学叙》,[清]汪中:《述学》内篇二《左氏春秋释疑》。

# 《汉书·地理志》在中国史学史上的价值

中国地理之学,虽然发达得很早,但迄今未成为一种独立性的学科。班固是东汉时代人,毋怪作《地理志》,只附在《汉书》里面——从《隋书·经籍志》以至《四库全书总目》,也都是把地理著作附入史部,而不曾把它看作独立性的专著。现将《汉书·地理志》在中国史学史上的价值介绍于下。

## 一、撰修最难撰修的《地理志》及其影响

《禹贡》,是中国古代地理志的权舆;职方,是中国古代掌天下地图,管四方职贡的官名,这因"天下山川险要,皆王室之奥秘,国家之急务"。[1]所以西汉初年,萧何得到秦所藏图书,因而知道了天下的要塞。以后,汉政府又得到了《山海经》,当更有助于了解各地区的地理情况。武帝时代,有关天下的财政计书,既上之于太史,下之于郡国地志,也都包括在内了。从而也就给汉代史家写作地理志,具备了一定的条件。

然而,志终究是难写作的。这是因为志所叙述,乃历代典章制度、经济文化沿革的大端,非是老于典故,博观文物,是很难提要钩玄而着笔墨的。而班固则是个"博观载籍,九流百家之言,无所不究,所学

——————

① 《宋史》卷44《吴淑传》。

无常师",①而深明会通因仍之义的博学通才。他所著的《汉书》,虽因体裁关系,所有纪传,只以西汉一代为限,却扩大了《史记》八书的范围而撰十志,穷古至今,将所述的典章制度,经济文化,会通其历史因仍损益的关键所在。这就连史学理论名家章学诚也不得不说:"凡迁史所阙门类,(班)固则补之。非如纪、传所列事迹,但画西京为界也。是以《地理》及于《禹贡》《周官》,《五行》罗列春秋、战国。八表之例,可类推矣。"②"后世因之,互有损益,遂为史家一定法矣。"③可见班固修《汉书》之纪、传限于一代,表、志穷古至今的体裁,实给后世修断代史的史家,奠定了一定的成法。

然而《地理志》,在各志里面,又是较难纂修的。举个例子说:"本(宋)朝《九域志》,自大中祥符六年(1013)修订,至熙宁八年(1075),都员外郎刘师旦言:'自大中祥符至今六十年,州县有废置,名号有改易,等第有升降,兼所载古迹有出于俚俗不经者,乞选有地理学者重修之。乃命赵彦若、曾肇就秘省置局删定,今世所刊者是也。崇宁末(1106),诏置局编修,前后所差官不少,然竟不能成。"④这就可见《地理志》因为州县废置等的时有改变,过不了几十年,就得重新改修一次。又因改修不易,也不是每次都能改修成功的。从而到了南宋晚年,王应麟总结出一条经验说:"言地理者,难于言天。何为其难也?日月星辰之变,终古而不易;郡国山川之名,屡变而无穷。"⑤加以户口有变,赋役不一。所以就是史学权威司马迁著《史记》,也都只述《河渠》,

---

①《后汉书》卷40下《班固传》。
②[清]章学诚:《章氏遗书》卷15《〈亳州志·人物表〉例议上》。
③[清]章学诚:《章氏遗书》卷15《〈亳州志·人物表〉例议上》。
④[宋]朱弁:《曲洧旧闻》卷5。
⑤[宋]王应麟:《通鉴地理通释·自序》。

而未修《地理》。然而西汉王朝,实是中国封建专制一个强大而统一的政权。海内混一,郡县增置很多;统治期长,户口增加不少。因而从褚少孙、刘向父子以至班彪所写西汉一代的史事,都只能依照司马迁的《史记》而止于武帝太初年间,做一些续补工作。只有班固才具有雄伟的思想,将昭、宣、元、成、哀、平六帝时代的历史继续写了下去,完成了一部整个西汉一代的断代史——《汉书》。尤其难能可贵的,是他能适应时代的发展,结合现实的需要,而在刘向所言地域,朱赣所述风俗的基础上,加以增补扩充,写成了《地理志》。"其州国郡县,山川夷险,时俗之异,经星之分,风气所生,区域之广,户口之数,各有攸叙",①实为中国史学史上最早的一部较为完美的地理专著。从而一方面使得以后修史书的赞叹敬佩,至少有一种仰止高山而趋步难至之感。如范晔著《后汉书》,虽然很是自负,认为他这部史书,是"实天下之奇作"②,但终究不得不称"《汉书·地理志》记天下郡县本末及山川奇异,风俗所由,至矣!"蔑以加矣!因而使得他"但录中兴以来郡县改易"③,只修《郡国志》,不敢再作全面性的《地理志》。又如司马彪自命为一代"良史",而特修《续汉书》④,但亦仅志郡国罢了!沈约"博物洽闻……自负高才"。⑤然他受命而撰《宋书》,亦是只能志郡县而已!这就可见从司马迁、范晔、司马彪,以至沈约都是不敢、不曾写《地理志》。反过来,也就足以说明班固写《汉书·地理志》的不易,而更显其弥足珍贵了。

---

①《隋书》卷33《经籍志二》。

②《宋书》卷69《范晔传》。

③《后汉书》卷109《郡国志序》。

④《晋书》卷82《司马彪传》。

⑤《梁书》卷13《沈约传》。

一方面使得后代的统治者，越加感到职方图籍之为统治天下所必需的常经大典。于是官修地书：在唐而有《元和郡县志》，在宋而有《元丰九域志》，在元、明、清都有《一统志》，而《晋书》《隋书》《唐书》《辽史》《金史》《明史》，都修《地理志》。同时，清人洪颐煊，因为班固所修的《地理志》，"约而能该，详而有法……精审不苟，取重后世"。乃取班固所说，以推究汉代的水道，而作《汉水道疏证》；清人陈澧因为班固生当东汉统一的强盛时代，得见皇家兰台所藏的图书，①所修《地理志》，也就简明周悉，以故大川所经过的地区，也都记载了精确的里数。便取清代地图，以稽考《汉志》的水道，作出了《汉书地理志水道图说》。总之，班固的修《地理志》，不但引起了后代统治者更加知道撰修地理书的重要性，且使后代修地理志者得到了一种最有价值的参考材料，《宋书·州郡志》、《北魏书·地形志》都说明了这一点，促进了中国地理典籍纂修事业的发展。所以清代治《汉书》极有成绩的王先谦说："班志地理，存前古之轨迹，立来史之准绳；兼详水道源流，使后人水地相资，以求往迹，可谓功存千古者也。"②

## 二、《汉书·地理志》的特点

《汉书·地理志》，在我们初步看来，有下列几种特点：

1. 正因为班固是个博古通今的史家，所以《汉书》虽是一部西汉的断代史，而在《地理志》里，却详尽地讲述了自三代以至秦汉的星土疆域，建置沿革，封建世系，形势风俗，实是中国史学史上的第一部重要而大有裨益于文献掌故的历史地理。

2. 班固撰修《汉书》的态度，是非常严肃认真的。就《地理志》说，

---

①请参阅［清］顾炎武《日知录》卷18《秘书国史》。

②［清］王先谦：《汉书补注序例》。

对于所收资料中的穿凿附会、诡辩不经的说法，都经过了严密的审核。难信的给以剔除，可靠的才加录用，是为后人所赞美、所学习的。包慎言说得好：班固著《地理志》，"刊落诡僻，撊摘详慎，是以后世言地理者，莫不祖述班氏，挨代缀统"。①这就可见班固修《地理志》，对于录用的资料，是经过严密辨别真伪的功夫，力求保存它的真实性，而给后代史家起了一种典范作用。

3. 正因为班固对于所录用的史料，是经过严密审订的，所以也就深深地知道说经应以近于古代为得真实的道理。从而他著《地理志》，对于《禹贡》里的山川，都采用了西汉今、古文家的说法。这是因为地理有沿革，陵谷有变迁。如其用后代人的舆地知识去解释《禹贡》，那就好像用平水的《官韵》去叶《毛诗》，以王安石的《字说》去训《尔雅》，哪有不穿凿附会的呢？清代研究《禹贡》的名家，当推胡渭为第一，但他却昧于经学的限断，只沿史学的地志，而溺于宋以后的臆说，以致所考江、汉、弱、黑诸水，也就错误百出。是知后人之为《禹贡》之学的，尚得一凭班固的《地理志》，而不能恣逞自己的臆见，便说《禹贡》中的地理不同于今天的地理，就不相信呀。②

4. 郡县的下面，自加详细注脚（凡在郡县下面的注释，不曾书何人姓名的，都是班固的原注），因而起了一种保存作者原意的正确作用。这是因为作者著书不自作注，而让后人去解释，则众说纷纭，莫衷一是。那个对于古代典籍做过一番考订、注释功夫的朱熹，就曾因为"春王正月"四个字之有各家不同的解说说："某所以都不敢信诸家解，除非是得孔子还魂亲说出。"③何况更有许多注解家，故意穿凿附

---

① [清]包慎言：《校刊汉书地理志补注序》。
② 本《魏源集·书古微》卷4《通释禹贡》。
③ [元]盛如梓：《庶斋老学笔谈》卷1。

会,借古人的说法,企图达到他不可告人的种种目的呢! 从而只有作者自作自注,既免去了笺注者的许多精神,且又保存了原来的正确意义。洪容斋说得好:"经典义理之说,最为无穷,以故解释传疏,自汉至今,不可概举。至有一字而数说者",①又叫读者何去何从呢。然从班固以后,史家著书,往往有手自刊补,列成子注的。诸如:萧大圜著《淮海乱离志》,杨衒之著《洛阳伽蓝记》,宋孝王著《关东风俗传》,王劭著《齐志》,莫不都是自撰自注。饮水思源,这当要推美于班固了。但陈寅恪先生的《读洛阳伽蓝记书后》,却说杨衒之因染习了佛法,乃仿当时僧人合本子注的体裁,故所著于正文之外,复有子注。②这就未免有失考据了!

5.班固写《地理志》,以各地风俗为主要题材。一方面郡邑的名字,有的因为土俗的关系,往往有一种方言上的别种称谓。为了整齐划一,都去掉它们原来的俗称,而另用一种新的名字。如改豫章的余干为余汗,梓潼的十方为什方,南海的潘隅为番禺,苍梧的肆浦为荔浦,九贞的都龙为都庞等等。从此,全国的郡县称谓,不因他们的习俗方言的差别而有一种不统一的名称。这对促进政治统一、思想交流、情感传播、都起了一定的积极作用。一方面记述四方风俗习惯的差异,都能从经济状况、居民成分的变化出发,说明不同的社会意识是不同的经济反映。这种对世界的了解是唯物的。班固又主张因俗施政,诸如:"秦之地险,其俗杂,其政宜绥。巴蜀之地,其俗琐,其政宜拓。魏之地阻,其俗儇,其政宜忠。晋韩之地瘠,其俗啬,其政宜浃……";③并赞美了文翁开化偏远落后地区,治蜀的成绩。这固然是给统治者从意识形态上提

---

①[宋]洪迈:《容斋续笔》卷2《义理之说无穷》。
②《中央研究院历史语言研究所集刊》八本二分。
③[明]卢志庵:《汉书评抄》。

供统治天下的借鉴,但主张结合具体的地方习俗去办理政治,赞扬发展偏远地区的文化事业,在客观上还是有进步意义的。

6. 黄履翁说:"观班孟坚之志地理,论吴严助、朱买臣之贵显,则继以章山之铜,豫章之金,则知吴之人材,其亦三吴之钟欤?"①总之,《汉书·地理志》叙枚乘、邹阳、严助、朱买臣等之群集吴地,致一时"文辞并发",主要是由于经济的开发,次则是因吴王召集宾客而给以禄位的政治作用。班固在这里是又不曾自觉而天才地意识到文化本身是受着经济发展和政治作用的支配的。从而他虽是个唯心主义史学家,却仍具有朴素自发的唯物主义因素。

7. 班固撰《地理志》,往往"采获旧闻,考迹诗书";而行文又复结构严密,练词雅洁,至"文不入靡,琢不伤朴",深合"古文法度",②而给后人写地理书的,起了一定的典范作用。试看郦道元注《水经注》,采集旧著精华,录用诗歌掌故,而将各地山川作了一个细腻而生动的叙述,致成为一部历史地理名著。推本穷源,也还是向班固学习来的。

然而任何事物,总是一分为二的。班固谈地理,诚然优点很多,但缺点又何尝没有?西汉古、今文家,多见先秦一些古书,多闻当时师传的说法,其立说则有所根本,而较后人的臆说自当可靠。所以他认为东汉较西汉去古为远,释《禹贡》而采西汉经师的说法,自然有一定的理由。但信古太过,则也是有泥古不通之弊的。比如司马迁按古代的《禹本纪》而说黄河出于昆仑,班固也就据之而有同样的说法。然后人按"佛书考之,河出昆仑者,此即雪山。而所谓昆仑者,自须弥山也"。班固又复承袭司马迁之说,"且言自张骞使大夏之后,穷河源,乌得所

①[宋]黄履翁:《古今源流至论》卷4。
②[清]章学诚:《文史通义》补遗《评沈梅村古文》。

谓昆仑者?此是未知昆仑山所在耳。"①总之,信古太过,则难免有执文害理的弊病。即以经学大师的郑康成注《毛诗》,因为长于礼学,一一都牵合于《周礼》,也就束缚得厉害,而不免以辞害意。欧阳修博通群书,而好古信经,以至学术议论,一一本之于经,废弃三传而不顾。然而三传并非全以私意而穿凿附会的产物,而是有凭先师的传说,有赖简牍之文所写成的,岂可废弃而不一顾呢? 那么,信经而废传、据《礼》而谈《诗》的拘泥不通的害处,穷根追底说来,又何尝不是从班固而来的呢?

---

① [宋]陈善:《扪虱新话》卷 15《司马迁班固言河出昆仑》。

# 裴松之《三国志注》

裴松之生于东晋简文帝咸安二年(372),死于宋文帝元嘉二十八年(451),享年七十九岁。他出生于世代官僚地主的家庭(祖父昧,光禄大夫;父珪,正员外郎)。裴松之为人简直朴素,不但学问渊博,从政也有一定的成绩。所以,文帝命他注《三国志》并不是偶然的。

## 一、为什么要注《三国志》

为什么要注《三国志》,不外下面两个原因。

第一,陈寿《三国志》的优点,是精审正确,缺点是简略疏漏,所以有补注的必要。诚如裴松之《上三国志注表》所说"寿书铨叙可观,事多审正。诚游览之苑囿,近世之嘉史。然失在于略,时有脱漏。臣奉旨寻详,务在周悉",以补救他的缺陷,实在是必要的。

第二,在三国鼎立、互相斗争的时代,各国的史书,并不是对历史事实如实地给予记载,不附加其他成分的。相反,而是各自夸张,互相诋毁,而为它本国的政治服务的。因而宋文帝要裴松之"采三国异同,以注陈寿《三国志》",[①]作一对比的研究,实是一种很有意义的事情。

举个明显的例子来说。

曹操实际上是魏创业开国的太祖皇帝,在忠实于魏政权而为曹

---

① [南朝宋]裴松之:《上三国志注表》。

爽、曹髦政治心腹王沉所修的《魏书》里，则处处给曹操粉饰夸张，正所谓"多为时讳"。①他捏造曹操的祖先"出于黄帝。当高阳世，陆终之子曰安，是为曹姓"，曹操则汉丞相曹参的后代，是当时"天下名士"中不曾有过的杰出"名士"。而吴人所作《曹瞒传》却说曹操的父亲曹嵩，是"夏侯氏之子，夏侯惇之叔父，太祖（曹操）于惇为从父兄弟"，而嵩后来则成了宦官曹腾不明出生本末的养儿子。又说"太祖少好飞鹰走狗，游荡无度"。②这就把曹操是被人看不起的赘阉——宦官的后代，以及少年调皮捣蛋的流氓习气都揭穿了。

同是一个曹操，而在魏、吴两国的史书中，却写成了两种出身：丞相的后代，宦官之所收养未明本末的儿子。两种品质和面貌：处士中的杰出名士，调皮放荡的流氓。至于其他同是一件事情，而魏、吴两国史书的记载不同，也就不必更来多举了。

## 二、《三国志》笺注的方法及其来源

裴松之受诏笺注《三国志》的目的，既是"寻详""周悉"，且别"异同"，为了把这个任务完成得很好，首先，便广事搜集了大量的图书资料，从正史如谢承《后汉书》，地理书如《汉书·地理志》，论著如蔡邕《明堂论》，杂传如王粲《英雄记》，论赞如傅畅《晋诸公赞》，表如《晋百官表》，子书如葛洪《抱朴子》，文集如挚虞《文章流别志》，史评如孙盛《异同评》，家传如《荀氏家传》，别传如《郑玄别传》，专集如《诸葛亮集》，族谱如《庾氏谱》等，一共一百四五十多种，③绞尽脑汁，日夜钻研，写成了详细的注释。

---

①《晋书》卷39《王沉传》。
②《三国志·魏书》卷1《武帝纪》注。
③详见[清]赵翼：《廿二史札记》，[清]钱大昕：《廿二史考异》。

至于注释项目,依裴松之自己所说,可分四种。凡是"寿所不载,事宜存录者,则罔不毕取,以补其阙。或同说一事,而辞有乖杂,或出事本异,疑不能判,并皆抄内,以备异闻。若乃纰缪显然,言不附理,则随违矫正,以惩其妄。其时事当否,及寿之小失,颇以愚意,有所论辩"。①简括说来,这种注释方法,便是"补缺""备异""惩妄""论辩"四种,而和那一般专以训诂为主以解释史书中意义的自是不同。

然而在裴松之以前,这四种注释方法不但有人分别地用过,而且有人综合起来,一起都用过。所以裴注《三国志》,虽然在史注学上取得了很大的成绩,但并不能如有人所说,这是他的创作。②

原来史学,本是一种专深的学问,前人写成"一家之言"的历史著作如何阐发它的奥义,补述它的阙略,使读者容易了解、接受,这就有待于后来的史学专家,作出精详的注释。

然而注释有以训诂为主,只是对于音义、名物、典故以及地理作出一些注解的,是为注释之正体。但是,更有于原书本文之外,委曲叙事,本末俱备,以为传注的,是为注释之变体。比如左丘明之翼附《春秋》为之作传,而将其中的简明纲目,结合历史本事,原原本本,曲尽细密地给以阐发叙述,使《春秋》中的史事和意义,不致不明于后代。从而西汉初年,一般经学大师,虽然传述经义,多以口授,但口授经义的伏生,所作《尚书大传》,叙事还是占了八分,释义只有二分,而命之曰"传"了。这是因为"注史以述事为主。事不明,训诂虽精无益也"。③

从而西汉末年,尽管那些抱残守缺的博士们,一向只是传释训诂,因而固执己见,说是记事多、解经少的《左传》,是乃左丘明自己的

---

①[南朝宋]裴松之:《上三国志注表》。
②见杨翼骧:《裴松之与三国志注》,《历史教学》1963 年第 2 期。
③[清]钱大昭:《三国志辨疑·自序》。

著作,不是为《春秋》所作之传,也就终究阻挡不了以事注史的道路,而为裴松之注《三国志》起了先导作用。

第一,东汉末年赵岐著《三辅决录》,西晋挚虞便在赵的本文之外,增补了许多事实。①蜀汉杨戏撰《季汉辅臣赞》,其中有戏所赞而陈寿未曾给予作传的,寿都在传文之外,注出了事实的本末。这都因为传的原文比较简略,陈寿也就感到有增补事实,"注疏本末于其辞下,(使读者)可以确知其仿佛"②的必要。这就不但使注释学有所发展,而且为裴注《三国志》起了直接的先导作用。

第二,东晋徐广因为《史记》各种本子的文句不同,真伪乱杂。因而广事搜集起来,加以研究考核,写成《史记音义》13卷,而"兼述训解释"。这就不但裴松之的儿子裴骃的《史记集解》是在这《史记音义》的基础上增益起来的,就是他自己注《三国志》无论是训诂,还是备异、惩妄,又何尝不是受了这部《音义》的启示呢。

第三,司马迁的《史记》问世之后,扬雄既评其书"不与圣人同,是非颇谬于经",③班彪又"斟酌前史而订正得失",并批评了司马迁"是非颇谬于圣人"。④谯周著《古史考》,又纠正了司马迁叙先秦史事不曾依据正经的错失。⑤傅玄著《傅子》,又评论了《史记》《汉书》《三国志》三史的得失。甚至干宝,议论前代著作,而于司马迁的《史记》更是深表不满,而独推尊了《左传》。⑥从而裴松之注《三国志》,对于陈寿以及

①《晋书》卷51《挚虞传》。
②《三国志·蜀书》卷45《杨戏传》。
③[汉]扬雄:《法言·序》。
④《后汉书》卷40上《班彪传》及论。
⑤[清]章宗源辑本,存《平津馆丛书》内。
⑥[唐]刘知几:《史通》卷9《烦省》、卷2《二体》。

其他许多史家提出了批评，这都不能不说是受了自扬雄以来等人的影响。

又，晋王涛(王鉴弟弟)撰《三国志序评》，宋徐众作《三国评》，对于三国时代的历史事实，往往提出了自己的看法，给予称赞或批评，这对裴松之的论辩三国时事的当否，当更起了直接开悟的作用。

总括以上看来，我们可以肯定地说，裴松之注《三国志》的"补缺""备异""惩妄""论辩"四种方法，在他以前，别人都曾分别用过，而给他做了很好的启示，提供了有价值的参考。这些方法，并不是如杨翼骧先生说的"实为前所未有的开创之作"，而是有所承袭来的。

然则我们是不是可以说，综合以上四种方法，以注释一部旧史，总算是裴松之注《三国志》，是第一个集其大成的人呢? 答案也还是否定的。

原来裴注《三国志》，除训诂以外，主要的是"补缺""备异""惩妄""论辩"四种方法。注释一部书，能够综合多种方法，各方面给予阐发、引申，的确是比较全面，做出了很大的成绩的。但集这五种方法之大成，而用在一部著作里，据我们看来，晋时的孙盛著《异同评》即已用过。虽然《异同评》今已不能全部见到，但从在裴注里所引的材料看来，除了"备异"一种外，其他四种，可说都已完全用过。那么，就是"备异"，可能也已用了，只是裴注不曾引用到罢了。现且分别地谈谈:

第一，训诂，是注解古书最基本的方法，也是最必要做的工作。裴注《三国志》，"笺注名物，训释文义"，虽是"间有之而不详"，[①]然而仅就第一卷《武帝纪》来说，却注了太祖武帝"姓曹，讳操，字孟德"，而引《曹瞒传》曰:"太祖一名吉利，小字阿瞒。"又注了"将军死绥"的"绥"

---

① [清]侯康:《三国志补注续·自叙》。

字,而引《魏书》说:"绥,却也。有前一尺,无却一寸。"又注"袁尚将沮鹄守邯郸"曰:"沮,音菹,河朔间今犹有此姓。"

然而孙盛著《异同评》,就曾注意训诂。如注"巴七姓夷王朴胡、賨邑侯杜濩"说:"朴,音浮。濩,音户。"就是一个明显的例子。

第二,裴松之指出陈寿《三国志》的缺点,是"失在于略,时有所脱漏"。因而他的注释,也就做了许多补缺的工作。比如《武帝纪》原文,讲武帝生出本末,只有59个字,而注却旁征博引,共有5条,总计530个字,比原文增加了近8倍。

然而《吕虔传》载虔聘王祥做别驾。孙盛则补述了祥事母孝及做官见重于时的事。又《姜维传》载维与母相失,孙盛又补叙了"维复得母书,令求当归"的事。因而给《三国志》补缺,孙盛已走在裴松之的前面了。

这种补缺的注释,往往给后代保存了许多珍贵资料。一方面因为这种史料不曾受到割裂,首尾毕具,是较为完整的;一方面是这种资料,十之八九是后代已经散佚不存的。因而对于后人研究古史上的问题,的确提供了很大的方便。

第三,陈寿于《武帝纪》载建安五年(200)八月,曹操与袁绍战不利,"兵不满万"。裴注因而举了许多证据,证明这种记载"非其实录"。《武帝纪》,陈寿载孙权先攻合肥,然后曹操至赤壁与刘备作战不利。孙盛则矫其妄说:"据《吴志》,刘备先破公军,然后权攻合肥。而此《纪》云权先攻合肥,后有赤壁之事,二者不同,《吴志》为是。"是矫陈寿之妄,孙盛又先裴松之而为之了。

裴氏曾据《前出师表》,证明是刘备三次先见诸葛亮,以驳鱼豢《魏略》诸葛亮先见刘备之说的错误。①又《世语》说桓阶劝曹操登上皇

①《三国志·蜀书》卷35《诸葛亮传》。

帝的宝座。孙盛则说"桓阶方惇有义直之节。考其传记,《世语》为妄矣"。①是孙惩妄以求史事的真实,不又在裴氏之前做过了么。

第四,曹操表袁绍之墓,并慰劳他的妻子。孙盛因而批评他"尽哀于逆臣之冢,加恩于饕餮之室",非是"为政之道"。②

这种论辩法,孙盛书里固然用的很多;裴氏也跟着用得不少,比如《贾诩传》里,就曾议论他劝李催攻长安为董卓报仇,致使国家破败,人民死亡,真是罪大恶极。

总之,裴注《三国志》是有一定贡献的。但所采用的方法,则在他之前晋的孙盛已用过。这说明注释史书,到了晋朝,已由训诂向各方面发展,而孙盛则是第一个首先综合多种方法,而集其大成的人。裴松之则是继孙盛之后,在孙盛原有方法的基础上,向前推进而成了一位既是承袭又有开拓性的注释史学名家。

### 三、《三国志》注释的缺点

要想一部历史名著没有任何一些缺点,是不可能的。所以裴松之对许多史家都提出了意见,而他自己所注的《三国志》,依然还是有缺点的。

第一,颜师古《汉书叙例》说:"泛说非当,芜辞竞逐,苟出异端,徒为烦冗,袛秽篇籍,盖无取焉。"颜注《汉书》,凡撰述新异穿凿的皆不采用。至于裴松之虽是批评了其他史家的虚伪妄作,但自己为了迎合统治者的意旨,却多次引用《搜神记》《神仙传》《异物志》《神异经》等所载鬼神怪诞之事。又复在《吕虔传》引用王祥卧冰得鱼,《关羽传》引

---

①《三国志·魏书》卷1《武帝纪》。
②《三国志·魏书》卷1《武帝纪》。

用关羽梦猪啮脚的故事。这就引起清代名史家王鸣盛的指责："裴松之专务博采，若《关云长传》所采《蜀记》六条，《典略》一条，内唯'庞德子会灭关氏家'一条，或是实录，其余尽属虚浮诬妄。"①甚至裴氏自己对他注中所引神奇鬼怪之事也说"纰缪显然，言不附理"呢。

我们为什么说裴的屡引神奇鬼异之书，以言怪诞不经之事，是迎合统治者的意旨呢？原来他受宋文帝的诏令而注《三国志》，而文帝却是一个以宜都藩王搞政变，利用"徵祥杂沓，符瑞耀辉，宗庙神灵"②的符瑞耀祥之说，登上皇帝宝座的。因为担心世人之难于统治，如果专用"儒者阐《诗》《书》《礼》之教，而辅之以刑政威福之权，然固有赏之不劝，罚之不惩，耳提面命，而终不率教者。及闻佛说，为善有福，为恶有罪，则莫不舍恶而趋于善。"因而见了颜延年之著论发明佛法，也就决心推行佛教以"坐致太平"。③那么，尽管裴氏为人质朴，注《三国志》又以矫妄为一重点，但圣旨在上，又怎能不言神引怪，迷惑世人，以为政治现实服务呢？试看他在《吴范传》《刘惇传》《赵达传》里，引了葛洪《神仙传》而说仙人介象几件方术之事以后，便郑重地加以申说："臣松之以为葛洪所记，近为惑众，其书颇行于世。故撮取数事，载之篇末也。神仙之术，讵可测量？臣之臆断，以为惑众，所谓夏虫不知冷冰耳。"这就可见他引用神仙之术作注，只是迎合文帝意旨，而有违于他的衷心夙愿的，然而这又是有口不能申辩的，所以，也就只好责备自己是不知冰冻的夏天的虫子而已！他内心深处的苦楚，也就可想而知了！

第二，裴松之"上搜旧闻，傍摭遗逸"，以补《三国志》的缺略脱漏，虽然态度严肃，但终问纷错，难免没有芜杂的疵病。结果，往往只是纠

---

① [清] 王鸣盛：《十七史商榷·关传注多误》。
② 《宋书》卷 5《义帝纪》。
③ [元] 刘谧：《三教平心论》。

集了一些感性材料,并没使之上升到理性阶段。刘知几说他"喜聚异同,不加刊定,恣其击难,坐长烦芜";①陈振孙说裴注繁芜;②浦起龙谓"裴注知博而不知约,征书甚富,而择言不精";③都是有一定的理由的。别的且不再去说他,就只引用孙盛《异同评》一书,时而作《异同记》,时而又作《异同杂语》《杂记》,以至省作一个《记》,注引一部书,而名字就先后换用5个,也就够纷错杂乱,搅乱了读者,使之迷惑不清了。所以胡应麟说:"裴松之之注《三国》也,偏记杂谈,旁收博采,迨今藉以传焉",这是对的。至于说他"综核精严"④则是错误的。

总之,裴注《三国志》是不及陈寿著《三国志》之高简有法的。王鸣盛就曾说:"松之尚知严正,然徒劳笔墨矣。观裴注,愈知陈寿史法之严。"⑤正因为裴松之的史学是不及陈寿的,所以章学诚说"有后学托于前修者,褚少孙之籍灵于司马迁,裴松之之依光于陈寿,非缘附骥,其力不足自存也"。⑥

第三,裴松之《上三国志表》说陈"寿书……失在于略,时有脱漏。臣奉旨寻详,务在周悉"。⑦但他自己所著,曾行于世的《晋纪》,却是"其文既野,其事罕有"⑧的。这岂不是只责他人简略脱漏,而自己所著的史书,却可少所记载么。

再则,"裴松之注《三国志》号称详核……然钟繇书法,妙绝古今,

①[唐]刘知几:《史通》卷5《补注》。
②[宋]陈振孙:《直斋书录解题》卷4《正史类》。
③[清]浦起龙:《史通通释》卷17《杂说中》。
④[明]胡应麟:《少室山房笔丛》卷13《史书占毕一》。
⑤[清]王鸣盛:《十七史商榷》卷41《关传注多诬》。
⑥[清]章学诚:《文史通义》内篇四《言公中》。
⑦《宋书》卷64《裴松之传》。
⑧《玉海》卷46《晋史》。

本传不载，注中自应补入，而裴注不及一字。华歆从逆奸臣，管幼安视之，殆犹粪土。则其割席捉金之事，亦应附载，以见两人品识之相悬。本传既遗，而注亦并不及，则世期（松之之字）之亦脱漏亦多矣"。①这么看来，裴松之简直成了一座丈八灯台，只是照见人家，却照不见自己了。

三则，裴松之上表是曾反对当时之人刻碑勒铭，认为"勒铭，寡取信之实；刊石，成虚伪之常；真假相蒙，殆使合美者不贵……不加禁裁，其敝无已"②的。但他自己却又作了《裴氏家传》。③而家传则是所以"喜称门阀，追述本系，妄承先哲"，④以夸张其门第，标举其先人者也。这种真假相蒙、虚伪少实的弊病，和刻铭刻碑，只有过之而无不及之处，为什么反对时人勒铭刻石，而自己却又作家传呢？这岂不又是只许自己烧火，却不准别人点灯吗？

总之，人无十全，花无朵朵圆。裴松之为人和所注的《三国志》，不免都有欠缺之处，这是可以理解的。何况他注《三国志》是受了皇帝的诏令，岂敢不秉承皇帝的意旨，只是"唯实"而不"唯上"呢？事实上也是很难办到的。

至于刘知几作《补注篇》，其中对裴松之的为人和裴所注《三国志》的评论，则更是抹杀历史事实，不顾裴之所注《三国志》的实际情况，仅从一般注释经史的体例而妄发的。刘知几说，裴注《三国志》是因为他是个"好事之子，思广异闻"，以表现自己的缘故。实则恰相其反，裴氏原来是个"立身简素"⑤之人，并非什么"好事之子"。至于裴之

①［清］赵翼：《陔余丛考》卷6《三国志》。
②《宋书》卷64《裴松之传》。
③《隋书》卷33《经籍志·史部二》。
④［唐］刘知己：《史通》卷9《序传》。
⑤《宋书》卷64《裴松之传》。

所以注《三国志》，更是奉了宋文帝的命令，而不是什么由于他自己之"思广异闻"和卖弄自己。那么，刘知几对裴松之为人和他所以注《三国志》的评议，不是明显地抹杀了事实吗？

再则，裴"松之年八岁，学通《论语》《毛诗》，博览坟籍"。[1]年刚20，就做到了自晋以来而选自负南北之望的名家之所担任的直卫皇帝左右、参与顾问的殿中将军。以后做吴兴、故障(今浙江安吉县)县令，政绩卓著；任巡行天下的钦差大使，又深为时论所赞美。这都充分说明了他是个具有政治才能，渊博学识，虽史法不及陈寿之严，亦足以垂名史册。所以刘知几说松之"才短力微，不能自述，庶凭骥尾，千里绝群。遂乃掇众史之异辞，补前书之所阙"，企图附在陈寿的尾巴上，"好事"地补注《三国志》以钓誉于当时，垂名于后代，则又不很全面，而过甚其词了。

①《宋书》卷64《裴松之传》。

# 隋代史学

隋王朝的大一统政权，是历经东晋以来几近 300 年(317—581)长期分裂的局面才建立起来的。大一统的开基，自应重视典籍的收藏，兴起一代的文化。何况在隋以前，典籍曾遭赢秦之火，王莽之乱，董卓西迁，永嘉南渡，周师入郢的五次大灾厄。所以好学的晋王杨广(隋炀帝)，平陈进入建康(南京市)，即命高颎、裴矩收集图籍。一统之后，职司典籍的秘书监牛弘，又复认为"天下不可马上治之，故经邦立政，在于典谟"，特表请开献书之路。①经过"访缉搜求，不遗余力，名山奥壁，捆载盈庭。嘉则殿书遂至三十七万余卷。书契以来，特为浩瀚"。②这当可说当时撰修史书，是具备了极好的条件。

然而有了好的条件，统治者不重视修史，也还是不能把史修好的。

## 一、文帝、炀帝之不可能重视撰修史书

隋文帝杨坚，原是个秉性猜忌，一向对学术不感兴趣，全凭智术以得天下，而以文法自矜明察的皇帝。③他不学无术，负才任气。比如：他袭父爵为随国公，受周禅，而以隋做国号，则是因为他主观地认为周、齐不遑宁处，而辶之义训走，便去掉辶而成隋。殊不知隋读堕，零

---

①《隋书》卷 49《牛弘传》。

②[明]胡应麟:《经籍会通》卷 1。

③《资治通鉴》卷 177《隋纪一》。

星残余之肉,不是极不吉利吗? 至于辶,安步而行的意思,胡妄去掉,真是弄巧反成拙。①像他这样"空腹而无一笈之诵",自我作古之人,自然是不能"窥成败于国史,察安危于古今",而以修好史书为当时政治上的重要事务的。何况他以外戚而受托孤的重任,竟因利乘隙夺取周的政权,故心里有鬼,认为人言可畏,特诏令"人间有撰集国史,臧否人物者,皆令禁绝"。②

至于炀帝杨广,说来虽是好学,却又是个杀君父、杀兄弟、酷虐百姓,妄事征战,荒淫纵乐的统治者,对那无情的历史也十分惧怕,又哪能以褒贬是非、明辨善恶的修史之事为重? 周德泰就曾说:"人主之好学者,无几。然亦有好之,而无补于事,如梁绎(梁元帝肖绎)、隋炀帝之徒者,何哉? 夫学之道,虽非一端,要以孝悌仁义为本。二君为子则不孝,为弟则不悌,为君则不仁,为人则不义,是其大本已失矣! 虽朝诵夜习,亦复何益! 况其所谓学,亦徒从事华藻之末也乎? "③

再加上炀帝"恃才矜己,傲狠明德",只有老子天下第一,而"每骄天下之士"。既"不欲人出其右",又不耐人进谏。如有进谏,非置之死地而后快。④哪还能以修史为重,虚心从中吸取经验教训,以为自己统治天下的借鉴呢。

尽管炀帝爱好著述,从开皇十年(590)任扬州总督以至即位为帝的 15 年当中,设置学士多至百人,修书未曾停止。自经术、文章、兵、农、地理、医、卜、释、道以至蒲博、鹰狗,莫不都著新书,且称精洽,共计 31 部 1.7 万多卷,⑤ 却独不见一部史书,这就充分说明他是不愿

①见[南唐]徐锴:《说文系传》。
②《隋书》卷 2《高帝纪》。
③《通鉴纲目·发明》。
④《隋书》卷 22《五行志上》、《资治通鉴》卷 182《隋纪六》。
⑤《资治通鉴》卷 182《隋纪六》。

撰修这种叙述兴亡得失以为龟鉴的典籍的。

如说"六经皆史",经之与史,原是合二而一的典籍,炀帝既修经术之书,不就是等于修了史书吗? 但我们认为,刘歆《七略》、班固《艺文志》,虽是以经概史,不曾一分为二,但二者终究是不能合二而一的。所谓经以载道,史以记事。载道,则虽明人伦,可为"虚美玄妙之论";虽言致用,可为"迂阔深刻之谈",①终究不如史之叙史事得失,人伦关系之深切著明,而能起一定的垂戒作用。像炀帝那么睥睨古今,骄矜自用,既不纳群臣之言,又哪里愿意修史而从中吸取经验教训呢? 也就是以自己的说法去附会经术,而给自己的胡作非为去作辩护,找注脚罢了。

## 二、隋代所修的史书

隋文帝、炀帝主观上诚然是不愿撰修史书的。然而不修与隋有关的前代史书,尤其是隋的国史以及吹捧他们的史书,这在事实上又不可能。因此,有隋一代,还是撰修了史书的。

1. 魏澹的《魏书》

隋文帝为什么要命魏澹别成《魏书》呢? 那就是因为"魏收所撰书,褒贬失实"②的缘故。所谓"褒贬失实"究竟是怎么回事呢?

第一,原来魏收之书,撰于北齐天保二年(551)。北齐上承东魏的帝统,故以东魏为正统而止于孝静帝;至于西魏的文帝、废帝、恭帝,则概不给他们立纪。然而隋文帝则是上承北周的帝统,而北周又是上继西魏帝统的。这么一来,他所开建的隋朝,也就成了一个僭伪之国,

---

① [清]钱大昕:《廿二史札记·序》。
② 《隋书》卷58《魏澹传》。

不成其为历史上的正统朝代,这是他能允许的吗?这就使得他只有认为"褒贬失实"了。因而受禅之初,便迫不及待地诏"命魏澹、颜之推、辛德元更修《魏书》九十二卷,以西魏为正,东魏为伪"。①这样一来,隋的政权,也就"居天下之正,合天下于一,斯正统矣"。②

第二,魏收之书,讳太子之名,书皇帝之字,岂非尊卑失序,有悖于《春秋》《礼记·曲礼》"太子必书名,天子不言出,诸侯不生名"的义例吗?魏澹因之讳皇帝之名,书太子之字,以明尊君卑臣之义了。

第三,魏收之书,隐讳太武(世祖拓拔焘)、献文(显祖拓跋弘)的被杀,而说他俩善终天年,这就使乱臣贼子无所畏惧,而做皇帝的杨坚则将岌岌乎殆哉了!而魏澹分明直书,以惩逆贼,自是史法严正,义例详密。③

总之,隋文帝所以对魏收之书不满,而命魏澹另行撰修,并不是为了从中吸取经验教训,以为他统治天下的借鉴,而是为了争正统,正名分,惧乱臣,以巩固他的统治,而使天下之人绝对服从他隋王朝的专制政权。魏澹始而从齐入周,继而由周入隋,原是一个两度亡国遗臣,一切只有仰承猜忌成性的新君——隋文帝的鼻息。另修之书的义例,自是"与魏收多所不同",从而也就博得了"上览而善之"的欢心。然而是非自在人心。世界上的一切,并不是封建专制的皇帝个人意志转移得了的。于是清儒凌廷堪为撰《魏书音义》,"且为伯起(魏收字)辩诬","文既奥衍,义例亦严",④殊足以为魏收主持公道。所以"足传于后"的,只是原来的魏收之书,而魏澹另修之书,在北宋仁宗时,

---

①[宋]刘攽:《北魏书·序》。并见[清]洪颐煊:《诸史考异》卷14《魏史》。
②《欧阳文忠公集·居士集》卷16《正统论下》。
③以上见《崇文总目》、《隋书》卷58《魏澹传》。
④[清]洪亮吉:《更生斋集》卷8《后魏书音义序》。

王尧臣撰《崇文总目》时,已是亡佚得只剩一卷本纪了。

## 2. 王劭所修的史书

王劭从少至老,究极群书,笃好经史。他采摘经史中的谬误而成的《读书记》,是为时人所折服而称之为博物者的著作。兹述他所著的史书于下。

《隋书》:王劭既是时人所折服的经史名家,又复职司著作,专典国史,所撰《隋书》,自然也就是一部不朽的名著了。但他从隋初开皇以至仁寿为时 20 年(585—604),所修 80 卷的《隋书》,却是死搬硬套《尚书》的体例,分类列目,"以类相从,定为编次;至于纪年经传,并失其序"。①

然而自左丘明传《春秋》,已为编年之祖;司马迁著《史记》,又为纪传之宗。是以"后来继作,相与因循","二体两行,千古宗之"。在封建社会里撰修一代国史,又有"谁能逾此"两种体裁呢?②至于《尚书》,虽开史家之体,但"古往今来,质文递变,诸史之作,不恒厥体",③并非一成不易。历史车轮已经向前推进,而修史仍不编年、不纪传,只是一味地墨守《尚书》的成规。"以言为主。至于废兴行事,万不记一,悟其缺陷,可胜道哉!"④生当五世纪末史书体例已是大备的时代的王劭,撰修《隋书》,却仍效法既不编年、又无纪传的《尚书》古老体例,也就只能说是一种分类列目的文献类编,而不成其为一代的国史了。

然而王劭本是个用思专一,博通经史的名家。如其真是毫没历史主义的认识,只能墨守《尚书》的成规去修史书,那为什么初撰《齐

---

① 《隋书》卷 85《后序》。
② [清]浦起龙:《史通通释》卷 1《二体》。
③ [唐]刘知己:《史通》卷 1《六家》。
④ [唐]刘知己:《史通》卷 13《疑古》。

志》，即用编年体？复修《齐书》，又用纪传体。只是撰修《隋书》，却既不编年，又不作纪传，而只以记言为主，这还能没有一定的原因吗？

原来王劭在齐，确是少年得志，官运亨通。不满20岁，即从尚书仆射的参军，一再上升为太子舍人、中书舍人。但齐亡入周，却不得调了。而隋文帝一经受禅，却升他做了副著作郎。"士为知己者死"，这能不使他竭尽智能去为有隋撰修一部国史吗？然而"史者，国家之法典也。自君臣善恶功过，与其百事之废置，可以垂戒后世者，皆得直书而无隐"。[1]而隋文帝"始以外戚之尊，受托孤之任，与能之议，未为当时所许"，[2]而以杀周静帝自立。又复猜忌群臣，派心腹监视他们的言行，一有过失，立即加以重罪。以故"佐命无功，鲜有终其年；配享清庙，寂寞无闻"，[3]这就不好为隋修国史而用纪传体或编年体了。只有"《尚书》者，隆平之典……直叙钦明……尧、舜盛，《尚书》载之"，[4]"史之善善者也"。[5]王劭几经思量，因而采辑文帝的一切诏令，口敕，推尊为尧、舜、禹、汤、文、武的典、谟、训、诰、誓、命之经典圣言，分类列目，仿效《尚书》体例，以成一代的宪章。"遂使隋代文武名臣、列将善恶之迹，淹没无闻"。[6]这种政治底细，若不予以揭穿，就是那事理缜密，识力说敏，读史得其奥义微旨而以评论史著著名的史家刘知几，也都不识其真意所在，徒然从体例上着眼，而说王劭《隋书》"帝王无纪，公卿缺传。则年月失序，爵里难详……乃似孔子《家语》，临川《世说》……故其书受嗤

---

① 《欧阳文忠公集·奏议集》卷12《论史官日历状》
② 《隋书》卷2《高祖纪·论》。
③ 《隋书》卷40《梁士彦传·论》。
④ 《隋书》卷58《魏澹传》。
⑤ [明]胡应麟：《少室山房笔丛》卷13《史书占毕一》。
⑥ 《隋书》卷69《王劭传》。

当代,良有以焉",①是诚观其表面而未究其内心的皮相之言了!

再则,隋文帝"雅好符瑞,暗于大道",②这也不是没有他的政治原因的。这因他"受周禅恐民心未服"——事实上,当时周室旧臣对于他的篡权夺政,就是咸怀愤惋的;而王谦且固三蜀之险,尉迟迥又举全齐之众来反他。"故多称符瑞以耀之,其伪造而献者不可胜计。"③如有人上书或当面说个不吉祥的话,文帝不是不省奏书,便是把原话改掉。④在上唯风,在下唯草,于是怪诞不经,僻陋曲巷的诬妄之言,杂然纷起。王劭是个善于献谀求媚者,因而望风承旨,撰修《隋书》,也就"好诡怪之说,尚委巷之谈,文辞鄙秽,体统繁杂,直愧南、董,才无迁、固,徒烦翰墨,不足观采"了。⑤

《皇隋灵感志》:王劭卑鄙诡佞,狐媚求荣,他曾"先后上表,言上受命",既说文帝有龙颜戴干之表,又言周时黄河变清,河清则生圣君,实属大隋。又谓图书屡出,文帝遂代周登位而有天下;又言《河图皇参持·通纪》二篇,所以陈大隋符命,皇道帝德,尽在于隋。 文帝因之屡为高兴,认为王劭出于至诚,给他加官晋爵,宠赐日隆。⑥那么,王劭根本上就是个回邪窃位、持诡求宠的佞人,绝不是什么直笔以申劝诚的史官!

王劭在文帝面前得宠,也就狗仗主势,越加逞能作耗(恶),任性胡为,而著妖异之书,做怪戾之事了。《皇隋灵感志》,便是他采辑民间

---

①［唐］刘知己:《史通》卷1《六家》。
②《隋书》卷2《高祖纪·论》。
③《通鉴》卷199《隋纪三》。
④《隋书》卷22《五行志上》。
⑤《隋书》卷69《王劭传·论》。
⑥《隋书》卷69《王劭传》。

歌谣,援引图书谶纬,搜集佛经,妄事点窜,曲加欺罔,牵强附会,文饰而成,以之奏上文帝的。文帝于是诏令宣示天下,由王劭召集诸州的朝集使,洗手烧香而读之,足够神乎其神了。又复曲折其声,有如歌咏,故意蛊惑众人。为时不是长达一月,便是十日之久,而向全国作尽了扩散毒素的宣传。[1]王劭如此杂凑符谶、佛经、民谣,而妄生穿凿,诬罔地宣扬上帝、释迦眷佑皇隋,人民爱戴文帝,不但使自己成了个传教士,而《皇隋灵感志》则更是一部邪僻怪诞的志乘了。

《齐志》与《齐书》:王劭在齐为中书舍人,曾被称为"多识故事"的博物之士。后因齐灭入周,又以周灭入隋。当他因母丧离去著作郎的职务居家时,撰修了编年体的《齐志》20卷,纪传的《齐书》10卷。"或文辞鄙野,或不轨不物,大为有识者所嗤鄙",[2]也就不足成为一代的史书了。

然而批评史家刘知几,却不同意"世人……共诋王氏"的说法,一再提出了绝对相反的意见。不是说王劭"长于叙事,无愧古人",[3]便是称王劭"抗词不挠,可以方驾古人"。[4]这是一方面。刘知几又历诋《汉书》《后汉书》以来载文的错失,大事称赞"唯王劭撰齐、隋二史,其所取也,文皆诣实,理多可信;至于悠悠饰词,皆不之取。此实得去邪从正之理,捐华撝实之义也"。[5]又叹息自班固以后,史家修史,"华多于实,理少于文,鼓其雄辞,夸其俪事……曾何足云。王劭志在简直,言兼鄙野,苟得其理,遂忘其文。'观过知仁',斯之谓矣。"[6]

---

① 《资治通鉴》卷 778《隋纪二》。
② 《隋书》卷 69《王劭传》。
③ [唐] 刘知己:《史通》卷 6《叙事》。
④ [唐] 刘知己:《史通》卷 7《曲笔》。
⑤ [唐] 刘知己:《史通》卷 5《载文》。
⑥ [唐] 刘知己:《史通》卷 4《论赞》。

总之,从刘知几说来,王劭实是两汉以后,唯一中正质直,恂恂无华的优秀史家。不但叙述史事可与古之良史媲美,就是所载之文,也都拨华存实,理足可信,即使有些鄙野,也当从宽着想,不应责备求全的。

然而我们认为刘知几实是个热衷名利,虽然精通史学,却是"未能免俗"的庸人。因为自己在史馆"忤时"的不得其志,对于唐初史官之备受优遇,也就感慨于怀,发言偏激,①以至对他们所修诸史,吃醋调歪,独持异议。王劭徇私诬媚,曲从上意,所修史乘,不轨不物,弄得满纸牛鬼蛇神,自当遭受有识者的嗤鄙。刘知几却称赞他"去邪从正","志在简直",那就与事实相反,使人莫名其妙!至于王劭修齐史,而能"抗辞不挠",则因齐早已为周所灭,而他已由齐入周,由周入隋,更不必有所顾虑的缘故。

隋文帝的父亲杨忠,原是宇文泰建周创业时官位高至八柱国之一的元勋。文帝自己,则又是承袭父爵而掌握军政的权臣。那么,虽说"于时邺城(高齐)将相,薪构仍存,"而"王绍《齐志》,其叙述当时,亦务在审实"。即使"见仇贵族",也都"曾无惮色"了。②试看当时虽然严禁私撰史书,王邵在家修齐史被人揭发,文帝因之大发雷霆,没收其书,但一经审阅,便又高兴起来。③不就可见在隋而直书其事,只要迎合着文帝的心意,高齐贵族后代的仇恨,又有什么可怕的。从而与其说王劭修齐史之能从正、唯实,倒不如说他之能从曲唯上了。

再则,言者,心之声,④是所以表达人们意志的。⑤鄙劣浅陋,令人

①[唐]刘知己:《史通》卷20《忤时》、卷10《自叙》、卷11《史官》。

②[唐]刘知己:《史通》卷7《直书》。

③《隋书》卷69《王劭传》。

④[汉]扬雄:《法言·问声》。

⑤《庄子·外物》。

听不入耳；①或者虚妄浮夸，不符实际而不可信；都是要不得的。刘知几就王劭的齐史，做了个比较的研究，则说什么齐史所载的齐言浅俗则真实，周书所载的周语文雅则虚假。②

　　然而我们认为，语言浅近，而意旨深远，自是属于好的语言。孟子不就说过，"言近而旨远，善言也"吗？③如鄙俗不堪，则"言之不文，行之不远"，所成史书，又将何足以垂教当时，传信后代呢？不见南宋陈骙著《文则》一书，"为作者之法程"，就曾因为"《礼记》之文，非纯格言，间有浅语"，而嫌其"少施新削"吗？④浅近语言，尚须新削润饰，何况浅俗鄙陋的语言呢？更何况王劭修史，不识大体，而爱攻击人们的生活细故。且莫说"大为有识者所嗤鄙"，就是一贯吹嘘王劭的刘知几自己，也都不以为然，而说是"所谓直笔者，不掩恶，不虚美，书之有益于褒贬，不书无损于劝诫，但举其宏纲，存其大体而已。非谓丝毫必录，琐细无遗者也。如宋孝王、王劭之徒，其所记也，喜论人帷薄不修，言貌鄙事，讦（揭发别人的阴私）以为直"，⑤是不识直之为直的真正大义了！

　　3. 柳晋、诸葛颖所修的史书

　　以上所述，都是文帝时所修的史书。炀帝时所修的，则有秘书柳晋的《晋王北伐记》，著作郎诸葛颖的《銮驾北巡记》《幸江都道里记》。

　　我们且问为什么要撰修史书呢？北宋史家曾巩说："将以是非得失，兴坏理乱之故，而为法戒，则必得其所托而后能传于久，此史之所

①《论语·泰伯》。
②［唐］刘知己：《史通》卷18《杂说下》。
③《孟子·尽心下》。
④［宋］陈骙：《文则·戊》、沙廖：《书刻文则后》。
⑤［唐］刘知己：《史通》卷18《杂说下》。

以作也。然而所托不得其人，则或失其意，或乱其实，或析理之不通，或设辞之不善。故虽有殊功茂德非常之迹，将暗而不章，郁而不发，而梼杌嵬琐奸回凶匿之形，可幸而掩也。"①

然则撰修《晋王北伐记》的柳䛒，又是个什么样的人呢？那便是炀帝所宠幸的嬖人。当炀帝还是晋王、做太子的时候，他便是以足恭求媚，俊辩如流，而甚得亲幸，最所亲狎的学士。他常被召入卧内，宴饮之间，戏谑慢易，无所不至。炀帝退朝之后，则命他直入宫禁闺阁和嫔后们对酒，共榻同席而为欢笑。②像这样亵近嬖幸的弄臣所撰的《晋王北伐记》，也就只能是辞藻华丽，意旨猥郿，极尽他阿谀谄媚，夸诞虚妄之能事，还谈什么付托得人，而将所修之史传之后代，以为永久之法戒呢！

炀帝为晋王时，听说诸葛颖好学习《周易》、图纬，利辞辩口，而引之为记室的嬖臣。及即帝位，更是把他引入卧室，成了与皇后、妃嫔们连席共饭，晏谑为欢的便候之徒。③则他所修的《銮驾北巡记》《幸江都道里记》，同样是吹捧炀帝，浮夸不实，而掩护"梼杌嵬琐奸回凶匿之形"的史书了。

总之，炀帝是个矜才恃己，专横独断，大兴土木，妄动干戈，荒淫无度，逸乐江都，诛杀骨肉、良臣，而以天下自奉于他一人的昏暴帝王。还能委托得人，直笔修史，而明其是非得失，兴亡理乱之故，而使自己遗臭万年吗？古话说得好，"君明则臣直"。不见裴矩入唐之后，便能强谏力争，不肯面从太宗，④而在隋则是个"承望风旨，与时消息"，

---

①《南齐书目录序》。
②《隋书》卷58《柳䛒传》。
③《隋书》卷76《文学诸葛颖传》。
④《资治通鉴》卷192《唐纪八》。

撰《西域图记》以求得炀帝欢心的佞臣么？[1]何况柳䇮、诸葛颖，都是巧于逢君之恶，以求容媚而为所亲信、狎玩的嬖御，则所修关于炀帝的史书，自然地就是掩护其弥天的罪恶，而虚张其莫须有的功业了。

---

[1]《隋书》卷 67《裴矩传》及论。

# 关于唐代撰修史书的几个问题

李唐一代，撰修史书，在中国史学史上体现出它的特点：一、撰修前代的史书多种；二、官修当代国史；三、禁止私修国史。兹分别就这三大特点中的几个问题叙述于下。

## 一、撰修前代诸史的多种

唐代官修前代诸史，计有《晋书》《梁书》《陈书》《北齐书》《北周书》《隋书》六种，在《二十四史》中占了四分之一。部数之多，超过了中国封建时代的任何一个王朝。这在中国史学史上体现出了它的特点，而又是有它一定的原因的。

1. 撰修前代诸史的原因及其措置

（1）前事不忘，后事之师

列宁曾指出：历史，"我们是把它当作材料，当作教训，当作往前进行的跳板看待的"。令狐德棻是唐初史家中的先进，他牢牢地记得傅说对殷高宗所说"学于古训，乃有获。事不师古，以克永世，匪说攸闻"①的话，"尝从容言于高祖曰：'窃见近代以来，多无正史……如文史不存，何以贻鉴今古？如臣愚见，请并修之'"。高祖接受了他的意见，因下修撰前代诸史的诏令说："司典序言，史官记事，考论得失，究

---

① 《尚书·说命下》。

尽变通。所以裁成义类,惩恶劝善,多识前古,贻鉴将来。"①这就是说,撰修前代晋、梁、陈、北齐、北周、隋诸史,是要从它们兴亡得失的历史事件中,吸取经验教训,以为唐代统治者的借鉴,而巩固唐的政权。

尤其是自古以来,凡是一个新建立的王朝,没有不把她所覆灭的前朝得失兴亡的历史事实,作为龟鉴的。所谓"殷鉴不远,在夏后之世";②所谓"往敷求于殷先哲王,用保乂民"。③这种殷以所灭之夏为戒,周以所胜之殷为戒的历史教训,正是"前车之覆,后车之鉴","前事不忘,后事之师"的思想意识,在人们头脑中永远不可忘记的强烈反映。那么,隋文帝杨坚北灭周,南灭陈,建立了土地广大,国威远震,国势富强的统一大帝国。然而传世只有两代,为时只经短短的 37 年(581—618),便被李渊父子所覆灭。这种活生生的历史现实,也就够使李渊们深刻地认识到必须及时总结经验,吸取教训,而以隋王朝这辆覆车,当作他们统治天下的龟鉴了。

(2) 宣扬祖宗功德

一代开国之主,往往是因他人的先人,在前代立了一些功业,从而利用当时的情势,取得了他的政权的。沈约自述其在齐奉诏而撰《宋书》就曾说:"臣闻大禹刊木,事炳《虞书》;西伯戡黎,功焕商典。伏维黄基积峻,帝烈弘深;树德往朝,立勋前代。若不观风唐世,无以见帝妫之美;自非睹乱秦余,何由知汉祖之业。是以掌言未记,爰动天情,曲诏史官,追述大典。"④这就把齐武帝萧赜之所以诏令撰修《宋书》,目的在于阐扬他祖父萧承之、父亲萧道成在前代宋的功业,说得

---

① 《旧唐书》卷 73《令狐德棻传》。
② 《诗·大雅·荡》。
③ 《尚书·康诰》。
④ 《宋书》卷 100《自序》。

很清楚了。那么,唐高祖李渊既继隋而统治天下,又承周的历数,而祖父李虎、父亲李昞的功业,又都建立在周。不修前代史书,则祖父、父亲的事迹,便不能传之于后世。①

又,唐初诸史家,多是前代名门望族的子孙:陈叔达,陈宣帝的儿子。裴矩,祖父佗,后魏刺史;父纳之,北齐太子舍人。颜师古,先人世仕江左;祖父之推,齐黄门侍郎。孔绍安,陈吏部尚书孔奂的儿子。欧阳询,祖父陈大司空欧阳颜;父亲陈广州刺史欧阳纥。令狐德棻,父亲熙,隋鸿胪少卿。岑文本,祖父善方,萧詧吏部尚书;父亲之象,隋末邯郸令。李百药,父亲隋内史令安平公李德林。姚思廉,父姚察陈吏部尚书。这些前代名门望族的后代,不修前代史书,同样不能宣扬他们祖上的功德,传之后代。这就是以李渊为首的统治集团撰修前代史书的又一个重要原因。

(3) 撰修布置

有了以上两个原因,于是武德四年(621),高祖颁下撰修前代史书的诏令:封德彝、颜师古主修《隋书》,崔善为、孔绍安主修《梁书》,裴矩、祖孝孙、魏徵主修《北齐书》,窦进、欧阳询、姚思廉主修《陈书》,陈叔达、庾俭、令狐德棻主修《北周书》。但决定撰修前代多种史书进程的,最主要的并非人们的意志,而是当时的客观现实的经济条件。因而经过 8 年之久,诸史并没有修成。

我们知道,武德初年,正值隋末乱离,“黄河之北,则千里无烟;江淮之间,则鞠多茂草”②的人口零落、经济残破之后,也就不可能超越客观条件下的许可限度,而使大量撰修前代诸史的工作顺利完成。只有经过落实恢复农业经济的措施,到了贞观三年(629),生产逐步有

---

①《新唐书》卷 102、《旧唐书》卷 73《令狐德棻传》。

②《隋书》卷 70《杨玄感传》。

了发展,而太宗又自称他所做的事有三件,第一件便是"鉴前代成败以为元龟"。①他经常和弘文馆学士们讨论古今,总结前代帝王之所以成功或失败的缘故。②他吸取了"秦始皇奢淫无度,志存隐恶,焚书坑儒,用缄谈者之口;隋炀帝虽好文儒,尤疾学者,前世史籍,竟无所成。数代之事,殆将泯绝"的历史教训。因之越加深刻地认识到有"睹前代史书,彰善瘅恶,足为将来之戒","欲览前王之得失,为在身之龟镜"③的迫切需要。从而对于修撰前代史书这个问题,重新采取了进一步的积极措施:

第一,重新组织一套撰修人员的班子。于贞观三年(629)诏令:令狐德棻、岑文本、崔仁师修《北周书》,李百药修《北齐书》,姚思廉修《梁书》《陈书》,魏徵修《隋书》。

第二,为了加强领导,打破以往惯例,将史官移入门下省的北面,以便监督;并罢去著作局的职务,由宰相房玄龄担任总监。④

第三,以得力的秘书监魏徵负撰修的总责:一面将修成的前代诸史,详加损益。一面指令《隋书》的序论,《梁书》《陈书》《北齐书》的总论,也都由他撰定。⑤

第四,由当时诸史官中最受宗仰的先进人物令狐德棻担任总裁,制定各史体例,⑥以期整齐划一。

《晋书》,同样是所修前代诸史的一种。只以《宣纪》《武纪》、陆机、

①《新唐书》卷105《褚遂良传》。
②《新唐书》卷198《儒林传序》。
③《册府元龟》卷554《国史部·恩奖》。
④[元]马端临:《文献通考》卷51《职官》。
⑤《旧唐书》卷71《魏徵传》。
⑥[清]赵翼:《陔余丛考》卷7《周书》、《新唐书》卷102《令狐德棻传》。

王羲之二传的结论,是太宗亲撰的,故题御撰,而不包括在内。然而尽管太宗采取了以上这一系列的重要措施,也还不得不说,在宰相任监修,秘书监负总责,先进史官当总裁,而史馆且移置禁中的门下省的北面,就真正的集中统一,所修成的前代诸史,处处都意见一致,事事都看法一样了吗?因为在阶级存在的条件下,不但有多少阶级就有多少主义;甚至在一个统治阶级的集团里,各人也还有各人的主义。再加上太宗是很明智而虚心聆取意见的人,因而当时官修的前代诸史,是统一领导的,又是允许存异的,以至出现许多严重的分歧。如果说及私修的《南史》《北史》,则这种分歧,也是同样存在的。

2. 撰修前代史书上的分歧

(1)注重人事与宣扬天命

魏徵和当时出身于名门望族后代的史官不同。他父亲只是个北齐的上党屯留令,他小时候也就是个"孤贫"的孩子,又经受了隋末乱世的磨砺,深刻地了解着社会底细。从而使他锻炼成一个"有大志,贯通学术"的"雅有经国之才"。这表现在撰述史书上,是《隋书》卷69《王劭袁充传》里,不但极为详尽地叙述了他们"经营符瑞","假托天文",狐媚取宠于隋文帝,"大为有识者所嗤鄙"的丑恶,且又充分揭发了隋文帝、炀帝"雅信符瑞"的痴愚。结果,弄得"土崩鱼烂……社稷颠陨",[1]而要太宗以隋的一切为镜子,"则存亡治乱可得而知"。再不要和隋一样,相信唐之统治天下,没有什么"天命可恃"。相反,是要知道"吉凶""祸福",是"唯人所召"的。所以他所作的隋史序论,梁史、陈史、齐史总论,主要的都是强调人事,而把天命放在次要的地位。并总结北齐之亡而论之曰:"天时不如地利,地利不如人和","天道深远,

---

① 《隋书》卷4《炀帝纪》。

或未易谈;吉凶由人,抑可扬榷。"一句话:"皇天无亲,唯德是辅"。[1]人事不好,天道是不起作用的。这就和撰《北齐书》的李百药,承袭父亲李德林"帝王神器,历数有归,……非人力之所能为"的《天命论》,[2]而作《封建论》,大肆宣扬"自古帝王,君临宇内,莫不受命上玄……祚之长短,必在天时";[3]作《北齐书》总论,而谓"乱亡之数盖有兆",北齐灭亡,是由天命决定的,大有其分歧了!

(2)书法不隐与记事阿曲

魏徵本是唐初"献纳忠说,犯颜正谏",极负盛名的"诤臣"。他所主编的《隋书》也就文笔谨严,叙事简练,往往据实直书,不事隐讳。即使虞世南得承太宗优遇,但他却一秉中正,务在审实,毫不掩饰地去直书虞之兄虞世基的罪恶。这就充分体现出他刚直不阿,书法毫不徇情,毫无隐讳的精神。这和"记事阿曲"的许敬宗,"褊忌阴贼"的李义府[4]修《晋书》,"乌知兰艾、鸾枭之辨",而以韦忠讨羌为刘聪而死为忠义,以王育、刘敏元"舍顺从逆"而仕于刘渊、刘曜为忠义,[5]是绝不相同的。

(3)记事简严与采掇琐事

魏徵既是个操行严正、一丝不苟的一代诤臣,那经他撰定的《隋书》,文字也就格外简练严净,而于琐言碎事,诸如薛道衡死了,炀帝所说"复能作空梁落燕泥否"? 李密牛角挂《汉书》等等,都一切删削不载。这和当时撰《晋书》诸家爱好采择《语林》《搜神记》《幽明录》等诡谬不经之事,以广异闻,以及给放诞肆情,沉湎嗜酒的刘伶、毕卓作

---

[1]《北齐书》卷8《总论》。
[2]《隋书》卷42《李德林传》。
[3]《旧唐书》卷72《李百药传》。
[4]《旧唐书》卷82《许敬宗李义府传》。
[5][宋]王应麟:《困学纪闻》卷13《考史》。

传,以补旧《晋书》之缺的,①自是大不相同。

（4）文势卑弱与雄伟

唐初文笔,沿袭六朝靡艳的习气,以故不但撰修《晋书》的文咏之士所作的评论绘藻浮华,不求笃实;就是功业雄卓的太宗,也因骋志文辞,钟爱翰墨,以致所著宣、武帝本纪,陆机、王羲之的传论,亦复绮艳靡丽,气势卑弱。而姚察、姚思廉父子所修《梁书》《陈书》,却全用散文,条理酣畅,气势雄伟,直欲上追司马迁。至令史笔简洁的李延寿,也不能增损一字。真是蔚然卓绝于诸史家之上,而和他们大所不同。

（5）浮文收载与删削

姚察修《梁书》,虽在入陈之后,而所据底本,则是梁的国史。因之"各列传必先叙其历官,而后载其事实,末又载饰终之诏"②的客套照例之文,已是令人怨烦而不愿读。何况姚思廉在唐而修《梁书》,时代已改易,并非梁的国史,而是前代的"正史",亦复照旧载入这种加恩饰的诏书,应删削的而不删削,也就越加显得芜冗繁复,令人读之呕吐了。因而李延寿作《南史》列传,将此等连篇无谓的浮文,全部给予删削,而只记载赠谥,那就不但简洁醒目,合乎修史的体例,且与姚思廉大有分歧了。

（6）萧詧抹去与附录

《梁书》专为萧氏帝王作纪,然而传至敬帝,梁已国亡而统绝,虽然萧詧曾建国称帝于江陵,且达三世之久（时间经历 33 年）,却又是周、隋的臣属,也就难在《梁书》里给他作本纪了。同时,萧詧虽曾和元

---

①《旧唐书》卷 66《房玄龄传》、[唐]刘知己:《史通》卷 16《杂说上》、卷 17《杂说中》。

②[清]赵翼:《廿二史札记》卷 9《梁书悉据国史立传》。

帝(萧绎)结怨,逃死而附于魏,却又非如武陵王纪、河东王誉之称兵以抗元帝的真正叛逆,也不便给他列入叛逆传内。姚思廉因而左右为难,也就干脆抹去他的事迹不提——既不将他附记在本纪的后面,或者别立一传;也不在他父亲《昭明传》里,载上他的名字。但令狐德棻修《周书》,则以詧北附于北朝,是始于魏而死于周,到他的儿子、孙子,才附于隋,因而也就把他附在《周书》后面。是又斟酌得体,而和姚思廉有所分歧了。

(7)南北大事的记与不记

令狐德棻是唐初诸史家中的先进,因而被任为《周书》的撰修,同修者虽然有所更换,主修者却始终是他一人,书法也就显得格外得体。举例来说:当周之时,天下分裂成南北。北有魏、齐,南有梁、陈。而李延寿所修《北史》中的周纪,对于北邻高欢之死,高澄之篡;南邻侯景之逆,以及梁武、简文、元帝的革易大事,全不予以记载。但《周书》本纪,则于神武之死,文襄帝之立、之为盗所杀,文宣之废魏帝自立,侯景之奉梁武为主,又立其子纲而废之自立的及纲弟讨擒侯景,是为元帝,都一一记载无遗。也就将南北大事,写得眉清目楚,比《北史》无全中国的观念要得体多了。

(8)家传法与类叙法

我国"谱系之学,昉于汉,衍于晋,盛于齐,极于梁、唐"。[1]而李延寿所修记载南朝宋、齐、梁、陈,北朝魏、齐、周、隋史事的《南史》《北史》,并不以朝代为限断,而以家族为限断,也就显得更为突出,不成其为八代的"正史",而是一种家传了。

原来类叙史法,始于司马迁之写《史记》。如廉颇、蔺相如、窦婴、田

---

[1] [明]胡应麟:《少室山房笔丛》卷39《华阳博议下》。

蚡,以及《刺客传》《货殖传》中的人物,都是用类叙法写成的。从而班固的《汉书》,范晔的《后汉书》,陈寿的《三国志》,萧子显的《南齐书》,也都相继沿用了这种方法。①然而李延寿修《南史》《北史》,却不以事类为叙,而以家事为断。诸如:刘怀珍本是"禁旅辛勤"的将门,他从父的儿子刘峻(孝标),则是文学之士。②姚思廉的《梁书》,便"取其能文",③用类叙法而和到沆、丘迟等人入《文学传》;李延寿则用家传体例,以之入《怀珍传》。又姚思廉《梁书》,以谢朓不但是"文宗儒肆",且是宋代的忠义,④乃给他独作一传。而《南史》则以他合入其祖父《弘微传》里。须知朓历任宋、齐、梁三代,自当以他所仕最后的一代为定。今以异代之人,写入一家传内,是变《梁书》书法,而与之有分歧了。至于令狐德棻的《周书》,虽曾为长孙俭立传;而《北史》则以俭是长孙嵩的五世孙子,则以之入《嵩传》。是又改国史而为家谱,与令狐德棻有分歧了。诚然,为一人作传,而将他的子孙皆入传内,是从魏、晋以来以门阀取士的习俗演进而来的。以故沈约修《宋书》,已开以子孙附入其祖父传内的先例,如《张茂传》附入其子永,《殷承传》附入其子孚;魏收撰《魏书》,则为一人立传,又更进一步地将他的子孙、兄弟、宗族,都一概附入,如崔玄伯、穆嵩、封懿等传。然而沈约、魏收所修的是一代之史,所附也就只一代之人。至于《南史》《北史》,则一传之中,南朝有历仕于宋、齐、梁、陈的,北朝有历仕于魏、齐、周的,如此尚以一家为限断,不以一国为限断,亦只便于考一家族的世系,而有碍于考一国家的史事。李延寿如此地合并南北各代的一家而作一传,在他自己固然是认为在旧机之中织

---

①参阅[清]赵翼:《廿二史札记》卷9《齐书类叙法最善》。

②《南史》卷49《刘怀珍、刘峻传》。

③《梁书》卷49《文学传上·序》。

④《梁书》卷15《谢朓传》。

成了新的花样,实际上是不合史法,弄巧成拙的。

(9)记事相反

《梁书》卷22《临川王宏传》,记载了他都督诸军讨魏,前军夺取梁城;《武帝纪》中,又历叙了他所统率的诸将破胶水,克宿预,取合肥,占羊石的胜利。但《南史》卷6《梁本纪上》,则于诸将的克敌制胜,一字不提,而所记却是"临川王宏军至洛口,大溃,所亡万计,宏单骑而归"。复于传内,详尽地叙述了王"庸怯过甚"不敢进军,以致洛口军溃,大败逃回。又《梁书》卷22《临川王宏传》,凭借武帝于王死后所下褒扬他的诏书,歌颂了他的嘉猷茂德。《南史》王传,则把王写成了一个"沉湎声色""恣意聚敛"的"钱愚",阴谋夺权,全无人理的恶逆。同是一个人,而在姚思廉和李延寿所修的史书里,则大所不同,完全两样了。

(10)《外戚传》《文苑传》的有无与所收人物的不同

《隋书》有《外戚传》,《周书》无《外戚传》;《北史》虽和《隋书》一样的有《外戚传》,但又将《隋书·外戚传》中的独孤罗,附入其父《独孤信传》里。是魏徵修史,不但与令狐德棻有分歧,和李延寿也同样有分歧。

《齐书》有《文苑传》,内列祖鸿勋、李广、樊逊、刘逖、荀士逊、颜之推、袁奭以至古道子等14人。《周书》无《文苑传》,《北史》虽有《文苑传》,然所取于《齐书》中的文学之士,只是祖鸿勋、李广、樊逊、荀士逊等四人。是又不但李百药与令狐德棻有分歧,和李延寿也同样有分歧。

(11)不给沙门立传,与以之入《艺术传》

梁武帝好佛,供养拘那罗与宝元殿,厚待迦婆罗,而姚思廉修《梁书》,并不给他们作传。至于佛图澄,原是后赵石勒所尊重的大和尚,僧涉乃是前秦苻坚所信仰的请雨沙门,鸠摩罗什又是后秦姚兴所礼遇的国师，昙霍本是南凉秃发傉檀时言人死生贵贱的沙门。他们与晋都没什么关系，而修《晋书》的诸史家，却把他们一个个载入了《艺术传》，是又与姚思廉修《梁书》有分歧了。

（12）对于劳动人民

李百药既是隋内史令安平公李德林的儿子，在隋末农民起义的风暴中，又受到了折磨——"转侧寇乱中，数被伪署，危得不死"。[1]也就越加加深了他对广大劳动人民刻骨的阶级仇恨。因而他所修的《北齐书》和李延寿撰的《北史》，存在了严重的分歧。仅就《高昂传》来说，凡是《北史》中所载劳苦人民被官僚地主所虐待、掠夺、残杀的事件，诸如：自称"地上虎"高昂的母亲堆聚薪火，活活烧死婢女；以及他自己和哥哥多次劫掠乡村，并收养壮士抄掠乡里等等的凶残践踏劳苦农民的滔天罪行；又对御使中丞刘贵听任役夫溺死河中的备极残酷的恶事，也都一字不提。他和李延寿对待劳苦人们的态度，就完全不同了。

本来姚思廉在《陈书后传》后面作了总论，魏徵在《张贵妃传》后又加了评论。姚思廉在《梁书帝纪》后面都作了评论，魏徵又复在《敬帝纪》后将梁各帝综合起来作了一篇总论。这都因为他们的论点，有不尽相同之处。如《王章传》诏曰："旌德纪功，哲王令轨；念终追远，前典明诏。"《吕僧珍传》诏曰："思旧笃终，前王令典；追荣加等，列代通规。"都是一套例行的无谓诏文。

3. 撰修前代诸史上的一致

孔子作《孝经》以教世人，开头一章，即以《开宗明义》命名，以开张其宗本，阐扬其要领，而以孝为"德之本"，以孝为百行之先，而"始

---

①《新唐书》卷 102《李百药传》。

于事亲"。又征引《大雅·文王》之诗,阐明"凡为人之子孙者,常念尔之先祖,常述务其功德",①是一种天经地义的责任。

及司马迁著《史记》,又复引申孔子之说,而说什么"夫天下称颂周公,言其能论歌文、武之德,宣周、召之风,述太王、王季之思虑,爰及公刘,以尊后稷"。②司马迁不但是这样说了,而且是这样做的。他在《自序》里,追溯他的先祖出于重黎,并历叙他先人司马错以至他父亲司马谈的事业。从而班固作《叙传》,从始祖令尹子文,写到了他父亲班彪的事迹。虽是如此,然究未给他们的先人独立一传。

从魏文帝定九品中正之法,"凡吏部选用,必下中正,征其人居,及祖、父官名"。③于是世族地主阶层,莫不依托高门,矜夸望族,唯恐他们做"子孙不能言其祖先"。④萧子显以高帝萧道成的子孙,豫章王萧嶷的儿子,便破天荒的第一次给他萧齐这一朝代修了一部《齐书》,且在他父亲传内,铺张地写了9000多字。于是"孝之大者",在于追祖显亲,以论述其功德,自是合乎逻辑的必然归结。所以李唐一经建国,即以撰修前代史书为迫切的首要任务而提上了政治工作日程,正是他们君臣之间的一致主张。

(1)给权贵的父亲伯父立佳传

房玄龄是唐初监修史书的宰相。因而魏徵虽然为人忠直,修《隋书》的史笔是很严峻的,也还得给房玄龄无甚功德的父亲房彦谦作了一篇佳传,把他写成了一位"公方宿著,时望所归",而为叶县人民所爱戴,以至号为"慈父"的天下第一名的好县长。

---

①《孝经·开宗明义》及疏。
②《史记》卷130《太史公自序》。
③[元]马端临:《文献通考》卷28《选举考》。
④《晋书》卷51《挚虞传》。

　　魏徵是太宗所敬畏的名臣,而又总领修史之事,因而他的父亲魏长贤虽然随东魏静帝北迁居邺,以至入齐而都无甚事迹,李延寿还是采取他答复亲故,"屈身以直陈道,甘心于苦节"的信件做材料,在《北史》里给他做了一篇佳传。毋怪王应麟因范祖禹的史官修史,"宰相监修,欲其直笔,不亦难乎"①的语言,不禁重新地感慨系之说:"房、魏为相总史事,其父彦谦、长贤皆得佳传,况不如房、魏者乎"?②

　　杜杲本来无甚事业,只以他是宰相杜如晦的伯父,令狐德棻也就收入他出使于陈善应对之辞,充当主要内容,给他在《周书》里,作了一篇佳传。

　　(2)为父亲立佳传

　　姚思廉修《陈书》,把他父亲姚察写成了一个"非唯学艺越博,亦是操行清修",而为隋文帝平陈所仅有的一人。但事实上呢? 姚察自梁入陈,自陈入隋,朝代改换,官位依然,还能说"操行清修"吗? 尤其是在隋历官秘书丞,且多充当炀帝的巡幸侍从,为时几乎要到20年之久,揆之修史体例,自当以最后所适朝代,规定他为隋人,而姚思廉竟在《陈书》里给他立传。这就很明显是给他历仕三朝,"极出处之致"的父亲作回护。又姚察在隋修《陈书》,本是以顾野王、傅縡、陈陆琼三家的《陈书》做底本,加以删改而成的。③但姚思廉作顾野王等传,却只详述他们的其他著作,绝口不谈他们修史的事情。而在父亲传里,则说父亲不但是顾野王等史家"诸人所宗"的泰山、北斗,是文豪徐陵等所尊的"师范"。这又明显是吹捧他父亲是个"学艺渊博"之士,《陈书》是他父亲所独立撰修,而不曾依傍顾野工等所修的《陈

①[宋]范祖禹:《唐鉴》卷6《太宗》。
②[明]胡应麟:《困学纪闻》卷13《考史》。
③[唐]刘知己:《史通》卷12《正史》。

书》了。

(3)为祖父立佳传

令狐德棻修《周书》给他祖父令狐整立传,而把祖父写成个"兼资文武,才堪统御","处州里则勋著方隅,升朝廷则绩宣中外"的杰出人物。

总之,撰修史书,本应力求真实,取信于人,以完成"彰善瘅恶"的使命。而唐初史家,却以撰述他们祖宗的功德为职志,因而不但为自己的祖父、父亲立佳传,且为权贵们的先人立佳传。毋怪当代的批评史家刘知几要说"自梁、陈已降,隋、周而往,诸史皆贞观中群公所撰,近古易悉,情伪可知。至如朝廷贵臣,必父、祖有佳传。考其行事,皆子孙所为。而访彼流俗,询诸故老,事有不同,言多爽实",[1]皆非实录了。

何况当时的"秉笔诸臣,多与前朝人物交涉其中,岂无恩怨厚薄?子孙岂无权势挟持,与夫于求请托?亦足以掣史官之肘。则是非之平,前史所遗,端赖后史之补,亦事理之不得不然者也。"[2]那么,唐初史官,既是前代遗留下来的人物,不但与前代冠冕之人多有关涉,而且同他们的子孙多有交往,天理人情,岂有修前史而不受这般影响的呢? 要在我们后代的读史者留心研究,为之揭出而已。

4. 撰修前代诸史的成绩

太宗之令撰修前代诸史,是从现实政治生活中,深切认识到确实有从前代历史上吸取经验教训的必要。从而所任监修前代诸史的宰相,便是"贯综坟籍",任人"得尽所能","不欲一物失所",而使"号令

---

①[唐]刘知己:《史通》卷 7《曲笔》。
②[清]章学诚:《章氏遗书》外编《丙辰札记》。

典刑,灿然罔不完"①的房玄龄。房玄龄德高望重,经验丰富,馆事区处得当, 史官任用适宜——根据他们的专长分别配于恰当的任务,那么,修成的史书,还是具有一定的价值的。

比如,编纂《晋书》的诸史官,虽然多是文学之士,爱采诡谬琐碎故事,以广异闻,又所作评论,绮丽不够笃实,而被学者所讥笑,但能用深明星历的李淳风撰修《天文》《律历》《五行》三志,却极足观采,②也还是取得了一定的成绩,而不容轻议的。

至于《隋书》中的志,写得比《史记》《汉书》中的都好,也又是任用人才得当的缘故。所以郑樵说:"《隋志》极有伦类,而本末兼明,唯《晋志》可以无憾。迁、固以来,皆不及也。正为班、马只事虚言,不求典故实迹。所以三代纲纪,至迁八书、固十志,几于绝绪,虽其文彬,洒然可喜,求其实有,则无有也。然观《隋志》,所以该五代、南北两朝,纷然淆乱,岂易贯穿?而读其书,则了然如目。良由区处各当其才。颜(师古)、孔(颖达)通古今,而不明天文、地理之序,故只修纪、传,而以十志付之(于)志宁、(李)淳风辈,所以灿然具举。"③郑樵既是个极端自负的人,又是个推崇司马迁的人,而《通志略》又是包具历代典章制度极有贡献的名著,亦复对《隋志》给予高度的评价,而为《史记》的八书所不及,则《隋志》自是不刊之作了。从而高似孙亦如鹦哥学舌,而谓唐修《隋书》区处各当其才;④胡应麟撰《史书占毕》,又复同样地说:唐修《隋书》,"用颜师古于纪、传,用李淳风于表、志,唐任人可法者也。"尤其郑樵,不但在《艺文略》中,于唐修《隋书》的任人得当作了极高地赞扬,而且在《校雠略》里,对唐所修的《晋志》和《隋志》,又做了个综合

①《新唐书》卷 96《房玄龄传》。
②《旧唐书》卷 66《房玄龄传》。
③《通志》卷 65《艺文略》。
④[宋]高似孙:《史略》卷 2《唐修隋书》。

性的任人得当的总评。他说：唐修晋、隋二书，"皆随其学术所长而授，未尝夺人之所能，而强人之所不及。如李淳风、于志宁之徒，则授之以志；如颜师古、孔颖达之徒，则授之以纪、传。以颜、孔博通古今，于、李明天文、地理、图书之学。所以晋、隋二志，高于古今，而《隋志》尤详明也。"到清朝，史学权威章学诚对唐太宗设史官而命房玄龄监修之任得当，也作出高度称许的结论说："唐时修书置馆局，馆局则各效所长也。"①可见唐初官修史书，以监修区处得当，而取得了一定的成绩，是后代史家所公认的。

## 二、官修当代国史

### 1.官修国史追溯

我国古代，官守其职。史官职责，在彰善诫恶，秉笔直书，国王权臣，也都干涉不了。所以齐太史兄弟三人，虽被崔杼杀了两个，而崔杼弑君的罪恶，还是记载了下来，传之后世，掩盖不了！

我国古代，史书都是一家之作，国家并没有设什么史馆，由史官们共撰的。诸如：孔子、左丘、董狐、南史氏以及汉的司马迁、班固，都是一家修史而成的一家之言，用能劝善戒恶，树立风声，立言不朽。

然而就是这个班固，因为在家修撰《汉书》，竟被人告发入了牢狱。经他弟弟班超替他上书申辩，明帝知道了他的"著述意思"，是如他父亲班彪作《后传》一样，仍是为汉政权服务的，才保全了性命，且被任为兰台令史，而与陈宗等进入国史馆东观，遵照明帝的意旨，撰修《东观汉记》。②结果，他在家私修的《汉书》，虽是命世的奇作，但一入史馆与诸史官共同撰修，则不仅显示不出他的半点"实录之才"，而

①［清］章学诚：《文史通义》内篇四《说林》。
②《后汉书》卷70下《班固传》。

只能"虚相褒述";①就是他所作的《世祖本纪》的文字,也都不值一看了!②

从此以后,历代国史也都限制在国史馆里而由史官修纂。如吴主孙皓以华覈任东观史令。因为孙皓"粗暴骄盈,多忌讳",③没法执行史官刚正直书的职责,华覈也就"乞更迭英贤",不愿就任。④西晋惠帝既别置修撰国史的专署,⑤东晋康帝又借口"著述重任,理籍亲贤",而以亲贵元帝"无学术"的儿子武陵王司马晞监修国史,⑥是为我国史学史上在史局设监领监修国史的开始。

从此,南北朝修史不但局设监领,而且北齐撰修记载国家典章制度的礼书,且以秽迹昭彰,丑声四溢,不学无术的弄臣和士开监修。⑦又用贪污纵淫,罪恶多端的宠臣祖珽监修国史。⑧

隋文帝开皇十三年(593),又下令严厉禁绝民间撰修国史。⑨然而禁制私修国史的目的,无非是防止对隋政权的不利。如果有利,私修者也就受到信任,且升官了。这和东汉明帝之对待班固的情形正是相同的。试看王劭在家私修《齐书》,被内史侍郎李元操揭发,文帝初听之下,虽很气愤填膺,命人把《齐书》收来,但一经审查,知道他并没有

---

①[晋]常璩:《华阳国志》卷10下《汉中士女志》。

②[唐]刘知己:《史通》卷20《忤时》。

③《三国志》卷43《孙皓传》。

④《三国志》卷65《华覈传》。

⑤《册府元龟》卷554《国史部总序》。

⑥[唐]刘知己:《史通》卷10《辨职》引、《晋起居注》、《晋书》卷64《元四王武陵工传》。

⑦《北齐书》卷50《和士开传》、卷37《魏收传》。

⑧《北齐书》卷39《祖珽传》。

⑨《隋书》卷2《高祖纪》。

对隋政权妨害的意思，便很高兴，提升他做了员外散骑侍郎而修起居注，①不就明白了吗？

总之，从东汉至隋，撰修国史的禁制是越来越严，以至用恩倖权贵任监领，不论学术有无，只问人的可靠不可靠了。所以浦起龙说："《左氏》以来，《三国》而往，编年纪传，都非局课。自东观开而局兴焉。驯而修必于局矣，驯局且置监矣，江左、河朔，踵成故事。"②史局禁制，愈备而愈严。一切服从权力，只准"唯上"，不准"唯实"。也就是说只有虚相褒述，以为现实政治服务，而所修之史，也就难于"著为典式，取信后人"了。

2. 唐代撰修国史上的斗争

唐太宗是中国封建王朝中极其明智而大有作为的皇帝。他一面将国史馆移置于宫禁中的门下省，而命贤相监修，"定制加严……凡所禁防程督之具，靡弗备至"；③然又命史官不必"语多隐讳"，而要削去给他所修《实录》中的隐讳之词。④同时，唐太宗又是最善于笼络"天下英雄入吾彀中"⑤的精明世故、练达人情的皇帝。他一面使"馆宇华丽，酒撰丰厚"，让史官们感到荣宠优遇，⑥同时又允许他们求同存异，史学观点可以有所分歧。然而客观事实的发展，终究不以太宗的意志为转移。从此国史馆里，"丛弊相仍益滋"，⑦斗争也就层见迭出了。

---

①《隋书》卷 69《王劭传》。

②[清]浦起龙：《史通通释》卷 10《辨职》按语。

③[清]浦起龙：《史通通释》卷 10《辨职》按语。

④《资治通鉴》卷 197《唐纪》。

⑤[五代]王定保：《唐摭言》。

⑥[唐]刘知己：《史通》卷 11《史馆建置》。

⑦[清]浦起龙：《史通通释》卷 10《辨职》按语。

（1）撰修《氏族志》与撰修《姓氏录》的斗争

原来唐代开国的君臣，大都是世族地主阶层的后代，这是中国历史上以往所有封建王朝所没有的。高祖既以此夸口，太宗又怨恨那世代已是衰微，而犹妄自尊大的山东氏族乃命高士廉等，不须论数世以前，只取当今官爵高下等级而修《氏族志》，①以"崇唐朝人物冠冕垂之不朽"。②然而如此对氏族的"升降去取"，当时的世族地主们虽都"允当"，③却"为下品寒门所嫉妒"。④而唐初的冠冕人物，大都又是未衰世族地主阶层的后代。所以他们受到推崇，便激起了庶族地主阶层后代的痛恨。这种尖锐的矛盾，一遇时机，就将激化而展开斗争。

唐高宗李渊，八柱国唐公之孙。宰相萧瑀、陈叔达，梁、陈帝王之子。裴矩、宇文士及、窦威、杨恭仁、封德彝、窦抗，并前朝师保的后代。裴寂、唐俭、长孙顺德、屈突通、刘政会、窦琮、柴绍、殷开山、李靖等，都是贵族子弟。

刘知几在北齐时，即是世族地主并以"家世忠纯，奕代冠冕"著称的望族。他五世祖刘世明，是北魏衮州刺史。高祖刘祎，北魏时以好学而对封建礼节仪制的典籍尤有研究，做了太常博士、睢州刺史。⑤叔祖刘胤之，是隋时与名史家李百药的忘年友人，唐初任弘文馆学士，以撰国史、实录有功，受封阳城县侯。叔父刘延祐，是著名的刀笔吏，曾竭力保护徐敬业的反武集团。父亲刘藏器，是高宗时衷心保卫李唐政权的侍御史，他督促刘知几读经史，极其严格。胞兄刘知柔，吏部尚

①《旧唐书》卷65《高士廉传》。
②《唐会要》卷36《氏族》。
③《新唐书》卷223上、《旧唐书》卷82《李义府传》。
④[清]孙星衍：《孙鸿翼重集世本序》。
⑤《北齐书》卷35《刘祎传》。

书,封彭城县侯。①

许敬宗(隋礼部侍郎许善心之子)、李义府(祖父是个县丞)出身于庶族地主的家庭,当出身"寒微"②的木材商女儿武则天将立为皇后,遭到了士族地主家庭出身所谓开国元勋、位势显赫的太尉长孙无忌、尚书褚遂良的坚决反对,以为必欲更立皇后,也得选择天下令族的礼教名家之女的时候,他们便与之展开激烈的斗争,并取得了胜利。武则天立为皇后之后,为了提升武氏的本望,李义府又耻为他先世无名,乃奏请改正。而将凡是"仕唐官至五品,皆升士流",且升武氏之族为第一,更《氏族志》之名为《姓氏录》;甚至请收《氏族志》,把它全烧了。否则,老是听其"颁下诸州,藏为永式",庶族地主在政治上的地位,又将放到哪里去呢? 但是,烧掉《氏族志》,另修《姓氏录》,也就又令高门世族的缙绅士大夫们以被录入为羞耻,而号《姓氏录》为"勋格"。③这正是由于太宗之命高士廉修《氏族志》所引起的地主们阶层中间世族与庶族一场反复的激烈斗争,绝不是什么许敬宗、李义府和高士廉等几个人的孤立行为。同时,也就是李、武集团在政治上所展开的激烈斗争之在史馆里的延伸和反映。

上述这场斗争,发生在高宗显庆三年(658)。刘知几那时还没出世,也就不可能卷入进去。但他却出身于世族名门,一贯保卫李氏政权,反对武氏集团的家庭,在国史馆里,亲身经历了一段和出身庶族地主的史家水火不容的斗争生活,也就更进一步地以为撰修国史,首先就该以修《氏族志》为急务。其用意当是以修谱牒,"用之于官,可以

---

① 《旧唐书》卷190上《刘胤之传》、《新唐书》卷201《刘延祐传》、[唐]刘知己:《史通》卷10《自叙》。

② [唐]骆宾王:《骆丞集》卷1《代李敬业讨武氏檄》。

③ 《旧唐书》卷82《李义府传》。

品藻士庶"①做理由,来提高他那高门世族的神圣不可侵犯的门限,显示他那世族名门后代的史官尊严。他深恨那"荜门寒族,百代无闻,而驵角挺生,一朝暴贵,无不追述本末,妄承先哲",那种无耻的"自我作故,诡祭非其鬼",②而妄自抬高门阀的恶劣作风。这既明显的是痛骂李义府的篡改、烧毁《氏族志》而另修《姓氏录》,以妄升武则天一族为第一,又很明显地是指许敬宗之给奴隶钱九龙"虚立门阀功状"③了。刘知几对于庶族地主的武、韦集团的仇恨,是深入骨髓的。他在史馆里深感"郁怏孤愤",根本不能和那些"凡庸贱品"共同撰修国史下去。因而,独自"撰《史通》以见其志",④并修《刘氏家史》《记谱》,而引经据典,穷本探源地追述他那彭城刘氏,是汉宣帝的子孙居巢侯刘恺的后代。这都因他认为,非把自己的"高门华胄,奕世载德"的家史、谱系,一一详细地追述出来,用以"纪其先烈,贻厥将来",⑤而"以姓望所出,邑里相矜",⑥来做他永远压服庶族地主的政治资本。然而这种狂悖骄矜所撰修出来的史乘,也就徒使贵族"学者服其赅博",却被庶族"流俗所讥",⑦而且越加挑起了两族之间的斗争。推本探源,又何尝不是从太宗之命高士廉等修《氏族志》来的呢?

(2)撰修《实录》的斗争

原来自唐高祖武德元年,至太宗贞观二十三年(618—649)之间的《实录》,是李氏集团世族地主的史官:太尉长孙无忌、左仆射于志

---

①[唐]刘知己:《史通》卷3《书志》。

②[唐]刘知己:《史通》卷9《序传》。

③《旧唐书》卷82、《新唐书》卷223上《许敬宗、李义府传》。

④[唐]刘知己:《史通》卷10《辨职》《自叙》。

⑤[唐]刘知己:《史通》卷10《杂述》。

⑥[唐]刘知己:《史通》卷5《邑里》。

⑦《旧唐书》卷102《刘子玄传》。

宁和刘胤之(刘知几的叔祖)等于高宗显庆元年(656),奉诏令修成的。显庆四年(659),武则天在政治上得了志,为了控制国史馆,即命出身庶族地主阶级的许敬宗以太子少师兼领修史的职务,领导一批"新进"人物撰修高宗永徽元年以至显庆三年(650—658)的《实录》。

许敬宗在贞观年间,以著作郎兼修国史时,就曾喜不自禁地向亲人吐露底细说:"仕宦不为著作郎,无以成门户"。①这很明显是将利用领修国史的职权,来组织帮派体系和政治立场、史学观点不同的李氏集团史官进行斗争。所以他这次奉了武则天的命令撰修《实录》,便狗仗人势,逞其素愿,"而记事阿曲,窜改不平,专出己私",②将永徽年间出身名门世族的元老派长孙无忌、褚遂良等尽情加以谴责。武则天为了奖赏他的撰修功劳,还封了他儿子的新城县侯。反过来,高宗则非常愤恨,认为许敬宗修《实录》,多与事实不符,乃命刘仁轨引李仁实加以修改。③

咸亨年间(670—673),高宗又下诏令:以往对于史官,"朕甚懵焉","自今宜遣史司,精简堪修史人,灼然为众所推者,录名进内",经其批准。"如有居其职"而无德、无识、无学、无才者,"皆不得预于修撰",非将他们从史馆里精简出去不可。原因是:"修撰国史,义存典实。自非操履忠正,学识该通,才学有闻,难堪斯任。"这是因为李氏集团与武氏集团所属地主阶层的不同,政治利益也就不同,史学观点相反。所以从李氏集团看来,这些武氏集团中史官都是操行不正,识见卑下,没才学的鄙陋之人,便不准他们"编辑讹舛","泄露史事",④只有

①《新唐书》卷223《许敬宗传》。
②《旧唐书》卷223《许敬宗传》。
③《唐会要》卷63《修国史》、《通鉴》卷202《唐纪》、[唐]刘知己:《史通》卷12《古今正史》、《新唐书》卷115《郝处俊传》。
④[唐]刘知己:《史通》卷11《史官建置》及原注。

将他们驱逐出去。这就真是针锋相对,你争我夺,李、武两大集团在国史馆里的斗争,也就剧烈而白热化了。

在这剧烈的斗争中,刘知几的叔祖刘胤之,是高宗所信任的御用史官,也就是李氏集团中的一位干将。刘知几自己,则是站在李氏集团的一面,认为长孙无忌、于志宁等所修的《实录》,"虽云繁杂,时有可观";而许敬宗领导所修的,"如《高宗本纪》及《永徽名臣》《四夷》等传,则多是'其所造'作的。"这在刘知几看来,"许敬宗所作纪、传,或曲希时旨,或猥饰私憾,凡有毁誉,皆非实录"。①这就是说,许敬宗承受武则天的意旨和依着自己的私心去领修国史,所撰成的《高宗本纪》《长孙无忌列传》,都是伪造事实而不可信的。只有李仁实所修于志宁、许敬宗、李义府列传的"载言记事",才可称确凿而"见推直笔"的。②

3. 恩倖监修,国史无成

太宗虽以宰相监领史馆,而所任的宰相却是明达吏事,博览经史,开国第一列的元勋房玄龄,因而史馆之内,也就没有发生什么事故。但武、韦集团为了篡夺政权而控制国史馆,于是监修国史的。

武周长安年间(701—704),是武则天的侄子武三思,私宠张易之、张昌宗。中宗景龙年间(707—709),是武、韦集团的韦巨源、宗楚客、纪处讷、杨再思、萧至忠等。武三思、张易之、张昌宗,都是"专权骄纵,图为逆乱"③的政治野心家。韦巨源则是阿附韦后,结为昆季,佞媚官爵,残害人民,坏事做绝的奸邪。④杨再思则是个施巧取媚,随风转

①[唐]刘知己:《史通》卷 12《古今正史》。
②[唐]刘知己:《史通》卷 12《古今正史》。
③《旧唐书》卷 90《豆卢钦望传》。
④《旧唐书》卷 92《韦巨源传》。

舵,照武则天意旨行事,奉承张昌宗的"两脚野狐"。①宗楚客既附于韦氏,又和纪处讷相勾结。萧至忠则趋附武三思,又与纪处讷是连襟,他们拉山头,搞宗派,狼狈为奸,专作威福。②用这等奸邪们监修国史,又怎能修成,而不发生事故呢?

(1) 刘知几的被迫辞职

在这些权奸监领之下,刘知几虽说"三为史臣,再入东观,竟不能勒成国典"。③为什么? 据他所述:第一,监修国史,不是容易的。如果正直如南史氏,那是可以的。但当时任监修的,则必须恩倖贵臣。而他们却只知生活上的享受,只会划行签署。故所引用的史官,也都是无能之辈。④第二,古人修史,主旨自定,是非自主。当今修史,则秉承监修。而监修们的意见,又不一致。你说必须直书,他说宜多隐讳。一馆三公,无所适从,修史者也就无法下笔。⑤第三,古代良史,如董狐、南史氏,都是秉直共朝;当今史局,禁制森严,反而一有记述,众口喧腾,使修史的畏缩迟回,将被权贵们仇恨。⑥第四,古代史官修史,得参考皇家所藏图书。诸如:司马迁写《史记》,可以缀集金匮、石室的藏书;班固等撰《东观汉记》,也就在中央藏书的兰台、东观。其他,如西晋左思为《三都赋》,南齐王俭撰《七志》,都曾遍观内阁的图书。就是唐初颜师古校订《五经》,还是以秘书省所藏书籍做参考资料的。⑦只有武后、中宗时代修史,"史官编录,唯自询采……求风俗于州郡,视听不

①《旧唐书》卷90《杨再思传》。
②《大唐新语》卷上、《旧唐书》卷92《萧至忠传》。
③[唐]刘知己:《史通》卷20《忤时》。
④[唐]刘知己:《史通》卷10《辨职》。
⑤[唐]刘知己:《史通》卷20《忤时》。
⑥[唐]刘知己:《史通》卷20《忤时》。
⑦参[清]顾炎武:《日知录》卷18《秘书国史》。

该;讨沿革于台阁,簿籍难见",①这又叫人怎么去撰修呢。第五,虽设监修,却未定科条,由谁撰修国史的那一部分,也未配派确定。因而监领者虽是勤于课责,修史者则是互相推避。徒令坐延岁月,而国史未能修成。②

从上看来,自武、韦争夺政权,控制国史馆,所任监修都是一些恩倖权奸。权奸们又以专从宗派体系出发,所引进的史官大多是酒囊饭袋,妒贤嫉能。致使史有专长,而能修史书者,无法撰修下去。不但刘昫修要愤惋地说:刘子玄"学际天人,才兼文史,俾西垣东观,一代灿然,盖诸公之用心也。然而子玄郁结于当年,行冲彷徨于极笔,官不过俗吏,宠不逮常才,非过使然,盖此道非趋时之具也。其穷也宜哉!"就到千年以后,章学诚对这种情形,亦复感慨系之地说:"每慨刘子玄以不世之才,历(睿宗)景云、(玄宗)开元之间,三朝为史。当时深知徐坚、吴兢辈,不为无人,而监修萧至忠、宗楚客等,皆痴肥臃肿,坐啸画诺,弹压于前,与之锥凿方圆,龃龉不入,良可伤也!子玄一官落拓,十年不迁,退撰《史通》,窃比元撰。盖深知行尸走肉,难与程才。而钓弋耕渔,士亦有素故耳……使子玄得操尺寸,则其论六家、二体及程课铨配之法,纵不敢望班、马堂奥;其所撰辑,岂遽出陈寿、孙盛诸人下!"③可见唐代官修史书的国史馆里,实在已是黑漆一团,冰炭不相投,薰莸不共处,刘知几只有辞职归家去撰他的《史通》了。

(2)韩愈之被排斥

韩愈是个坚定正直,"勇于敢为",发言坦率,无所顾忌回避,而鄙视权贵,虽饔餐不继,也毫不介意,不向他们"俯首帖耳,摇尾乞怜

①[唐]刘知己:《史通》卷20《忤时》。
②[唐]刘知己:《史通》卷20《忤时》。
③[清]章学诚:《章氏遗书》卷22《侯国子司业朱春浦先生书》。

者"。他甚至敢于违反宪宗的爱好,不怕牺牲,而坚决地反对佛教,致被贬到8000里遥远的潮州。他一生总是动辄得咎,多次遭到奸邪谗佞之徒的排斥,[1]而不低头屹立的一生。

韩愈既是刚直不阿,而史官的职责又是中正不倚,秉笔直书,树立风声,垂诚万世的。因而他修《顺宗实录》,如实地记载了宫禁中的事故,也就为奸邪的宦官所怨恶痛恨。他们这一撮谗佞之徒,经常在文宗面前煽阴风、点鬼火,说韩愈记事不实,历朝都曾诏令修改他所撰的《实录》。文宗生了一对棉花似的耳朵,因令监修国史的宰相路随重加修改。路随受命之后,虽以唐自开国以,,来,历代实录,都经重修,不敢辞谢不改。但这次修改,终究遇到了许多难题:第一,卫尉周居巢、谏议大夫王彦威、给事中李国言、史官苏景胤都上疏以为不应刊改。其他一般同僚,也都议论纷纷。第二,李宗闵、牛僧孺以《实录》为韩愈所修,便不应由他的女婿而任史官的李汉、蒋系参与修改。但路随却不赞同他们的这种意见。第三,在这议论纷纷,难于处理的时候,路随不得已,只有请文宗指示《实录》中哪些最是错误的,以便交史官修正。于是由文宗诏令修正德宗、顺宗时代的禁中之事,其他部分,则保留原样不动。[2]

总之,唐代在撰修国史上的斗争,历来是情形复杂而又激烈的。这种国史馆里的斗争,实际上都是政治斗争中派生出来的。这就是说,历代实录的修改,都是从政治上的派别体系的斗争的延伸。文宗就曾当众和他所尊重的"经术该深,惇笃守正"的宰相郑覃说:《顺宗

---

①《旧唐书》卷160、《新唐书》卷192《韩愈传》)、《韩昌黎集》卷1《进学解》、卷4《应科目时与人书》)。

②以上均见《旧唐书》卷159、《新唐书》卷149《路随传》。

实录》,记事不详实,史官韩愈岂不是当时屈抑不伸的人吗? ①正是如此,韩愈一贯政治立场坚定,"有爱在民",②以致多次遭受到奸险之徒的排斥,受了无穷的屈抑。撰修《新唐书》的欧阳修说:自韩愈为《顺宗实录》的斗争中,韩愈又成了个"屈抑不伸的人",就是皇帝的诏令,也都置之不顾,不但改变了他如实所记宫中之事,就是其他部分,也都全和他所记的不同了。韩愈本自中古以来,为文切合实用,务去陈言,而精炼有力,表现深刻的古文运动的倡导者。"及撰《顺宗实录》"竟被指责为"繁简不当,叙事拙于取舍",③这又从何说起呢? 这只是因为唐代"旧史之文"一贯写得"猥酿不纲,浅则入俚,简则及漏"。④从而安于故习,不知文章的好坏。故亦怨恶和尚,恨及袈裟,而对韩愈进行污蔑罢了。

我们认为,以韩愈的学业,以韩愈的文章,以及他正直敢言的高尚品质,而又"明于理乱根本之所由"⑤,自然可以撰修一部质直可信的唐代国史。只以世风滔滔,作《淮西碑》,则以为失实而足蹭,而段文昌改撰之;《顺宗实录》,则以不称而废,而韦处厚续撰之;《毛颖传》足继太史,乃当时诮其滑稽。"⑥这又有什么办法呢!

见微知著,履霜畏冰,这就使他不寒而栗,不得不鉴于齐太史、司马迁、班固、王隐、习凿齿等人修史的灾祸,备极沉痛地说:"夫为史者,不有人祸,则有天刑,岂可不畏惧而轻为之哉……行且谋引去矣!"⑦尽管他的诤友柳宗元,对他这种感伤、畏祸的态度和想法大大

---

①《新唐书》卷 165《郑覃传》。
②《旧唐书》卷 160《韩愈传》。
③《旧唐书》卷 160《韩愈传》。
④《新唐书》卷 132《赞》。
⑤[唐]李翱:《李文公集》卷 8《荐所知于徐州张仆射书》。
⑥[明]胡应麟:《少室山房笔丛》卷 13《史书占毕一》。
⑦[唐]韩愈:《韩昌黎文集·外集》卷 2《答刘秀才论史书》。

地不以为然,而以修国史的重任,希望寄托在他身上。①但他还是坚决地"避而弗承,心有余畏"。②是知唐自武、韦争夺政权以来,国史馆里实在是闹的乌烟瘴气,不是要把国史修好,而是闹得使国史修不成了!

从而胡应麟对于刘知几、韩愈参与撰修国史,而都被迫去职,不禁感叹地作了个结论说:"唐之时,史之人杂而其秩轻,其责小而其谤巨。故作者必不成,成者不必善。刘知几之启萧相,韩吏部之答柳州。噫,可想矣!"③

(3)李翱、李汉、蒋系之被排斥

同好相聚,同类相招。韩愈既是个德行坚定,品节详明的人,因而他的友人,便是秉性刚直,议论无所回避,认定"用心莫如直,求道莫如勇"。④当面指斥宰相李逢吉的过失,而为权贵所怨恶,长期不得上升的李翱。⑤学生便是长于古学,性情刚介,敢于揭发他人阴谋的李汉,以及当北军诬告宋申锡谋反,而胆敢直言,苦谏文宗,竭力救之的蒋系。总之,他俩都是中正耿介,见义勇为,而坚决不"乘波随浪,望风高下",而"适时以行道"者。⑥正因为他俩与韩愈意气相投,便由韩门得意的高才,更成了韩门的快婿。因而他俩撰修《宪宗实录》,记载宰相李吉甫的事,毫不宽假,便为李吉甫的儿子李德裕所怨恨,以至一再受到贬黜。尤其李汉,不但受了30年不得录用的严峻处分,而且终

---

① [唐]柳宗元:《柳河东集》卷31《与韩愈论史官书》。
② [明]胡应麟:《少室山房笔丛》卷13《史书占毕一》。
③ [明]胡应麟:《少室山房笔丛》卷13《史书占毕一》。
④ [唐]李翱:《李文公集》卷6《答朱载言书》。
⑤ 《旧唐书》卷160、《新唐书》卷177《李翱传》。
⑥ [唐]李翱:《李文公集》卷7《答侯高第二书》。

至颠仆以死,实在是太残酷了！至于李翱任史馆修撰,认为史官的职责,是乃劝善戒恶,正言直笔,记忠贤事业,记奸臣丑行,传之无穷。也就又以李景俭、柏耆的事故,一再遭到了贬黜。[①]

总之,一代国史,虽说在明"是非得失,兴坏理乱之故"。[②]然而书法不隐,善善恶恶,必须一件件的如实记录,势必遭到当权派的仇怨,导致无穷的祸患——李翱、李汉、蒋系,不都因正笔直书,而受到了贬黜,而李汉且性命不保了吗?

至于令狐垣任史官修撰,因为性情乖僻,人事关系不好,以细故发生争执,而多次侵犯孔睿述。于休烈修国史,因为肃宗很赏识他所撰的《五代帝王论》,致遭宰相李揆的嫉妒而被排挤。[③]以及其他诸如此类地撰修国史上的斗争,这里就不再赘述了。

(4)官修国史的弊害

照理说,在国史馆里聚合许多史学名家,共同撰修,自可集思广益,取长补短,而撰成一部好的国史。然而唐自贞观以后,因为政治上的党派斗争激烈,国史馆也就成了党派斗争组织的一个部门。从而:

第一,馆内的史官,也就以党派关系,各自鸣高,而又互相推诿。"人自以为荀(悦)、袁(宏),家自称为政(刘向)、骏(刘歆)。每预记一事,载一言,皆搁笔相视,含毫不断。故头白可期,而汗青无日"。[④]只有纷争,没有合作,国史还能如期修成吗?

第二,史官既然分党派,闹对立,撰修国史也就不"取天下公是

———

①以上见《旧唐书》卷160、《新唐书》卷177《李翱传》,《旧唐书》卷171、《新唐书》卷78《李汉传》,《旧唐书》卷149、《新唐书》卷132《蒋系传》。

②《南齐书·序》。

③《新唐书》卷199《令狐垣、于休烈传》。

④[唐]刘知己:《史通》卷20《忤时》。

公非为本"，而以党之是非为是非。从而此党之所谓是的，彼党以之为非；此党之所谓非的，彼党以之为是。①彼亦一是非，此亦一是非，又将何以取信于当时、后代呀！况且"传闻不同，善恶随人所见。甚者附党憎爱不同，巧造言语，凿空构立善恶事迹，于今何所承受取信，而可草草作传记，令传万世乎？"②韩愈、李翱都是国史馆的修撰，都是品节峥嵘之士，以上云云，实是他俩从现实生活中的深切感受所做出来的总结。那么，在那种情形下所修成的国史，还能说得上是一代的国典吗？简直是一部"秽史"了！

第三，古代史官记事是公开而不保密的。是以董狐书赵盾弑其君，以示于朝；③南史氏书崔杼弑其君，执简以往。④而唐设史馆官修史书，则"密为记注，徒闻后世，无益当时。非所谓将顺其美，匡救其恶者也。且著述之人，密书其事，纵能直笔，人莫之知"。⑤于是"初成一字加贬，言未绝口，而朝野俱知；笔未栖毫，而缙绅咸诵"。⑥这又"何止物生横议"，且使史官无法撰修下去了。

第四，"专任易功"。以故《晋》《梁》《陈》《齐》《隋》诸书，虽然同是贞观年间官修的，而姚思廉的梁、陈，李百药的《北齐》，令狐德棻的《北周》，是皆一家之学，一手之文；而《晋》《隋》两书，则是众史官所修，后者虽是稍称精详，前者则大为猥杂。可见就是在太宗时代，撰修的又是前代的史书，集体力量，合作精神，也都没有好好发挥、体现出

①[唐]李翱：《李文公集》卷6《答皇甫湜书》。
②[唐]韩愈：《韩昌黎文外集》上卷《答刘秀才论史书》。
③《左传》"宣公二年"条。
④《左传》"襄公二十五年"条。
⑤《周书》卷38《柳虬传》。
⑥[唐]刘知己：《史通》卷20《忤时》。

来,何况以后撰修国史,利害关系更大,而史官鱼龙混杂,有的"裁削非其所长",有的"铴铴铰铰";①加以党派分歧,也就不谈集体合作,而只讲斗争对立了。

第五,唐代天下300余年,始终不能修一部国史,也没出现一个如左丘明、司马迁、班固的史学名家。这是什么缘故呢?

还是在隋末恭帝义宁,唐代初高祖武德年间,温大雅即撰《创业起居注》,以记高祖创业起兵至受隋禅等事。从此房玄龄、许敬宗、敬播相次修撰实录,是为编年体。太宗贞观初年,姚思廉开始修纪传,粗成30卷。至高宗显庆时,长孙无忌、于志宁、令狐德棻等,又因旧作缀以后事,复成50卷,是为纪传体。是唐修国史,不为不早。然从高宗长苦风眩,龙朔年间,政权已归武后,以许敬宗总统修史的任务,因而增修前作,混成百卷。所作纪传,不是曲希时旨的,便是伪饰私憾的。所有毁誉,多半不合事实。是后李仁实,续撰于志宁、许敬宗、李义甫等传,载言记事,可称确实。至武后长寿时,牛凤及又起于武德,终于高宗最后的一年弘道,撰成《唐书》100卷。牛凤及既没史才,而所凭借的资料,又是私家行状。因而发言嗤鄙怪诞,记事参差错乱。不久,又复悉收姚思廉、许敬宗诸本,想使他的《唐书》独行。由是唐代国事,几乎完全残缺,也就不得不重修了。

武后长安年间,刘知几与朱敬则、徐坚、吴兢奉命更撰《唐书》,勒成百卷。中宗神龙元年(705),刘知几又与徐坚、吴兢重修《则天实录》,编成编年体30卷。然而这只能做以后史局撰修的底本,并非什么完书。②

柳芳、韦述又继续编修,起于隋恭帝义宁至于玄宗开元,经于休

---

①[唐]刘知己:《史通》卷20《忤时》。
②以上均据唐刘知己:《史通》卷12《古今正史》。

烈、令狐垣以次增修,迄于德宗建中而止。代宗大历,宪宗元和以后,则成于崔龟从。以后韦澳等人,又有增修,共为146卷。然皆当时之言,而非成书。[①]这是因为贞观以后,政治上的斗争激烈,修史的大都以政治关系,不能秉中正之笔,如实地记载史事的真相,也就算不上一代的国史。所以欧阳修不禁感叹地说:"唐兴,史官秉笔众矣。然垂三百年……虽论著之人,随时裒掇,而疏舛残余,本末颠倒。故圣主贤臣,叛人佞子,善恶汨汨,有所未尽,可谓勇忾矣!"[②]曾公亮也同样感慨:"唐有天下凡三百年,其君臣行事之始终,所以治乱兴衰之路,与其典章制度之美,宜其灿然著在典册。而纪次无法,详略失中,文采不明。事实零落……而使明君贤臣,隽功伟烈,与夫昏虐贼乱,祸根罪首,皆不得暴其善恶,以动人耳目。诚不可以垂劝戒,示久远,其可叹也!"[③]于是到了石晋,始命中书刘昫,因令狐垣的旧文,加以增修,然后《唐书》才算修成。

第六,"江山代有才人出"。难道以经济事业大有发展,而建国300余年之久的唐代,就不曾出现一个史学名家如左丘明、司马迁、班固的吗?不是的。是以政治斗争、党派对立,致使如左、马、班等的史家无由展其所长,而修成一部不刊的国史罢了。刘知几之被迫离职,韩愈之愤而不修国史,且不去说;就是李翱,本来是位能成"一家之言,藏之名山,以俟后圣人、君子"如司马迁的史家。只以派系纷争,虽任史馆修撰,又哪能容他"取天下公是公非为本",修成一代的国史呢?试读他《答皇甫湜书》所说:"唐有天下,圣明继于周、汉。而史官叙事,曾不如范晔、陈寿所为,况足拟左丘明、司马迁、班固之文哉!仆所

---

① [明]文徵明:《甫田集·重刊唐书序》。
② 《新唐书》卷132《赞》。
③ [宋]欧阳修:《进新唐书表》。

以为耻！当兹得于时者，虽负作者之材，其道既能被物，则不肯著书矣！仆窃不自度，无位于朝，幸有余暇，而辞句足以称赞明盛，纪一代功臣贤士行迹，灼然而可传于后代，自以为能不灭者，不敢为让。故欲笔削国史，成不刊之书。用仲尼褒贬之心，取天下公是公非之本……是翱心也。"可见唐代并不是没有如左氏、马、班的史学名家，而是有了，因为时代的关系，不肯去修史；而是有勇于以修史为己任之才之学如左氏、班、马的史家，难以修史的缘故。"十室之邑，必有忠信如丘明焉"。难道唐疆域之广，人口之众，就真的没有一个像古代的史学名家吗？只因当时党派严重分歧，政治斗争激烈，而李翱还想"守职史官，以记录是非为事"："劝善惩恶，正言直笔，记圣朝功德，述忠臣贤士事业，载奸臣佞人丑行，以传无穷"，[1]而做他的"史官之任"，[2]这哪里是可能的呢！胡应麟说得好："退之《毛颖》之于太史也，子厚《逸事》（段太尉逸事状）之于孟坚也"，"柳徒责韩，而莫能自奋，其时故不易也。"[3]这就是说，唐的韩愈、柳宗元，就是汉的司马迁、班固，柳徒责韩不肯修国史，而自己又不能奋勉修之，实是时代不容易修撰的缘故。总之，唐代并非没有如班、马的名史家，而是有了，只以时代的关系，使他们无法修成一部好的国史罢了。

直到明末的名史家万斯同，鉴于唐代以来官修史书的弊病，虽甚熟悉明代的掌故，且以修明史为自任，还是坚决辞谢不干总裁呢。[4]

①［唐］李翱：《李文公集》卷9《论事疏表》。

②［唐］李翱：《李文公集》卷10《百官行奏状》。

③［明］胡应麟：《少室山房笔丛》卷13《史书占毕一》。

④［清］钱大昕：《潜研堂文集》卷38《万季野先生传》、《清史稿》卷484《万斯同传》。

### 三、禁制私修国史

1. 禁制私修国史的追溯

我们在《撰修当代国史的追溯》一节,所述东汉在宫禁中设置修史馆兰台、东观以修国史,便是官定禁区,不准在外私修国史的缘故。所以东汉末年灵帝时,蔡邕为议郎,下放朔方之后,因想撰修《十志》,首先就得上奏,申明"不在其位,非外史庶人所得撰述。愚情愿下东观,推求诖奏,参以玺书,以补缀遗缺"。①这就充分地说明了东汉撰修国史,只有在国史馆内,服从国家权力,屈从皇帝意志,一切以上面的指示为标准,谁都不能饶开禁区、逃避禁令,而在外面私修国史。

三国时的东吴,继承东汉遗制,设立了修国史的东观。梁武帝开国的天监元年(502),即设置了国史馆。②又召任孝恭入西省修国史。③这就是说,修国史要在宫禁中的国史馆里,一切都当体察皇帝的意旨,不可妄自下笔。所以西省和东观,正是名异而实同的修史禁区。此外,中书舍人贺琛,奉武帝之命撰修《梁官》,琛因奏请沈峻、孔子祛补西省学士,帮助撰修。④隋文帝开皇十三年(593)严令民间不得参修国史,也就是说,国史只能官修,不准私修。这都可见东汉以后,撰修国史,必须限制在国史馆里,搞一窝蜂,一个调,非皇帝之言不敢言,一切都没有史官自己的意志。

2. 官修之下的私修

唐太宗将史馆移置宫禁中,就是严禁国史不得由私人在外撰修

---

①《册府元龟》卷555《国史部·采撰》。

②《隋书》卷26《百官志》。

③《梁书》卷50《任孝恭传》。

④《梁书》卷48《沈峻传》。

的缘故。即是他最所宠爱的儿子魏王泰，想招引萧德言等就府撰修《括地志》，事先也得奏请他批准。既经批准撰修，又怕"大开馆舍"，"人物辐辏"，张皇"过盛"，会惹起事故。但修成之后，却受到了太宗的赞美、奖赏，并珍藏于秘府。①这就是私修典籍与中央没有抵触——无害而有利，如班固私修《汉书》，王劭私修《齐书》，始虽触怒了汉明、隋文，经过审查，明白了一切，终究还是可以的。因此，吴兢撰修国史，因为过于简略，来不及补述，即外调荆州司马。玄宗也就准他以史稿自随，②俾便继续撰修。

令狐垣所撰《代宗实录》，又是请得德宗许可，在衢州贬所所完成的；③沈传师修《宪宗实录》未成，又是经过穆宗许可，于湖南观察使的官署，继续撰成的。④

总之，唐代史官，有受任于外而兼领史职，经皇帝批准，得就治所撰修国史，还是可以的。然而在禁中文史馆里修国史，是法定的；在外修史，则是特许的。在法定制度下修史，当然没有任何问题。但在外私修国史，承诏令允许，就很不容易——如沈传师之得在外私修国史，便是经杜元颖上奏，历举先代班固、陈寿，当代张说、令狐垣等⑤先例，好不容易才承批准的。就是承诏令准许，也还是会有人反对的。试看张说致仕，玄宗虽曾准许他在家撰修国史；吴兢修《唐书》《唐春秋》，以母忧去职，经玄宗诏令在集贤院完修。李元纮还是上奏说："国史者，记人君善恶，国政损益，一字褒贬，千载称之。前贤所难，事匪容

①《资治通鉴》卷196《唐纪十二》、《唐会要》卷36《修撰》。
②《旧唐书》卷102《吴兢传》。
③《旧唐书》卷149《令狐垣传》。
④《新唐书》卷132《沈传师传》。
⑤《册府元龟》卷554《国史部选任》。

易。令张说在家修史,吴兢又在集贤馆撰录,遂令国之大典,散在数处。且太宗别置史馆,在于禁中,所以重其职而秘其事也。望勒说等就史馆参详撰录,则典册有凭,旧章不坠矣。"玄宗接受了他的意见,张说、吴兢都被迫进入史馆撰修了。①

至于刘知几因为政治上不得意,逗留洛阳,闭门"私自著述"。便有人攻击他"躬为史臣,不书国事,由是驿召至京,专执史笔"。②因而史家不但修国史要限制在史馆里,就连在家私撰有关史书的著作,在某种情形下,也都会受到攻击,而被迫转入史馆撰修国史了。

写到这里,难免要问,李延寿的《南史》《北史》,还不是私修的吗?这是有必要给予解释。据他自己所述:

第一,《南史》《北史》,是他从贞观时参与撰修前代诸史时所"鸠聚遗逸"的资料,只因经过他的削繁取精(这本是修史绝不可少的工作),却还得作唯恐犯罪的申说:如"若文之所安,则因而不改,不敢苟以下愚,自申管见"。第二,撰修成稿,当即奉呈监国史国子祭酒令狐德棻审核,而将所指出乖失之处,详细地加以修正。第三,普遍咨询过宰相们的意见,然后才上表奉呈皇上。第四,虽然经过以上恭慎谨敬的措施,上表还得说:"既撰自私门,不敢寝默;又未经闻奏,亦不敢流传。轻用陈闻,伏深战越。"③这就可见李延寿是如何战战兢兢,唯恐私撰史书是违法乱纪,犯下滔天大罪! 所以《南史》《北史》与其说是私修的,毋宁说是官修的。一切都得秉承上面的意志,还有什么私修的个人呢? 私修前代的史书,一切尚得如此,私修国史,那就更不可说了。

---

①《旧唐书》卷 98《李元纮传》。
②《史通》卷 20《忤时》。
③《北史》卷 100《序传》。

# 刘知几《史通》评

刘知几生于唐高宗龙朔元年(661),死于唐玄宗开元九年(721)。他的一生,是与史学结有深缘的一生。他从小就受了父亲严格课读史学的教育,而自己又"事理缜密,识力锐敏",①所领悟于历代史籍中的奥义,也就如醍醐灌顶,而"皆得之襟腑,非由染习"。②武后、中宗时代,他又三次担任史官,两度进入史馆。真是"遍居史籍之曹,久处载言之职"。③不但史学知识渊博,而且富有一套撰修史书的实际经验。但他之所以能在中国史学上创立一部史学评论,史籍编纂,完整而有系统性的专门名著——《史通》,还是有一定思想渊源的。

原来任何一种学科专门性的著作,都是逐渐完成的,《史通》当也不能例外,司马迁的《史记》问世之后,扬雄即评其书"不与众人同,是非谬于经"。④班彪复在这批评的基础上,既肯定了司马迁从汉初至武帝一段史事叙述的功绩,也又指出了他运用史料"疏略"的缺点。⑤谯周又著《古史考》纠正司马迁叙先秦史事不曾依据正经的错失。⑥傅玄

①梁启超:《中国历史研究法·过去之中国史学界》。
②《史通·自叙》。以下引《史通》,都只注篇名。
③《原序》。
④[汉]扬雄:《法言·序》。
⑤《后汉书》卷 40 上《班彪传》。
⑥[清]章宗源辑本,存《平津馆丛书》内。

又同样站在"重儒教""以塞杨、墨之道"的立场,著《傅子》以评断《史记》《汉书》《三国志》三史故事的得失。从而使我们知道,从两汉、三国以至西晋,都有关于史籍批评的著作,而这些批评著作值得我们注意的,则有以下几点。

1. 站在儒家立场,批评史籍论点的是非得失。

2. 对史籍的批评,既举出它的缺点,又指出它的优点。

3. 有评论一种以至二三种史籍的著作。

4. 既没有系统性、全面性关于历代史籍评论的专著,也没有关于论述史籍编纂的著作。

直到梁刘勰在他那文学批评的《文心雕龙》中,才往往有许多关于史评的议论(如《颂赞篇》,便是一例);尤其是《史传》一篇,以依经、"附圣"为纲,无论在史学评论、史籍编纂两方面,都有了较为系统性、全面性的概括阐述,这就做了刘知几理论的来源。《吕览·察传》《论衡·问孔》,又是他《疑古》《惑经》的先导。由此他在这个基础上,从发凡起例,补充发展,完成了一部史学评论的专门名著——《史通》。

《史通》一书,分内、外二编。内编多申论史学体例、著作方法和辨别是非,共计 26 篇。外编多半论史官建置及批评古人的得失。真是条分缕析,贯通古今,是一部极其难得的史评著作。但由于刘知几是个极其以史才自负的人,自己尊若菩萨,他人贱如粪土。所以宋吴缜说:"刘知几能于修史之外,毅然奋笔,自为一书,贯穿古今,讥评前载。观其以《史通》自命之意,殆以为古今绝伦。及取其尝所论著,而考其谬戾,则亦无异于前人。"①这因"学问乃千秋事业。订讹规过,非以訾毁前人,实以嘉惠后学。但议论须平允,语气须谦和……所虑者,古人本

---

① [宋]吴缜:《新唐书纠谬序》。

不误,而吾从而误驳之。此则无损于前人,而适以成吾之妄。"①刘知几
是个议论锋芒,意气骄矜,毁诋前人,而不一省自己的辩驳究竟允当
与否的。结果,也就使他成了一座照见人家,照不见自己的丈八灯台。
现分史籍编纂、史籍评论分述于后。

## 一、关于史籍的编纂

1. 编纂体例

(1)体例的发展

《史通》第一章《六家》——记言家《尚书》、记事家《春秋》、编年家
《左传》、国别家《国语》、通古纪传家《史记》、断代纪传家《汉书》,不但
创造性地发前人所未发,一如弈者老手地开棋下子,周详地通领着全
局,而将中国所有前代史籍的体例,基本上一一概括殆尽。而且指出了
"古往今来,质文递变,诸史之作,不恒厥体",随着时代前进,不断变异
发展的"体式不同"。于是记言而不著岁月的《尚书》,记事而不详始末
的《春秋》,别国家而非纪传、非编年的《国语》,贯通古今而不立限断的
《史记》的四种史书体裁,虽然曾为修史者所沿用,终以不能随着历史
发展的形势,而致祖述相承,历久不废,也就只有经年纬月,叙事则铨
次分明的编年体的《左传》,记一代则起讫完整的断代史的《汉书》了。

刘知几紧接着在分叙"六家"之后,又复将史书的体例,统行归之
于编年、纪传两种。且又根据进化论的观点,指出在上古"世犹淳质"
的客观社会的实际情况下所产生的《尚书》,是不可能有完备的史书
体例的。因为世事是由简略到繁复,逐渐发展而演进的,史书体裁,也
就相应地变化发展,由简略而完备。所以他认为《尚书》对于上古帝王
的典、谟、训、诰、誓、命之文的"一时之言,累篇咸载"是可以的,是"观

---

①[清]钱大昕:《潜研堂文集·答王西庄书》。

者不以为非"的。如其"爰逮中叶,文籍大备,必剪截今文,模拟古法",那就"事非改辙,理涉守株"了。

而晋孔衍竟删汉魏史书,从中摘出美好的话,纂成《汉尚书》;隋王劭录开皇、仁寿(隋文帝年号)时事,编次以成记言体的《隋书》。这种"义例皆准《尚书》",徒然掇拾琐言之所修成,既没纪、传,又非编年的国史,也就实在不像国史,而是所谓"画虎不成反类犬"了。

然而识时务的杰出史家,左丘明传《春秋》,却创制了编年体;司马迁著《史记》,又建立起纪传体。此后,尽管荀悦撰《汉纪》,张璠修《后汉纪》而宗左丘明;班固写《汉书》、华峤作《汉后书》以党司马迁,"角力争先","各相矜尚",终以编年、纪传二体各有长短,也就两两并行,不可偏任而废异其一。所以浦起龙说"自其以编年,纪传辨途辙也,而二体之式定"矣。

总之,《六家》《二体》两篇,实将我国汗牛充栋的史书的体例,作了一个穷尽原委、脉络分明的高度概括性的叙述,从而不但纲维了百代群史,而且张开了《史通》全书总目。我们应该仔仔细细地把这两篇文章,当作《史通》的序言去读。只有这样,才较容易地了解作者著此书的意旨,且又获得了一把打开研究中国史学史门径的钥匙。这种简明扼要、高度概括性的文章,除了深究史书、识力锐利的刘知几,其他人是难以写得出的。

(2)本纪、世家

刘知几认为本纪是帝王的传记,周自后稷至文王,秦从伯翳至庄襄王的爵位,本来都是诸侯;又项羽是未成帝业,号止一方的霸王;也都只合作记述诸侯王之事的传记——世家,不可以给作记载帝王之事的编年的本纪,[1]而错乱了体例。又认为项羽是"盗",加上他的反

①《本纪》。

秦,在"事起秦余,身终汉始",非是与秦的"正朔相承",也就只可给他作传,不可作纪。这是由于刘知几出身于世族地主的阶级本质,①决定了他敌视农民起义的缘故。因而把在巨鹿击破秦的主力军,奠定农民起义胜利基础的项羽"抑同群盗"。但关于论述《周本纪》《秦本纪》的体例之不够谨严、合理的地方,还是使后人读纪传体的史籍,值得注意的。

刘知几又认为,世家是记载诸侯王的事迹的。因而韩、赵、魏与田氏,在未立国为君以前,就不该将他们的事迹归入世家,而使"君臣相杂",造成"前后一统"的局面。又汉代诸侯与古代不同,不能专制一国,也就不能给他们作世家,只宜作传。这从体例上说,是实事求是、谨慎严密而合于史法的。但指责"陈胜起自群盗,称王六月而死,子孙不嗣,社稷靡闻,无世可传,无家可宅",而司马迁竟给他作世家,便非"当然"。②这就充分暴露了刘知几世族地主阶级的本质以及御用史官的儒学正宗史家的本能。否则,孔子没有诸侯爵位,《史记》里却有他的《世家》,为什么不加以批评呢?

这是因为刘知几认为历史是帝王活动的结果,所谓"帝王即历史",人民只是"只可使由之"的被动的消极力量。根据这种唯心史观的论点,便说国家的兴亡都是由帝王个人的活动决定的。如《杂说上》,首言"秦之灭也,由胡亥之无道;周之季也,由幽王之宠褒姒"。这就把西周、嬴秦之灭亡,归之为全是由于幽王、二世个人的无道、荒淫的结果。又复指出齐田、魏万、姬周、刘汉之兴,都是因为陈敬仲、毕

---

①刘知己家在北齐以来,即是名门望族。至唐,他的叔父是做安南都护的刘延祐,更是残酷剥削黎人,激起黎人起义而被杀的酷吏,见《新唐书·刘廷祐传》。请参照后面的《氏族志》一节。

②《世家》。

万、古公亶父、刘邦的"德才"过人的缘故。这就过分地夸大了个人在历史上的作用,而是一种唯心史观的英雄史观了。

因而人民群众在他的历史观里,便是愚昧无知,天生成的"群氓",只应盲目地服从一切,根本不知道什么的。如《自叙》说:"民者冥也,冥然罔知,率彼愚蒙,面墙而视。"则就把创造历史的人民群众看成是浑浑噩噩、不识不知的众生。如果人民起来反抗压迫剥削,如赤眉琅玡樊崇,黄巾巨鹿张角,那都是大逆不道,犯上作乱的"寇贼"。反之,对于统治主,则认为是承受天命来统治人间的帝王,应当向之致敬,决不可"等之凡庶",在历史上直书他的名,称他的字,[①]从而他对于给农民起义的领袖陈涉作世家的司马迁大大地不以为然,而说是一种"纰缪"。[②]这就把推翻秦王朝的根本因素,推动历史发展的真正动力——中国历史上第一次农民战争的伟大作用,全都给以污蔑、抹杀了。

(3)反对作"表"

什么叫"表"?《礼记·表记》郑玄疏说:"表,明也。谓事微而不著,须表明也。"推而至于史书之作"表"而"与纪、传相为出入。凡列侯、将相、三公、九卿,其功名著于'表'者,既系之以传。此外大臣,既无绩劳,又无显过,传之不可胜书,而姓名、爵里、存殁、盛衰之迹,要不容以遽泯,则于'表'乎载之,年经月纬,一览如昨。作史体裁,莫大于是。"[③]然则修史而立"表"是史书中的一种最好的体裁。[④]

---

①《称谓》。
②《探赜》。
③[清]顾炎武:《日知录》卷26《作史不立表志》。
④[清]顾炎武:《日知录》卷26《作史不立表志》、[清]赵翼:《廿二史札记》卷1《各史例目异同》。

所以司马迁著《史记》，也就仿谱牒而立《十表》以为全书的纲领。梅文鼎说：《史记十表》"实太史公精意所存"。①胡德琳也说，司马迁作《十表》"而有深意"。②都认为司马迁作"表"，是在史书体裁上作出了极大的贡献。正因为表在史书中之不可少，作者也就相继蜂起。"至班氏而义例益密。东京则有伏无忌、黄景作《诸王》《王子侯恩泽表》，边韶诸人作《百官表》。东观史臣，犹仍旧贯。自范蔚宗书出……表乃全缺……不无遗憾于蔚宗焉。"③于是欧阳修撰《新唐书》，又因之而立《宰相》《方镇》《宗室世系》三表；脱脱修《宋史》，又复著《宰相》《宗室》二表；修《辽史》则立表更多。甚至有因前人修史无表，而为补撰的。诸如：熊方的《后汉书年表》，李焘的《历代宰相表》，明末万季野的《历代史表》，更被后人"推为史氏功臣"。④到了学术兴盛的清代，名史学者因为《二十四史》中缺"表"，而竞为之作补的，更是多得如雨后春笋。反过来，《后汉书》《三国志》《宋书》《南齐书》《梁书》《陈书》《魏书》《北齐书》《周书》《隋书》《南史》《北史》《五代史》无"表"，也就受到了后人的批评。⑤这就可见"表"确是史书体裁中一种不可缺少的篇章，而为一般名史学家所公认的。怎能如刘知几之说班固祖述《史记》而作"表"，反是"迷而不悟，无异逐狂"⑥呢！

刘知几肆情任性，大事反对作"表"，而说什么"夫以'表'为文，用述时事，施彼谱牒，容或可取，载诸史传，未见其宜。何则?《易》六爻穷

①［清］汪越：《读史记十表记》。
②［清］周嘉猷：《南北史表序》。
③［清］钱大昕：《潜研堂文集》卷 24《后汉书年表后序》。
④［清］浦起龙：《史通通释》卷 3《表历》。
⑤［清］顾炎武：《日知录》卷 26《作史不立表志》。
⑥《表历》。

变化，经(《春秋》)以一字成褒贬，《传》包五始，《诗》含六义，故知文尚简要，语恶烦芜。何必款曲重沓，方称周备？观司马迁《史记》，则不然矣。天子有本纪，诸侯有世家，公卿以下有列传。至于祖孙昭穆，年月职官，各在其篇，具有其说，用相考核，居然可知，而重列之，以成其烦费，岂非谬乎？"①但事实上，却恰恰相反。因为有纪而无表，则"国家世祚，人世岁月，散于纪、传、世家，先后始终，遽难考见"；②有纪、传而又有表则"纪月编年，聚而如图指掌，经纬纵横，有伦有脊"，③其理很是明白显然。但刘知几却一点也"不知作史无'表'，则立传不得不多。传愈多，文愈繁，而事迹或反遗漏而不举"④的道理，硬要说表之于史"得之不为益，失之不为损"。所以那个对"于前史体例，贯穿精熟，指陈得失，皆中肯綮。刘知几、郑樵诸人，都不能及"的清代名史家万斯同便严峻驳斥刘知几说："史中有'表'，所以通纪、传之穷。有其已入纪、传而表之者，有其入纪、传而牵连以表之者。'表'立而后纪、传之文可省，故'表'不可废。读史而不读'表'，非深于史者也!"⑤清代另一名史家赵瓯北也说："'表'多则传自可少……实足省无限笔墨。"⑥又吴大受也"言国史有'表'，似烦文，实省文"，⑦根本不是什么"烦费"，为是省费。何况表的功用，不但在旁行斜上，而尤在提要钩玄。因为史家作"表"，首先都在序文里，将"表"里所列之事，作个扼要而简明的阐述，

①《表历》。

②《宋史》210《宰辅表序》。

③[清]汪越：《读史记十表序》。

④[清]顾炎武：《日知录》卷26《作史不立表志》。

⑤[清]钱大昕：《潜研堂文集·万斯同传》。

⑥[清]赵翼：《廿二史札记·辽史立表最善》。

⑦[清]浦起龙：《史通解释》卷3《表历》。

给全篇的内容起了一种综合贯穿作用。使人读后,格外有个清醒明晰的概念。次则作者还在其中提出了自己的看法,使读者观其持论之大旨,而起着一种启发作用(不管赞同与否)。《大事记》所谓'《十表》意义宏深",①并非溢美之词,又怎能说是"烦芜""重沓"呢?

正因为刘知几认为"表"是史书中一种"烦芜""重沓"的赘疣,因而也就嫌"表"夹置在本纪、世家、列传之间,主观地以为会使读者越过去而不阅读,而说什么"'表'次篇第,编诸卷轴,得之不为益,失之不为损。使读者莫不先看本纪,越至世家。'表'在其间,缄而不视。语其无用,可胜道哉!"②这种说法,我们以为是极其错误的。因为再好的篇章,你不去看,总是无用的。试以《汉书》的《百官公卿表》来说,读过之后,对官制的沿革,百官的职能等,都有个明了的概念,从而读本纪、列传,对某人任某官而做某事,也就容易了解得多。怎能说是"无用",越过去"而不视"呢?

总之,修史立"表"是必要的,决不能说什么"烦剧"。"表"的作用是很大的,决不能说什么"无用"。郑樵说"《史记》一书,功在《十表》,犹衣裳之有冠冕,木水之有本源",③也就深深地受到了梁玉绳的赞同。归根到底,对的总是对的。所以就是刘知几自己,终究还是不得不说:"观太史公之创'表'也,于帝王则叙其子孙,于诸侯则纪其年月,列行萦纡以相属,编字戢𩔖(𩔖,音似。戢𩔖,众多貌)而相排。虽燕、越万里,而于径寸之内,犬牙相接;虽昭、穆九代,而于方寸之中,雁行有序。使读者阅文便睹,举目可详,此其所以为快也。"④既说表"得之不

---

①[清]梁玉绳:《史记志疑》卷8《三代世表》。
②《表历》。
③[宋]郑樵:《通志·总序》。
④《杂说上》。

为益,失之不为损",可以"缄而不视";又说"表"叙世系则雁行有序,纪年月则犬牙相接,使读者目睹心快。真是反复不定,自相矛盾。宜乎郭孔延作《史通评释》,据此而对刘知几加以驳斥;陆深《俨山集》载《史通》二跋,而说刘知几是非任情了。

(4)删掉《艺文志》

刘知几作《书志》篇,首先主张删掉《艺文志》。在他认为,班固修《汉书》而作《艺文志》以定书籍的流别,是一种"妄载"。其实,自秦焚书,汉儒即已感到书籍散失遗亡的灾厄。因而司马迁既以史官得见金匮石室之书,其父又已论六家要旨,而他却不曾志艺文而只作八书,也就受到了后人的指责。[1]班固受命依刘歆《七略》而撰《部书》,并进一步在《汉书》中写《艺文志》,用以网罗历代散失的典籍,而一一辨明它的源流、派别,并给予是非得失的鉴定。这在当时来说,确实完成了一项急切而重要的任务;而对后人研究古代学术文化,尤其作出了重大贡献。怎能说是"妄载"而要删"除此篇"呢。如其认为"古之所制",班固便不能"定其流别",那么,筚路蓝缕艰苦缔造之业,也都不叫人去做了。何况班固的《艺文志》,是在刘歆《七略》的基础上加工写成的。《七略》既已失传,则不但应该肯定班固继承、发展的功绩,而且更加显示他这部史志中的第一次汇录书籍目录的记载,是极其弥足珍贵的遗产。又怎能说是"妄载",而要"删除此篇"呢?

郑樵作《通志·总叙》就曾说:"学术之苟且,由源流之不分;书籍之散亡,由编次之无纪。"则班固汇集典籍而作《艺文志》,使之纲目详明,流别清晰,既可借此而对散佚的古籍求其涯略,又可凭此而将遗存之书核其异同,辨其真伪。是《艺文志》"分艺文为六略,每略又各分

---

[1]《国学汇编》第一集·胡朴安:《史记体例商榷》。

为数种,每种始叙列为诸家……大纲细目,互相维系,法至善也。每略有总叙,论辩流别,义至详也"。①因为时代在前进,人类知识在不断提高。"长江后浪推前浪,世上新人赶旧人。"一切事物总是发展的。如果说班固的《艺文志》便是史志里汇录书籍记载之"至详""至善"的,那就是登上了最高峰,再也不能向上前进了。

总之,《艺文志》罗致群籍,汇成一篇,既是一种图书目录学,又是一种学术史略,它给后人研究古代学问,是起了一定的津梁作用的。所以学问渊深的清儒金榜说:"不通《汉书·艺文志》,不可以读天下书。《艺文志》者,学问之眉目,著述之门户也。"②从而自班固以来,后代史家莫不争相祖述:《隋书》《旧唐书》有《经籍志》,《新唐书》《宋史》《明史》有《艺文志》。至于《二十四史》中没有《艺文志》的,清代学者都纷纷为之作补。而刘知几却对这种"后来继述",说成是"以水继水,谁能饮之"(他所指的,当然只能及于唐初所修的《隋书》),这是必须加以驳斥的。

(5)增修一些志书

刘知几修史,一面反对立《表》,删掉《艺文志》;一面又作《书志》一篇,主张增修下列一些志书。

第一,人形志。

"左氏浮夸",在中国史上也就第一次出现了周内史叔服能相人的记载。③但韩非既说"以容取人,失之子羽(澹台子羽)"。④荀卿更是给了这荒诞无凭的相术,以强有力地驳斥。说这是古代所没有,是学

---

① [清]章学诚:《校雠通义》内篇三《汉志诗赋》。
② [清]王鸣盛:《十七史商榷》卷22《汉艺文志考证》。
③《左传》"义公二年"条。
④《韩非子·显学》。

者所不称道的。①这简直是因左丘明记载了叔服能相人,而不承认他是个史学家了! 至于宋的孔平仲,除了直接指出"相之不可凭"以外,又列举了历史上许多活生生的事实加以证明。他说:"《南史·庾荜传》:'庾琼家富于财,食必列鼎;又状貌丰美,颐颊开张;人皆谓必方伯。及魏克江陵,琼以饿死。'时又有都督褚萝,面甚尖戚,纵理入口,竟保衣食而终……魏朱建平善相,钟繇以为唐举、许负,何以复加。然相王肃年逾七十,位至三公,肃六二而终于中领军。史氏以为蹉跌。故吾以为相不可凭也。"②刘知几既说:"必言貌取人,耳目不接,又焉知其才术";③而他又博通典籍,亦竟不顾韩非、荀卿非相之言,不管相不可凭的历史人物的事实,而说什么"吉凶行于相貌,贵贱彰于骨法"。专从人的骨骼等自然属性方面,而定人的吉凶、贵贱,以至主张纂修宿命论的人形志, 这就完全否定了人们在历史上的积极创造性的作用,叫人听相由命,不必奋勉有为了。

第二,方言志。

《方言志》原是对一名一物评其地域言语的异同,以供训诂家参考的著作。而刘知几则首先强调它的政治意义,说是"茫茫九州,语言各异,大汉(依班固《汉书》所称)轺轩之使,译导而通,足以验风俗之不同,示皇威之广被"。著书而以政治摆在第一位,本是对的。但一意夸示唐皇朝声威的远被,则显然是宣传皇朝主意。又复假设其辞而谓"既艺文有志,何不为《方言志》乎"? 是方言且重于典籍,未免轻重倒置了。

---

① 《荀子·非相》。
② 《孔氏杂说》又名《珩璜新论》。
③ 《浮词》。

第三,都邑志。

为什么要作《都邑志》? 刘知几认为首先在宣扬京都的壮丽庄严,而使人民仰伏它的威仪,显示帝王的尊贵。所以他说:"京邑翼翼,四方是则,千门万户,兆庶仰其威神;虎踞龙盘,帝王表其尊极。"其次,在给统治者起一种劝诫作用——京都是一国"教化之本原,民俗之枢机",而为"郡国来者","亲承圣化"的重地,建筑得侈靡,还是简朴,所产生的影响都是很大的。①所以刘知几说:"土阶卑室,好约者所以安人;阿房、未央,穷奢者由其败国。此则其恶可以诫世,其善可以劝后。"

第四,方物志。

为什么要作《方物志》? 刘知几认为:记载四方各国远来朝贡的名贵特产,用以夸张中国的统治者是天朝的帝王,其他邻近国家都得来贡方物,并以显示汉族的统治者是各族的帝王,都得来纳赋税。所以他说:"金、石、草、木、缟、紵、丝、枲之流,鸟、兽、虫、鱼、齿、革、羽、毛之类,或百蛮攸税,或万国是供",都得载之史册,以示"无国不宾,遐迩来王"的盛况。这就不但对国内少数民族表示出轻蔑态度,而且对我国一些友邻国家流露了大国沙文主义思想。

第五,氏族志。

唐代开国初年,颜师古注《汉书》,即已指出家谱之不信。②刘知几在《采择》篇里,既指责"夸其州里"的"谱牒之书"之不可信,又批评范晔修《后汉书》不该在《荀淑传》里依据《荀氏家传》之虚誉他的八个儿子之为"颍川八龙"的说法,"定为实录"。在《邑里》篇里又说:"爰及

---

①《汉书》卷81《匡衡传》。

②见《睦弘传》《萧望之传》注。

近古，其言多伪。"至于"碑颂所勒，茅土定名，虚引他邦，冒为己邑。若乃……姓卯金者，咸曰彭城。"这都可见他是反对撰修夸耀州里、家门的谱牒之书的。但他又撰修《刘氏家史》《谱考》，并大肆引经据典，穷本索源，追述他那彭城刘氏，原是汉宣帝的子孙司徒居巢侯刘恺的后代，并立志受封"必以居巢为名"，[1]以矜夸他那"高门华胄，奕世载德"的光荣。[2]甚至主张撰修国史，就该以修《氏族志》为首要任务。[3]这当然是有一定的阶级根源的。

原来刘知几出身于名门世族的家庭——从北魏、北齐以来，他家就是以"家世忠纯，奕代冠冕"著称的望族；[4]叔祖刘胤之，唐初任弘文馆学士，受封阳城县侯，叔父刘延祐曾为安南都护。父亲刘藏器是高宗时的侍御史。而他自己在国史馆又经历了一段和"恩幸贵臣，凡庸贱品"[5]的水火不相容的斗争生活，他对那"荜门寒族，百代无闻，而驵侩挺生，一朝暴贵，无不追述本系，妄承先哲"的"自我作故，诬祭非鬼"[6]的妄自抬高门阀的无耻的作风，是深恶恨极的。因而主张撰修国史，就该以修《氏族志》为首要任务。因为"氏，所以别贵贱。贵者有氏，贱者有姓无氏"，[7]所以撰修《氏族志》，一则"用之于官，可以品藻士庶"，[8]以显示他们高门世族不可侵犯的神圣界线。二则帝王苗裔，公侯子孙，能够言谈他们祖宗的光辉事业，使世人知道他们是"余庆所

①《旧唐书》卷102《刘子玄传》。
②《杂述》。
③《书志》。
④《北齐书》卷35《刘祎传》。
⑤《辨职》。
⑥《序传》。
⑦《通志·氏族序》。
⑧《书志》。

钟,百世无绝"的光荣后代,应该高人一等。并撰修他的《刘氏家史》《谱考》,以"纪其先烈,贻绝将来",①而"以姓望所出,邑里相矜",②企图压服和他斗争的庶族地主。从而这种骄矜自尊之所撰成的高贵门阀的《家史》《谱考》,也就只能使贵族"学者服其眩博",而为一般庶族"流俗所讥"③了!

(6)"论""赞"体例

刘知几在《论赞》篇里,讲述了"论"(篇末论辞)、"赞"(论后韵语)的体例。首先从"论"的起源、名称开始,接着阐述它的作用在于:"辨疑惑,释凝滞。若智愚共了,故无俟于商榷"而再作"论"。所以左丘明作《传》,并非每篇都有"君子曰";而司马迁著《史记》,则不问其必要与否,每篇却都有"论",史论之烦,从此开始。加上以后的史家,炫耀文采,所作史论,已是浮靡失实;而"论"后又复有"赞",徒增文饰,而无内容,则是更无必要。

刘知几这种对"论""赞"的看法,是有一定的道理的。所以后代修史的,也都重视考参了他的意见,甚至采用了他的意见。除《旧唐书》还是全有"论""赞"外;其他诸史,不是有"论"无"赞"(如《新、旧五代史》),便是有"赞"无"论"(如《新唐书》《宋史》《明史》);甚至"论""赞"都没有(如《元史》)。而司马光修《通鉴》,有时仅作"臣光曰"之言,以阐发他褒贬的议论,那就更是明显地遵守了刘知几"左丘明作传,并非每篇都有'君子曰'"的规诫。只是封建社会里的史家,硬要贪刘知几之功以为己力,不肯承认罢了。试看明代修《元史》,规定"不作'论''赞',但据事直书,具文见意,使其善恶自见",这明明是导源于刘知

①《杂述》。
②《邑里》。
③《旧唐书》卷102《刘子玄传》。

几的说法，却硬说是"准《春秋》及钦奉圣旨示意"。①这就是暗运刘知几的史学纂修论例，而当众又拒绝它的一种羞怯作风。我们只有把这种史学，叫作"含羞的刘知几史学"。

(7)"序""例"的重要

刘知几在《序例》篇里，首论"序""例"的来源、功用，只是从范晔以后，史家矜炫文采，作"序"也就没有婉劝的政治意义。其次，强调"凡例"的重要性，只说是"史之有'例'，犹国之有法。国无法，则上下无靡定；史无'例'，则是非莫准"。最后，叙述"凡例"的创立、中绝、复兴，以及既立之后，而又不依"例"去做的事实。总之，"序"贵简质，以申作者的意旨；"例"贵严明，务遵编纂的体制。二者同属重要，必须严肃认真地制订、执行，才可使读者容易了解书中的意旨。这种说法，我认为基本上是对的。但范晔所作的"传论"，原是写得感慨愤激富有政治现实意义的美好短评。这就不但他自己认为"吾杂'传论'，皆有精意深旨"；②就是后代的李慈铭亦复赞美范的"'传论'风励雅俗，哀感顽艳"，而"令人百读不厌"。③评论一部史学作品，该是从政治性与艺术性着眼。范的"传论"，委实做得政治性与艺术性并美，又怎能以文采繁缛之罪，归到是他所开的呢？

最后，必须指出，刘知几对史籍编纂体例，首先从本纪、世家、列传、表历、书志、论赞以至序、例等，都作了一套整个系统的阐述。其次，又在各种体例中，从起源、名称、功用等，作了较为详明的叙述。再次，根据自己的看法，作出了种种评论。这不但证明他史学知识的渊博，而且是中国史学史上提出整个一套史籍编纂理论的第一人。尽管

---

①《元史·纂修元史凡例》。
②《宋书》卷69《范晔传》。
③[清]李慈铭：《越缦堂日记·后汉书》。

我们提出了不少的批评,但他比他的前人,毕竟提供了许多整套的新东西,而使后代的封建史家向他学习。所以浦起龙说:"继唐编史者,罔敢不持其律"①也。

2. 编纂方法

(1)广泛地收集可信的材料

刘知几认为撰修史书,首先必须慎重地广事收集雅正可信的资料,然后才能撰"成一家之言",传之不朽。举例来说,《左传》《史记》《汉书》,都是这种代表性的著作。而魏晋南北朝以来,修史者往往妄采寓言、图谶、奇说、诬语、杂事、讹传、旧说等,也就乖舛错乱,荒谬难信。唐初修《晋书》,也采用《语林》《世说》《幽明录》《搜神记》里的资料,只是"务多为美,聚博为功",终当取笑于人。

撰修史书,首先必须搜集丰富可信的材料,然后在正确的原理指导下,引出恰切的结论来,这是肯定的。因为"在这里只说空话是无济于事的。只有依靠大量的、审查过的历史资料,才能解决这样的任务"。②即是小说,也不可一概抹杀,应当分别对待。因为它的内容包括很广,有的记载异闻,有的叙述杂事,有的缀辑琐语。举凡杂记、笔记以及考论事物等文字,都可包括在它里面。其中足以寓劝诫、广见闻、资考证的,很是不少。所以小说与杂史容易混淆,和诸家著录亦往往相乱。即是作《春秋》一笔一字不苟的孔子,也认为小说"必有可观";③班固又认为小说是不可毁灭的。④司马光撰修《通鉴》,对于史料的采择,自是最严格的。但淖方成祸水之说,则采自《飞燕外传》;张象冰山之语,则采自

①[清]浦起龙:《史通通释》卷 10《自叙》。

②恩格斯:《马克思〈政治经济学批判〉》。

③《论语·子张》。

④《汉书》卷 30《艺文志》。

《开元天宝遗事》。是于正史之外，又复采用这些传记小说了。胡应麟说得好："小说谈说理道，或近于经。"

又有"类注疏者，纪述事迹，或通于史"。是以"小说善者，足以备解经之异同，存史官之考核。总之，有补于世，无害于时"。①所以刘知几认为"撰集古今灵异神祇人物变化"而成的《搜神记》、记载阴间阳世的《幽明录》之不可以入史是对的。但《世说新语》，却把东汉以至魏、晋士族的生活情况、面貌气韵，反映得恍惚生动，真致不穷。尤其是刘孝标的注释，极其精核地纠正了刘义庆的许多错误；②而所博引诸书，早已佚失十分之九，仅赖刘注流传下来，而与裴松之的《三国志注》，郦道元的《水经注》，同为考证家所引据的珍贵资料，为什么不能采用呢？

刘知几又认为司马迁撰《史记》，孙盛著《晋阳秋》，从四面八方的"故老""家人"那里访问材料，便是"以刍荛鄙说，刊为竹帛正言，而辄欲与《五经》方驾，《三志》竞爽，斯亦难矣"！③殊不知司马迁撰《史记》之所以成为中国史学史上的一部名著，其原因之一，固然是因为他们父子是汉的太史令，能够博览"史记石室金匮之书"。④但和他们父子交游很广，得从朋友交谈中获得许多珍贵而难得的真实史料，也是分不开的。诸如：与公孙季功、董生、夏无且交游，具知荆轲刺秦王的事迹。⑤与平原君的儿子交好，具论平原君、朱建的事故。⑥与樊他广交

---

①[明]胡应麟：《少室山房笔丛》卷29《九流绪论下》。
②[明]胡应麟：《史书占毕》称"其综核精严，缴驳平允"。
③《采撰》。
④[唐]刘知己：《史通》卷10《自叙》。
⑤《史记》卷86《刺客传赞》。
⑥《史记》卷97《郦生、陆贾列传赞》。

友,为言高祖功臣兴起时的事实,以故得详作樊哙、郦商、夏侯婴等传。①此外,名儒董仲舒、学有渊源的贾嘉(贾谊儿子)、司直田仁(田叔儿子)、奇士冯遂(冯唐儿子),以及名士壶遂、高士挚峻、方士唐都、名将苏建、李陵,都是他的朋友。而好古书,爱经术的东方朔,又给《史记》做了"平定",②这都对他提供了许多宝贵的历史事实和意见。所以张一鹏说:司马迁和这些人"引为交友,晋接往来,宜其尚识古今,文遗风云矣"。③可见《史记》之写得那么美好,实在是和司马迁广泛地向"故老""家人"访问原始材料,征询宝贵意见的关系是很大的。哪能说这是"刍荛之说",不可"刊为竹帛之首"呢? 而刘知几也不得不说:"刍荛之言,明王必择;蒯菲之体,诗人不弃。故学者欲博闻旧事,多识其物。若不窥别录,不讨异书,亦何能自致于此乎? "④又说:"朝廷贵臣,必父祖有传,考其行事,皆子孙所为。而访彼流俗,询诸父老,事有不同,言多爽实"。⑤是又认为要修成一部信史,就得采纳刍荛之言,向流俗故老进行访问,才能辨析真伪,求得真实材料了。

(2)反对以骈文修史

慎重地收集丰富可信的资料以后,又将如何去把史书修好呢?

刘知几首先指责自六朝崇尚调协声律,雕琢辞藻之文,遂使"有凿迹文章,兼修史传"⑥者。因而所成国史,"骈章骊句,展卷烂然。浮文

---

①《史记》卷95《樊、郦、滕、灌列传赞》。

②《史记》卷12《孝武纪》、[汉]桓谭《新论》、《文心雕龙·知音》。

③《关陇丛书·汉司马太史公集传》。

④《杂述》。

⑤《曲笔》。

⑥《核才》。

妙要"，①可胜言哉！其次则说："大唐修《晋书》，作者皆当代词人，远弃班史，近宗徐（陵）、庾（信）。夫以饰彼轻薄之词，而编为史籍之文，无异加粉黛于壮夫，贩纨绮高士者矣"！从而提出修史，应"以简要为主"，以"用晦"为上。总之，就是要"省句""省字"，而把一切"冗句""烦辞"洗刷干净，以达到"文约而事丰"，"言近而旨远"的目的。②这种说法，是正确的。尤其在当时来说，是有一定的积极、现实意义。但必须指出两点。

第一，前人已反对骈文修史，反对的意义较刘知几且更重大、深刻。

还是在北周时，文帝宇文泰就想革除文学浮华的弊病，而命苏绰作《大诰》，模仿《尚书》的简洁文笔。并令"自是以后，文笔皆依此体"。③至隋统一，文帝杨坚又命"天下公私文翰，并宜实录"，且将文表华艳的司马幼办了罪。④唐初，魏徵撰《隋书》，又指责清绮之文，主要删减累句。⑤是从北周经隋至唐初，统治阶级已在反对用骈文修史。而李百药撰《北齐书》《北史》，则更严峻地指出齐、梁声律浮华之文，"并为亡国之音"。⑥这种从政治意义上严肃地批评齐、梁荒淫君主贵族的生活糜烂，附庸风雅，因而夸耀辞藻竟为亡国之音，较之刘知几对于修史，专从"简要""用晦"艺术性方面立论的意义，也就更重要、更深刻得多了。

---

① 《叙事》浦起龙按语。
② 《论赞》《叙事》。
③ 《周书》卷23《苏绰传》。
④ 《隋书》卷66《李谔传》。
⑤ 《隋书》卷76《文学传序》。
⑥ 《北齐书》卷45、《北史》卷83《文苑传序》。

第二,裴子野、姚察父子均用散文修史、刘知几则文沿齐、梁。

还是在梁的时候,史家裴子野为文,即已"不尚靡丽之辞,其制多法古,与今文体异"而为当时所推重。只是他所草创的《齐梁春秋》没有完稿。①否则,就在骈体文风靡一时的梁朝,已有用散文记事的简要史书。至于唐初姚察、姚思廉父子撰修《梁书》《陈书》,更是用朴质的散文,写成了结构紧密,语言精练,卓然突出于当时衰靡文风之上的史籍。而刘知几呢?虽然一再强调修史应该文笔简练,且极力指责辞章家修史之"或声从流靡,或语须偶对"。②但他在青年时代,根本就是个"雕虫小技","好诗赋,喜文笔,获誉于当时"的人。虽然自说"壮都不为",③但又写了《思慎赋》,这幼年时代的积习,又哪能改正得了呢? 所以他写的《史通》,除了一篇短短的《原序》,文体尚称简洁外,其他哪一篇本文又摆脱了骈文的桎梏? 毋怪蔡焯说他"世职史,而文沿齐、梁"。④浦起龙更是讽刺他说:"《史通》极诋俪词,卒亦多为俳体。"⑤"公自言之,乃自袭之,何耶?"⑥刘知几如果尚在人间,又将何辞以对?"能说不能行","只说别人,不谈自己",这都是刘知几极好的写照。

(3)明察秋毫的微末

同是一个字,一种称谓,有在过去为是,而到后来为非的。因而运用起来,也就不能滞于因习,而不知道应当改变。刘知几读史精密,往往将古史中的看起来是个细小差错而意义却是很重大的, 都把它举

---

①《梁书》卷 30《裴子野传》。

②《杂说下》原注。

③《自叙》。

④[清]浦起龙:《史通通释·序》。

⑤[清]浦起龙:《史通通释》卷 9《核才》按语。

⑥《杂说下》按语。

了出来。如说《史记》是通史体裁，"事总古今，势无主客。故言及汉主，多为汉王，斯亦未为累也"。至于《汉书》，则是汉的断代史，而记"高祖（刘邦）为公、王之时，皆不除沛、汉之字。凡有异方降款者，以归汉为文"。是汉人修《汉书》，称其上为汉王，谓其朝为汉朝，而以第三朝人自居了。又如《史记·陈涉世家》说涉的"子孙至今血食"的这个"今"字，本是指西汉武帝的时候，而《汉书》完全录用原文，则这个"今"便成了东汉明帝的时候，"事出百年"以后了。再如刘知几指《汉书》所说"严君平既卒，蜀人至'今'称之"。而皇甫谧却把这句原封不动地载入了《高士传》。但班固是东汉人，皇甫谧是西晋人。"年代悬隔，至'今'之说，岂可同云？"[1]一字之差，千里之谬。编修史书，不能不对这种似小，而最易忽略，关系却较重要的地方有所注意。否则，一味照录原文，是没有不造成错误的。

（4）如何模拟

刘知几在《模拟》篇里指出撰修史书，必须向古人学习，说："夫述者相效，自古而然……况史注记，其言浩博。若不仰范前哲，何以贻厥后来？"然六朝以来，模拟古人修史，有的虽很神似，有的只是貌似。因而他首先列出"貌同而心异""貌异而心同"的两点。然后一一从干宝《晋纪》、裴子野《宋略》以及其他史家的著作中，分别举例给予说明，肯定前一模拟，是乃"文是"而"质非"；后一模拟，才算"文是"而质亦是。这是因为前一模拟，是如"图画之写生，熔铸之象物"，只是一种机械地从形象上去模拟；后一模拟，才是"取其道术相知，文理相同"，巧妙地从精神实质上去模拟而得其神似。

我们当然不是否定一切的虚无主义者，但又不是肯定一切的复

---

①《因习》。

古主义者,而是一切优秀历史遗产唯一的善于继承者。如果一味模拟古人,纵然得其神似,也只是引人向后看,而不是向前看。但人类总是不断向前发展的,撰修史书也就不能停止在前人的水平上。因此,总得不断地总结前代史家的经验,有所创造,有所前进。何况历史是人民创造的,而在过去的史书里,人民却成了渣滓——自孔子作《春秋》,就令"庶人不得见于史",①由帝王将相占据了篇幅,为他们歌颂功德。这种历史唯心主义观点的颠倒,我们必须用历史唯物主义的观点颠倒过来——必须用马克思主义、毛泽东思想的观点和方法,严肃认真地尽力作出科学的分析和批判,以求在历史典籍的遗产里,吸取其精华,剔除其糟粕,以为我们今天的社会主义建设服务。

(5)因噎废食

刘知几认为《史记》《汉书》,往往在纪、传叙事之中,收入一篇极长的文字,致使文气阻隔,史事茫然。因而在《载言》篇里,主张将"人主之制册诏令,群臣之表章移檄"收集起来,另外编成《制册章表书》,使它和史书本文有所区别。其实,像贾谊、晁错、董仲舒等传里所载的《治安策》《守边劝农疏》《天人策》等,都是一代极其重要而有关经济、政治、军事的文献,其"词理可裨于政理者""甚大,非如"扬雄《甘泉》《羽猎》,司马相如《子虚》《上林》,班固《两都赋》之文体浮华,无益劝诫的可比。还是唐代开国初年,太宗就曾交代监修史书的房玄龄,要他对这种文字"皆须备载",②这完全是正确的。因为撰修史书的目的,就在以古为鉴,古为今用,为什么不能把这种"词理有裨于政理"的文字载入史书里面呢?即使收入传里,便与传文的文气阻隔,便不收入,而另编成《制册章表书》,那就不但阅读不便,而且容易散失,岂不是

①[清]钱大昕:《潜研堂文集》卷2《春秋论》。
②[唐]刘肃:《大唐新语》卷9《著述》。

因噎废食?何况遗弃《治安策》等重要文献不载,也就真的使得对当时重要"史事茫然"。我们不见欧阳修撰《新唐书》,往往删改骈文章疏而为古文,或者节略章疏中的要语而仅存之,甚至将骈文章疏完全删掉,从而史料价值也就远远不及保存了许多重要文献的《旧唐书》。所以司马光修《通鉴》,唐代部分也就多半采用《旧唐书》。浦起龙说刘知几"此论不可行",是完全正确的。

## 二、关于史籍的评论

### 1.优缺并举

班彪评司马迁的《史记》,固已一分为二,优缺并举。刘勰《史传》,亦复一面称司马迁"实录无隐",一面笑他"爱奇反经";对于班固,既称许他"宗经矩圣",又责备他"征羶贿笔",则同样是优缺并举的两点论。

刘知几继承了这种优缺并举评论的优良传统,并进一步地加以发挥说:"明镜之照物也,妍媸必露,不以毛嫱之面,或有瑕疵而寝其鉴也。虚空之传响也,清浊必闻,不以绵驹之歌时有误曲,而辍其应也。"①这种妍则妍、媸则媸,清则清、浊则浊的优缺并举,实事求是的态度,是正确的,也是可贵的。至于批评得对与不对,那当又是一回事了。现且略述于下。

(1)尊崇孔子又批评孔子

尽管刘知几生于"代传儒家之业"的家庭,处于尊崇孔子为"先圣"的时代,而且是个儒家正宗派的史家:拥戴孔子是"应运而生,自古以来"所未有的"大圣";②赞扬孔子所删的《尚书》、所著的《春秋》为

①《惑经》。
②《惑经》。

不刊之言;①但又认为不能因为孔子是圣人中的多面手,便说他所删《尚书》,"所著《春秋》,善无不备",②而就可以不批评。

首先,在《疑古》篇里,指出《尚书》详于记言,略于记事,即已造成一种不"可胜道"的"缺略"。又说:"观夫子之刊《书》也,夏桀让汤,武王斩纣,其事甚著,而芟夷不存",更是故意为圣贤讳。接着便详列条例,一面阐述为唐尧铺张善治之属于溢辞的不可相信,一面论述尧、舜禅让之可怀疑。最后作出了"远古之书,其妄甚矣"的结论。

其次,在《惑经》篇里,专门批评《春秋》,而谓孔子有"惭良史"。从而提出"未喻"之义 13 条。然而措辞尚属委婉,而是一种怀疑的态度。接着就进一步地举出"虚美"之事五种,对孟子、左丘明、司马迁、班固等推美《春秋》,大翻其案,大加指责。并对王充仅仅指责《论语》,未给《春秋》有所批评为不满。

然而孔子是封建统治阶级借以束缚人民思想的偶像。因而经他所删的《尚书》,所作的《春秋》,也都被尊之为不可亵渎的"经"。刘知几既作《疑古》以攻《尚书》,复写《惑经》以责《春秋》,的确在当时是一种大胆无忌,解放思想,新鲜而又深刻的进步言论。正因为刘知几论史之"疑坟典,讥尧舜,訾汤、文,诽周、孔,不少顾忌。故宋子京(与欧阳修同修《新唐书》的宋祁)有二拙之讥,柳诏之有析微之论。"自来《史通》这个书,也就"刻之不广",③就是刊了,也得删去《疑古》④了。

(2)推崇王劭又批评王劭

刘知几在《史通》里所推崇的第二个人,可说是王劭。王劭出身于

①《六家》。
②《惑经》。
③《四部丛刊》本《史通》《明掌鼎思》《读校史通序》。
④如[清]纪昀的《史通削繁》。

太原晋阳世族的家庭。北齐政权，原是依靠赵魏一带世族地主集团的拥护和鲜卑贵族的支持而建立起来的。而王劭于胡汉权贵的火并，却能坚决执行他的职责——当"邺城将相，薪构仍存"的时候，能够"书其所讳，曾无惮色"。抱定"宁为兰催玉折，不作瓦砾长存"①的不屈不挠的精神，撰修《齐志》，以"存实录"，②也就大大地受到了刘知几的推崇，而称赞他"书法不隐，区皆时人"。真是"抗词不挠，可以方驾古人"：③"若南（史氏）、董（狐）之仗气直书，不避强御；韦（昭）、崔（浩）之肆情奋笔，无所阿容"④的一样。这是因为刘知几虽然主张直书，却又害怕强梁的权贵，不敢直书。他在《忤时》篇说："王劭直书，见仇贵族，人之情也，能无畏乎？"所以他对王劭，是十分钦佩的。但这并不是说，他对王劭的记事之"不掩恶，不虚美"，件件都是举手赞成的。而是相反，不该肯定的，便不给予肯定。所以他又说："所谓直笔者"，必须"书之有益于褒贬，不书无损于劝戒。但举其宏纲，存其大体而已。非谓丝毫比录，琐细无遗者也。如宋孝王、王劭之徒，其所记也，喜论人帏薄不修，言貌鄙事。评以为直，吾无取焉。"⑤史书根本就是政治性很强烈而具有战斗意义的，如果对于生活细故以及生理琐事都一一记载，那就冲淡了政治作用。

　　刘知几又在《载文》篇里，历举自来史家撰修史书，载录之文，有"虚设""厚颜""假手""自戾""一概"五种弊病。"唯王劭《齐》《隋》二史，其所取也，文皆诣实，理多可信。至于悠悠饰辞，皆不之取，此实得

---

①《直书》。
②《叙事》。
③《曲笔》。
④《直书》。
⑤《杂说下》。

去邪从正之理、捐华摭实之义也。"这当然是因王劭修史,"务在审实"。①所以载用之文,也都严经选择,拨去浮华,而保存较为真实可靠的。此外,刘知几又称赞王劭在《齐史》里论述战争,如高祖破宇文于邙山,周武自晋阳而平邺,高季式破敌于韩陵,可和左丘明之写城濮、鄢陵、邲之战媲美。记述纷扰,如文宣逼孝靖以受魏禅,常山杀杨、燕以废乾明,可与左氏载季氏逐昭公,秦伯纳重耳,栾盈起于曲沃,楚灵败于乾谿②看齐。如此地推崇王劭之善于论述战争,长与记叙史事,真是到了极点。但在《论赞》篇却说:"王劭志在简直,言兼鄙野,苟得其理,遂忘其文。"一面说王劭善于写战争,记史事;一面又说他不会作论赞。尽管他对王劭的称赞和贬责,不一定都对。但他认为优点就是优点,缺点就是缺点,这种思想方法,还是优缺并举的两点论。

总之,刘知几无论是对孔子、对王劭,虽然推崇备至,但都是优缺并举的。一面赞美,一面批评。最多也不过是赞美得多,批评得少。但却不是一味赞扬优点,而不检举缺点。他说:"尺有所短,寸有所长。"③孔子、王劭就是再好,又哪里会没有缺点呢?事实上也只有秉着这样的思想方法,去论人论事,才比较全面。这不得不说是刘知几在史学批评方法上的一种善于继承。至于刘知几对于司马迁的《史记》、班固的《汉书》以及其他史家著作的批评,也都是优缺并举的,就不再一一阐述了。

2. 评论《史记》

刘知几说:"《史记》疆宇辽阔,年月遐长,而分以纪、传,散以书、表。每论国家一政,而胡越相悬;叙君臣一时,而参商相隔。此其为体

―――――――――

①《直书》。

②《杂说中》《模拟》。

③《惑经》。

之失也。"①又说:"《史记》……同为一事,分在数篇,断续相离,前后屡出……此其所以为短也。"②如此一再指出《史记》记述一事,而分散在纪、传、书、表里面,使之分离相隔,而有不易融会贯通的缺陷,当是确切的事实。

原来司马迁作《史记》,因古代之有《禹本纪》《尚书世纪》,便依据这种体裁而修记载帝王的本纪。古有世家的体裁,就本之而作记诸侯王国史事的世家,又效周的谱牒以作十表。至于八书的名字,即是依据于《尚书》;八书之作,又是采用《尧典》《禹贡》中的材料。这就在《史记》一部书中组织起本纪、世家、列传、书、表五种体例,相系成为一种完整而有机的复合形式。这几种体例,说来虽都有所承袭,但并非生硬地把它们凑合在一起,而是在原有史书的多种体例基础上,有一定创造性的加工融合,发展而成综合多种体例性的史书。但终因体例的限制,致以本纪纪事,而本纪记事简略,结果不得不将同一史事分载于书、表、世家、列传里面。因而就使这罗网古今错综复杂的史事发展而成的史书,不够有它一条分明的线索,而《史记》的体裁,也就不够成为一部融会贯通的通史典范了。直到司马光的《通鉴》修成,才将上自战国,下至五代的2362年漫长而繁复的史事,写成了一部编年系日,前后连成一条直线,而成为一般史家所公认的最美好的通史著作。对编年的《通鉴》称为最美好的通史,也就是对纪传体的《史记》,在体例上不够称为好的通史了。

3. 评《三国志》

刘知几作《史通》,关于史籍体例的论断,一般说来,还是比较正

---

①《六家》。

②《二体》。

确的。毋怪马端临修《通考》特从文史类里，摘出论史的材料以为史评，首先就列举出《史通》。但由于刘知几过于相信自己，不曾虚心地研究某一史家编纂某一史书之所以采用以至创造某种体例的历史真实精神，而只一味主观地、片面地、表面地从一般史书的体例出发，而没具体到某一史书体例的特殊情节，也就不能作出正确的评论。因而他的这种评论，看起来很是精深透辟，实则很是浮浅粗疏，这里且就他评论《三国志》来说一说。

陈寿生活在一个两次改朝换代、政权变革的时代。他以一个亡国之臣，始而由蜀入魏，继而由魏入晋，亲眼得见一般所谓儒雅名士，少有保全性命的血腥事迹。①而自己又曾以不肯屈服于权奸宦官黄皓，多次遭受谴黜；不为封建礼节所束缚，致受贬斥议论而停废多年。②吃一堑，长一智，也就不得不使他心有余悸，知所戒惧。何况韦曜依仗正义不肯给孙皓的父亲作纪，致遭杀戮。③"阮籍本有济世之志，属魏、晋之际，天下多故"，终亦"遗落世事"，以至和"王沈、荀觊共撰《魏书》，而多为时讳"。④于是陈寿修《三国志》，也就不得不从这些鲜明残酷的现实教训中，采取了一种"显而微，志而晦"的撰述方法，以寄托他内心深处的真实意旨。

首先，陈寿由于对蜀汉旧君故国的深切思念，在所修《三国志》里，也就独具一格，把魏、蜀、吴写成各是三分鼎立中的一国，而成为一部分国鼎立的史书，并不以魏是什么正统。所以朱彝尊说：史学"于时作史者，王沈则有《魏书》，鱼豢则有《魏略》，孔衍则有《魏尚书》，郭

①《晋书》卷49《阮籍传》。
②《晋书》卷82《陈寿传》。
③《三国志·吴书》卷65《韦曜传》。
④《晋书》卷49《阮籍传》、卷39《王沈传》。

颂则有《魏晋世语》。之数子者,第知有魏而已。寿独齐魏于吴、蜀,正其名曰'三国',以明魏不得为正统。"①陈寿之修现代史而名之曰《三国志》,是有他极其深刻的政治意义而不肯以正统给魏的。陈寿既不肯以正统给魏,便是以正统给蜀。试看"李伯令(李密)《陈情表》,称蜀为伪朝,承祚(陈寿)不惟不伪;又以蜀两朝不立史官,故于蜀事特详细。如群臣称述谶纬,及登坛告天之文,魏、吴皆不书,而特书于蜀。太傅(许)靖、车骑将军(张)飞、骠骑将军(马)超之策文,皆一一书之于传,隐然寓帝蜀之旨"。②这就可见陈寿修《三国志》表面上虽然给魏主作的是纪,为蜀主作的是传。但在实际上,凡是足以表示蜀是正统的政治上的大事,都独特地一一给予记载,便是以蜀为正统。只是在继承魏政权的晋的淫威统治下,不敢公开地在体例上表示出来,致取杀身之祸罢了。这种用心,是够深苦的。

陈寿既然要以正统给蜀,所以他虽不敢在书目中公开地书刘备为昭烈皇帝,却终究在《蜀志》最后一卷的《杨戏传》末,不声不响地书出了一笔。蜀既是正统,所以吴就不可能与它相侪等。因而书刘备为先主,书孙权则为吴主。且复与《史记》《汉书》特不相同,既不作志,又不作表,以示以篡夺相终始的魏和割据江东一隅的吴,他们两国的仪制都不足以当一代之制,而书之以传于后世。至于蜀,则用汉的仪法,不须再作志、表,其仪制亦复传之后世,万代长存。又复以"评"易"论"而无"赞",以明魏、吴君臣都是乱世之雄,赞他们便是助长祸乱。至于蜀,则以兴汉讨贼号召于天下,故特于《杨戏传》后,对蜀的君臣都普遍地作"赞"美之。这种"显而微,志而晦"的书法,从孔子作《春秋》之

---

①[清]朱彝尊:《曝书亭集》卷59《陈寿论》。
②[清]钱大昕:《潜研堂文集》卷28《跋三国志》。

后,只在陈寿身上,才又体现出来了。[①]

　　总括以上看来,陈寿之在《三国志》里独创的一套体例,确实是由他的政治生活、社会感受决定的,也就是说是从他的社会实践中产生的。生活在 6 世纪至 7 世纪 20 年代的唐代的刘知几当然不会懂得社会意识是由社会存在决定的。因而他在《列传》篇里,论辨体例之失,也就只从一般史书的体例到体例出发,而说"陈寿《三国志》载孙、刘二帝,其实纪也,而呼之曰传",是未达"纪、传之情"。这个在他认为:"纪者编年,传者列事""纪者,列天子之行事",[②]传者,"录人臣之行状"。两种体例,自是不同。怎能在《先主传》里,纪蜀的年月;《吴主传》里,纪吴的年月。纪蜀、吴的年月,便是以传的体裁而用纪的体例,而《先主传》《吴主传》,成为《先主纪》《吴主纪》了。史书义例森严,岂容有所混乱呢?其实,刘知几这种论辨,只是一味地去抓现象,而不曾去抓本质。他不知道无论研究任何一种事物,最重要的,并不在于它的形式、名称,而在于它的精神实质。而精神实质,又是隐藏在形式、名称里面的。只有把形式名称提到具体的历史条件里,把当时的社会现实和形式、名称有机地联系起来,才能发现其精神实质。而刘知几却不问情由,不查底细,仅从一般的史书体例出发,指责《三国志》的《先主传》《吴主传》体例的不合,这就是由于他不曾虚心地研究陈寿的用意之所在——在晋承魏的统治下,不得不给魏的君主作纪,而给蜀的君主作传的缘由,又因一心要以蜀的政权为正统,也就只有在《先主传》里记载蜀的年月而已! 遗憾的是,刘知几并没有触及陈寿的这种精神实质,便自以为是地大发其议论。这就真是"古人本不误,而吾从而误驳之。此则无损于前人,而适以成吾之妄"了。

---

①据[清]恽敬:《大云山房文稿初集》卷 2《书三国志后》。
②《本纪》。

### 4.工诃陈寿,诬谤陈寿

刘知几在《核才》篇里,始而说刘峻"自魏长于著书,达于史体",却难"比肩陈(寿)、范(晔)",继而又说"以陈寿之史,而不习于文"。这就不但前后自相矛盾,而且工诃陈寿太过了。

为什么呢? 陈寿还是在经史大师谯周①门下求学时,同学们就称赞他和李虎是孔子门下文学尖子的子游、子夏。②陈寿青少年时,便以文学著名,是"文学之选"。③所以后来"学业优博,辞藻温丽"的中书令张华便"爱其才",推荐他做佐著作郎。《三国志》修成之后,当时的人,莫不认为陈寿善于叙述历史,而"有良史之才"。④荀勖深爱《三国志》,以为班固、司马迁是不够和他相比的。⑤夏侯湛不但富有才华,善写文章,而且对于经史百家,"罔不探颐索隐,钩深致远","著论三十余篇,别为一家之言"。⑥但他著《魏书》,一见陈寿的《三国志》,便不能继续写下去。张华也深深地认为《三国志》写得很好,而同陈寿说:当以写《晋书》的责任交给他。就是善于评论文史作家、作品,注重比较、分析,且为刘知几写《史通》所师承宗仰的刘勰也说:"及魏代三雄,记传互出,《阳秋》《魏略》之篇,《江表》《吴录》之类,或激抗难征,或陈词寡要。唯陈寿《三国》,文质辨洽,荀(勖)、张(华)比之迁、固,非妄誉也。"⑦甚至到了南宋,"为文藻思英发"的叶适⑧还说:陈寿的文史笔

---

①据《蜀志·谯周传》:谯为益州"典学从事,总州之学者"。
②《晋书》卷91《文立传》。
③[清]刘宝楠:《论语正义·先进》。
④《晋书》卷82《陈寿传》。
⑤[晋]常璩:《华阳国志》卷11《陈寿传》。
⑥《晋书》卷55《夏侯湛传》。
⑦[南朝梁]刘勰:《文心雕龙》卷4《史传》。
⑧《宋史》卷434《叶适传》。

力,"高处逼司马迁,方之班固,但少文义,缘饰耳,要终胜固也"。①自蜀、晋以来著名的文史学者,莫不一致高度地评价陈寿的文才史学,而刘知几却独睥睨一切,妄说陈寿"不习于文",真是"工诃古人"太过了。

从上可见陈寿实是当时一般著名的文史学家所共推重的权威。那么,他在《三国志》的《后主评传》里说蜀未置史官,自然是可靠的。北魏、南朝梁去蜀不远,所以《魏书·李彪传》说:"孔明在蜀不以史官留意,是以久而受讥。"又梁刘勰《文心雕龙·史传》篇虽然曾说"魏代三雄,记载互出"。但实际上指出来的,也只有魏史《魏略》,吴史《吴录》等等,对于蜀则独举不出它的一部国史。所以魏徵说:"三国鼎峙,魏氏及吴,并有史官",②唯蜀独无。因而蜀既没史书留存后世,不置史官又遭到后人的非议。而刘知几却在《曲笔》篇说:"黄气见于秭归,群鸟坠于江水,成都言有景星出,益州言无宰相气。若史官不置,此事从何而书?盖由父辱受髡,故加兹谤议。"这可分两点来说明陈寿并没有谤议孔明,只是刘知几诬蔑了陈寿。

(1)星气记载,不能作为蜀置史官的证据

星气之事,只是一种偶然地记载。从而也就不能根据这种记载,说是蜀汉置了史官的缘故。即使刘知几自己在《正史》篇叙述陈寿撰修《三国志》,也只指出了《魏志》《吴志》,有二国官修的魏书、吴书做底本,而"《蜀志》之先,独无撰述",只由陈寿自行采集,实因蜀未置史官也。东汉之后,史料虽有更多的发现,经裴松之广事搜集210种以补陈寿原书材料的不足,但也不见其中有一部蜀汉时所修的国史,不

①[元]马端临:《文献通考》卷191。

②《隋书》卷33《经籍志二》。

就又足以证明蜀是未置史官的吗? 刘知几又在《史官建置》篇说:"《蜀志》称王崇补东观,许盖掌礼仪。又郤正为秘书郎,广求益部书籍,斯则典校无阙,属辞有所矣。而陈寿《评》云:'蜀不置史官',得非厚诬诸葛乎?"其实,秘书郎只是典校书籍。编纂国史的,则另有著作郎。那么,郤正虽是蜀的秘书郎,却不能说他属于史官。至于王崇、许盖,则"陈寿《蜀志》并裴松之《注》皆无考。而刘氏顾云'《志》称',所称果何《志》邪? 或谓寿又撰《蜀古志》,倘载之耶? 然言古,则不及三国时明矣。惟常璩《华阳国志》有述作王崇名,名见卷末。官为蜀守,而不言曾补东观。至掌仪许盖,仍亦绝无其人也。"①那么,还能根据这种难以征信的史料,证明蜀设置了史官吗?

(2)抹杀一大堆历史事实以诬蔑陈寿

刘知几说,陈寿因父亲被髡,便谤议诸葛。这又是故意抹杀事实,而给陈寿一种恶毒地诬蔑。须知陈寿是个节操高尚之士。蜀宦黄皓专政弄权,群僚莫不曲意附和,以巩固他们的禄位。陈寿却不向他屈服,致多次遭受谴黜。既不屈服于权臣,岂肯厚诬贤相? 文立之在谯周门下,是以"德行"著称的颜回,而和陈寿却极相友好。古话说得好:"臣非能相人,能观人之友也,其弗爽矣?"这又可见陈寿是个极有德行的人。再从许多铁的事实来看:陈寿校定《诸葛集》说诸葛亮"科教严明,赏罚必信。无恶不惩,无善不显。至于吏不容奸,人怀自厉……至今梁、益之民,虽《甘棠》之咏召公,郑人之歌子产,无以过也!"又在《亮传》后评曰:"诸葛亮之为相国也,开诚心,布公道。尽忠益时者,虽仇必赏;犯法怠慢者,虽亲必罚……善无微而不赏,恶无纤而不贬。终于邦域之内,咸畏而爱之。刑政虽峻,而无怨者,以其用心平而劝戒明也。"陈寿如此歌颂诸葛亮科教严明,赏罚公平,使人心服口服。而没

————————

① [清]浦起龙:《史通通释》卷11《史官建置注》。

有丝毫怨恨，又怎么会因父亲被髡，便谤议诸葛，厚诬诸葛呢？是乃"以小人之心，度君子之腹"了！

陈寿叙述李严、廖立因罪被诸葛废为庶民。但诸葛一死，立便"垂泣叹曰：'吾终为左衽矣'"，再也不能回到汉民地区！严更"发病死"，[①]再也不能生存下去了！可见他们虽然受到了诸葛亮的严厉惩罚，不但毫无怨言，而且认为只有诸葛健在，他们还是有重新做人的一天，诸葛一死，他们不是"终为左衽"，便是只有死路一条！

最后，且就街亭之战来说，原是因为先锋马谡拒不接受王平的意见，以致"舍水上山，举措烦扰"，[②]打了个大败战，被诸葛处以死刑。但马谡临刑时，尤复上书诸葛，把他尊为父亲，且说："谡虽死，无恨于黄壤也！"[③]那么，陈寿的父亲，因罪被髡，陈寿又怎会以此来谤议、厚诬诸葛呢？所以赵瓯北说：陈寿"折服于诸葛深矣。而谓其以父被髡之故，以此寓贬，真不识轻重者。"[④]钱大昕也说："承祚（陈寿）于蜀，所推重者，唯诸葛武侯……其称颂盖不遗余力矣！论者谓承祚有憾于诸葛，故短其将略，岂其然乎？"[⑤]刘知几读史，本极精核，今竟在这里故意抹杀一大堆历史事实，一再说陈寿因父被髡，便谤议诸葛，厚诬诸葛。其实，不是陈寿谤议、厚诬诸葛，而是刘一再谤议、厚诬陈寿呀！

5. 对裴松之为人和他之所以注《三国志》的诬蔑

刘知几作《补注》篇，其中对裴松之的为人和裴之所以注《三国志》的评论，又是抹杀历史事实，对他进行诬蔑，不顾其之所以注《三

---

① 《三国志·蜀书》卷 40《廖立传》《李严传》。

② 《三国志·蜀书》卷 43《王平传》。

③ 《三国志·蜀书》卷 39《马谡传》及注引《襄阳记》。

④ ［清］赵翼：《廿二史札记》卷 6《陈寿论诸葛》。

⑤ ［清］钱大昕：《潜研堂文集》卷 28《跋三国志》。

国志》的实际情况,而仅从一般补注经史的体例,妄发其议论的。

刘知几说,裴注《三国志》,是因为他是个"好事之子,思广异闻"以表现自己的缘故。实则恰恰相反:裴原来是个"立身简素"①之人,并非什么"好事之子"。至于裴之所以注《三国志》,更是奉了宋文帝的命令,而不是由于他自己"思广异闻",卖弄自己。那么,刘知几对裴松之为人和他所以注《三国志》的评说,不是抹杀历史事实,进行诬蔑,又是什么呢?

再则,裴松之年8岁时,即学通《论语》《毛诗》,博览坟籍。刚20岁时,就做到了自晋以来而选自负有南北之望的名家之所担任的值卫皇帝左右,参与顾问的殿中将军。以后做吴兴、故鄣(今浙江安吉县)县令,且成绩卓著;后任巡行天下的钦差大使,又深为时论所赞美。②这都充分说明他是个具有政治才能,渊博学识,足使他的功业名垂史册的。而刘知几却故意抹杀历史上的记载(像刘这样一个博览史籍的人,决不会不熟悉《宋书》的),诬蔑裴松之"才短力微,不能自述,庶凭骥尾,千里绝群。遂乃掇众史之异辞,补前书之所阙",企图附在陈寿的尾巴上,"好事"地补注《三国志》,以扬名于当时,钓誉于后代。何其不顾一切,工诃古人,而竟到了如此的地步!

现在且研究一下宋文帝为何要命裴松之注《三国志》。那就是因为:第一,魏、蜀、吴三国鼎立,斗争剧烈,所修史书(蜀未置史官,除外),往往各自夸张,相互诋毁,记述不合客观历史事实的真面目,而有搜集史籍,以相参正,给以辨析,重定其实非常必要。第二,《三国志》记事过于简略,甚至有脱漏之处,而有周悉寻详,以补其阙的必要。所以还是在晋的时代,孙盛就著了一部《异同评》,综合训诂、补

---

①《宋书》卷64《裴松之传》。
②《宋书》卷64《裴松之传》。

缺、惩妄、论辨等补注体例,来补《三国志》的缺陷。裴注也就承用了孙盛这种补注体例,并增加了备异一项,以完成宋文帝交给的使命。

我们知道,任何事物都是依据客观事实的需要,而有它相应的一定的变化发展过程的。史书补注的体例,当亦不能有所例外。原来晋挚虞即曾采用补缺法,增益史事以补赵岐的《三辅决录》。晋许广又因《史记》各种本子的文句不同,真伪杂乱,便广泛地搜集起来,而用备异、惩妄的方法,进行对比、考核,撰成了《史记音义》。晋王涛撰《三国志序评》,宋徐众作《三国志评》,又都采取了论辨法,对三国时代的许多史事,提出了自己的看法,作出了称许和批评。这都说明到了晋、宋时期,补注史书,根据客观事实的需要,已由训诂一种体例,更进一步地综合训诂等五种体例,以应客观事实的需要,补救陈寿不足的史事之较为完备的注本,从而得到了文帝的高度评价,甚至说是"此为不朽"①之作。但刘知几对补注前人著作的体例,虽然深明其沿流变化,从注家正体的训诂,讲到增补事绪的变体,但他为了立意要批评裴注《三国志》,却不再继续申述下去,好像补注到了补缺一例,就不曾再向前发展,而更有其他的多种体例了。从而抹杀一切,说什么裴注《三国志》,是由于他个人"喜聚异同"的缘故。作为一个评论史籍的名家,而竟说出这般不合理的语言,实在是使人感到十分遗憾!

然而事情总是一分为二的。就刘知几批评裴注而言,也不是说只有错误的一面,没有正确的一面。只是错误是严重的、主要的,正确是些小的、次要的罢了。比如刘知几说:"少期(裴松之)集注《三国志》,以广承祚(陈寿)所遗,而喜聚异同,不加刊定,恣其击难,坐长烦芜。"

---

① 《宋书》卷 64《裴松之传》。

这种评论,是有一定理由的。因为裴注"上搜旧闻,傍摭遗逸"。只是罗列许多感性资料,并未进一步加以融合概括,使之上升到理性阶段,也就令人未免有仅仅罗列现象,致生一种分错芜杂之感。甚至引用孙盛《异同评》一书,亦复时而作《异同评》,时而又作《评》;时而作《异同杂语》,时而又作《异同记》,且又省作《杂记》。注引一部书,名字就先后更换了五种,也就够纷乱错杂,而使读者不易知道它同是一种的书名了。同样,裴《注》虽是"旨在寻详,务在周悉",但挂一漏万的地方还是不少。诸如:"钟繇书法,妙绝古今。本传不载,注中自应辅入,而裴《注》不及一字。华歆从逆奸臣,管幼安视之,殆犹粪土。则其割席捉金之事,亦应附载,以见两人品识之相悬。本传既遗,而注亦并不及,则世期之脱漏亦多矣。"①又裴《注》以"矫枉"作为一大重点,批评了许多史家的虚伪妄作。但因文帝登上皇位,是利用"征祥杂沓,符瑞爅辉,宗庙神灵,乃眷西顾"②的祥符鬼神之说,因而为了迎合主子的意旨,便大事援引《搜神记》《神仙传》《异物志》《神异经》等鬼神怪诞的记载。且在《吕虔传》补注了王祥卧冰得鱼,《关羽传》补注了梦猪啮脚的故事。这就是裴松之自己在补注《吴范、刘惇、赵达传》里,因引用了葛洪的《神仙传》,又复不得不郑重地申明:"臣松之以为葛洪所记,近为惑众,其书文颇行世,故撮取数事,载之篇末也。神仙之术,岂可测量?臣之臆断,以为惑众,所谓夏虫不知冰耳。"这就可见他是不相信迷惑众人神仙之术的。引用《神仙传》,只是为了给现实政治服务,但又不能说,也就只有责备自己是不知冰的夏天虫子。刘知几于这些迷人惑众的神怪虚妄之说的引用,却一字不提,而于不该批评的地方,却大放厥词,这是不能使人原谅的。

①[清]赵翼:《陔余丛考》卷6《三国志》。
②《宋书·文帝纪》。

## 6. 矛盾、错误

### （1）矛盾

刘知几读史，的确是"考究精核，议论慷慨"，①"往往数千年贯穿数万卷，心细而眼明"，②鞭辟而入里。所以他认为修史记事，如果自相矛盾，反复不一，那就"非唯言无准的"，"固亦事成鼠首"，"观者惑焉"。③并在《杂说上》举出实际的例子，指责班固既说汉成帝"穆穆有容"，又说"嫚游轻薄"；既"深信夫天怨神怒，福善祸淫"，又谓"善恶无证，报施多爽，斯则同理异说，前后自相矛盾者焉"。如此运用逻辑的矛盾律指出班固自相矛盾，是正确的又是应该的。可惜的是，刘知几这种批评，只是用以对待别人，而自己却同样是自相矛盾的。

第一，司马迁作"表"。

刘知几在《表历》篇指责《史记》既有《本纪》《世家》《列传》，则天子、诸侯、公卿的祖宗、子孙，已是"各在其篇"，又重列其《表》，便成烦费。但在《杂说上》却又大事赞扬司马迁首次创《表》的功劳，说什么"燕越万里，而于寸径之内，犬牙可接；虽昭穆九代，而于方寸之中，雁行有序。使读者阅文便睹，举目可详，此其所以为快也"。既指责司马迁作《表》烦费多事，又赞扬他作《表》简明醒目，真是"事成首鼠"，是非不一了。

第二，《伯夷列传》。

《探赜》篇既驳斥葛洪所说"司马迁发愤作《史记》百三十篇，伯夷居列传之首，以为善而无报"的说法，认为迁修《史记》，上下古今，"春秋已往，得其遗事者，盖唯首阳二三子。"那么，将他们放在列传的第

---

①［明］郭延年：《史通序》。
②［清］黄叔琳：《史通序》。
③《浮词》。

一篇，"斯乃理之恒也，乌可怪乎？"但在《人物》篇又认为司马迁著《史记》，上下几千年，不将功业显著而载于经史的皋陶、伊尹、傅说、仲山甫等人的事迹，"采而编之，以为列传之始，而断以夷、齐居首，何龌龊之甚乎？"在两篇之内，虽然同是一事却持两种说法。此外，刘知几自相矛盾处尚多，这里就不再叙述了。

（2）错误

刘知几批评前人，有时严峻得一个字也不放过。如《因习》篇论《汉书·陈涉传》具载《史记·陈涉世家》"其子孙至'今'血食"的"今"字；以及皇甫谧《高士传》载《汉书》"严君平既卒，蜀人至'今'称之"的"今"字之"岂可同云"而属错误（详后）。因为，一字之差，千里之谬，经他指出，确实是精密详审之至。但这却不能说刘知几自己就不犯错误。今且略举两个如下。

第一，《科录》的作者。

刘知几在《六家》篇说："魏济阴王晖业，又著《科录》二百七十卷。"其实，撰《科录》的，是常山王遵的曾孙晖。《北史》卷15《魏宗室常山王遵传》说："晖雅好文学，召集儒士崔鸿等，撰录百家要事，以类相从，名为《科录》。"可见《科录》确是常山王遵的曾孙晖召集儒生崔鸿等撰成的。至于济阴王晖业所撰的，则是《辨宗录》。《北史》卷17《济阴王小新成传》说："晖业之在晋阳也，无所交通，居常闲暇，乃撰《魏藩王家世》，号《辨宗录》。"刘知几号称博辨，竟把常山王晖的《科录》，错成是著《辨宗录》的济阴王晖业的著作，真是张冠李戴了。难怪翁元圻注《困学纪闻》，[1]黄叔琳作《史通训补故》，浦起龙著《史通通释》，都要纠正这个错误。

---

[1]《困学纪闻》卷13《考史》。

第二,《太史公》是书名。

太史,本是史官之名。因为古代史官和历官不分,所以汉的太史既掌天时日历,又司载笔修史的任务。司马迁父子,便是掌天官而又任修史职务的太史。至于《太史公》,则是司马迁署官以为名其书的名字。其曰"公"者,犹曰著书之人耳。"是《史记》本名《太史公》,书题'太史'以见职守,而复题曰'公'。古人著书称'子';汉时称'生'、称'公'。生者,伏生。公者,申公、毛公。故以'公'名书"。①因此,司马迁既不曾名他所修之史为《史记》,名的是《太史公》;②刘向《七略》,亦是称"《太史公》百三十篇";班固《艺文志》,同样是称"《太史公》百三十篇",而未有什么《史记》的名字。"则《史记》之名,起于后人"。据逆鹤寿所说,"其起于晋代乎"?③至于《汉书·五行志》引《国语》单襄公、晋惠公诸条,都称《史记》,是因《史记》是古代史官所记史书的通名,并非指《太史公书》。但刘知几作《汉书五行志错误》却说:"班《志》所引上自周之幽、厉,下至鲁之定、哀,而不云《国语》,唯称《史记》,岂非忘本殉末,逐近弃远?"这就真是不明《太史公》和《史记》的本义,忘本的不是班固,而是刘知几自己了。

### 结束语

刘知几博览史籍,触类旁通,殊多心得。因而批评前人史著,也就议论宏通,层层周匝。俨如月到天心,风来水面,一关透彻一关,几乎使人无懈可击。只以他心性高强,骄矜自负,于是"指摘前人,亦多

---

①[清]俞正燮:《癸巳类稿》卷11《太史公释名义》。
②《史记》卷130《太史公自序》。
③[清]王鸣盛:《蛾术编》卷9《史记但称太史公》及《注》。

轻肆讥评,伤于苛刻"。①宋祁说他"工诃古人",②是很恰当的。正因为他骄傲自负,心大眼空,从而批评古人,也就"任意抑扬,偏驳太甚"。③陆深说他"捃摭圣贤,是非任情",④是很确切的。正因为他自信是"命世大才,能勘正"历代史籍之失。⑤从而指责前人,往往"不详本书,恣其朦喙"。胡应麟说他"真所谓'言奸而辩,记丑而博'",⑥并非什么过分之辞。正因为他"以述者自命",深信对于历代典籍,贯穿深,纲罗密,商略远,发明多,⑦也就"晰于史而弗能史"。胡应麟说他"其文近浅猥而远驯雅,其识精琐而迷远大",⑧并非什么不该之言。总之,他既是个读书精密,明足以察秋毫之末的人;又是个一叶障目,不见泰山的人。因而也就"只笑他人之未工,而忘己事之已拙"。他对于古人、古史,一点儿也不漏网,一混汤子去批评。有时虽是"考究精核,义例严整",⑨"如老吏断狱,难更平反"。⑩有时却又"不寻其上下文义,辄生驳难,不知其见笑于大方甚矣"。⑪总之,他是个矛盾重重,既善于议论,又妄肆批评的史家。然而从义例言之,徐坚则说是"宜置此书(《史通》)于座右",⑫以立"六家"为柱,"二体"为主脑言之,则浦起龙说是

① [明]焦竑:《焦氏笔乘》卷 3《史通》。

②《新唐书》卷 132《刘子玄传赞》。

③《四库全书总目》卷 88《史评类》。

④ [明]陆深:《史通会要》。

⑤《自叙》。

⑥ [明]胡应麟:《少室山房笔丛》卷 16《史书占毕》四。

⑦《自叙》。

⑧ [明]胡应麟:《少室山房笔丛》卷 13《史书占毕》一。

⑨ [明]郭廷年:《史通序》。

⑩ [清]黄叔琳:《史通序》。

⑪ [清]钱大昕:《潜研堂文集》卷 13《答问九·诸史》。

⑫《旧唐书》卷 102《徐坚传》。

"百代之质的""千古史局不能越"。①是《史通》有益于后代著史、论史的功劳,实是不浅。明人何乔新说:《史通》"其书,可予者十有三四,可贬者十有五六"。②这种对《史通》可予与可贬的地方,并不是半斤八两的比例,而是可贬的占主要成分。这种评价,诚然是不恰当的。但这到底是什么原因呢?

原来唐代在中国历史上为前代封建王朝所未有的现象之一,是她开国的君臣,大都是世族地主阶层的子弟,如唐高祖,八柱国唐公之孙。长孙无忌、褚遂良、裴矩、宇文士及、窦威、杨恭仁、封德彝、窦抗、裴寂、唐检、长孙顺德、屈突通、窦轨、柴邵、李靖等等,都是贵族子弟。而肖瑀、陈叔达,且是梁、陈帝王之子。高祖既以这夸口,太宗且以此下令撰修《氏族志》以"崇唐朝冠冕,垂之不朽"。③刘知几生活在这崇尚氏族的时代,而又出身于世族名门的大家庭,也就自以为生来就要高人一等,在国史馆里只有他才是"铿铿铰铰"唯一的能手,而庶族地主的"监修肖至忠、宗楚客,皆痴肥臃肿,坐啸画诺"④之流;其他一些著作郎、校书郎,则都是没品行、没学识的尸位素餐的"谬官",应当清洗出去,不要破坏了建国以来不肯轻于授官的优良传统。⑤他又认为"诸儒皆出其下";⑥一般文史学家,则都是"难与之言"的"流俗之士"。⑦这就未免有些狂妄自大,目中无人。

①[清]浦起龙:《史通通释举要》。
②[明]何乔新:《椒丘文集·诸史》。
③《唐会要》卷36《氏族》。
④《章氏遗书·文集七·侯国子司业朱子浦先生》。
⑤《唐会要·试及邪滥官》。
⑥《新唐书》卷132《刘子玄传》。
⑦《自叙》。

刘知几17岁时便力"求仕进,兼习揣摩",①钻研一套做官的秘诀。由是"汲汲焉,孜孜焉",唯恐"功名不立,疾没世而名不闻"。并认定"史之为用,其利甚博,乃生人之急务"。如其在历史上无名,则"一从物化",便"善恶不分,妍媸永灭。苟史书不绝,竹帛长存,则其人已亡,杳然空寂;而其事如在,皎同星汉。"②所以,他研究历史,追逐做官的动机很不纯净,而只为了扬名万代,他也承认自己是个"未能免俗"③的庸人。因此,他自负史才,以为自己不但"可叨居史任",④而且"高自标榜,前无贤哲",⑤扬言要将前人所修"正史"普遍加以釐革,以"勘正其失";⑥而"对诸作者轻口挥斥:曰'愚'、曰'妄',甚至曰:'邪说',曰'小人'。乃真罪过,是渠无素养之证见"⑦也。总之,刘知几之所以"多讥往哲,喜述前非";⑧蔑视时人,目空一切。其目的都在抬高自己,打击别人。从而他的评论,切中肯綮而为后人不能改易的固然很多,而错谬经后代驳斥的亦复不少。但他之所以作出如此地评论,则是由他的阶级出身的本能决定的。

我们是马克思主义历史文化的继承者,对于刘知几的《史通》,既要总结出他正确的一面,又要指出他错误的一面。没有批评,也就没有继承。如果一味兼收并蓄,构成杂凑的一锅,或者将后一代的婴儿和洗澡水一起泼掉,又何以为我们今天社会主义四个现代化的伟大事业服务呢?

---

①《自叙》。
②《史官建置》。
③《忤时》。
④《旧唐书》卷102《刘子玄传》。
⑤[明]王惟俭:《史通序》。
⑥《自叙》。
⑦[清]浦起龙:《史通通释举要》。
⑧《自叙》。

# 宋代统治阶级在撰修国史上的斗争

　　宋自开国,统治阶级内部就是矛盾尖锐、斗争激烈的。而一代国史,又是一代政事的主要部分,是存之当时、传之后世的。从而对于所记政事,加以美化,也就扬名一时,流芳百世。对于丑恶的政事,给以削除,也就免得播恶当代,遗臭万年。所以宋代统治阶级在政治上的激烈斗争,也就必然导致他们在撰修国史上的严重斗争。现且分述于下。

## 一、太祖与太宗的斗争

　　太祖在周,东征西战,功绩很大,也就得到了将士们的拥护。然而"黄袍加身","乃太宗与赵普所经营筹度"。①"是故太祖之有天下,太宗之力为多。授戈与人,终当为人戈所制。太祖既与太宗共同取得天下,则太祖传子,自无以服太宗之心。"②因而为了传位这个极其重大的政权问题,他们也就成了一对乌眼鸡,彼此猜忌,恨不得你吃了我,我吃了你。尽管他俩原是同一父母所生,史官如何美化太祖友爱——为太宗灼艾分痛,称"太宗龙行虎步,他日必为太平天子,福德非吾所及"。③又尽管杜太后遗"命太祖传位太宗",再由"太宗传之廷美(人

---

① [清]王鸣盛:《蛾术编》卷60《受禅乃太宗与赵普谋》。
② [清]恽敬:《人云山房文稿初集》卷1《续辨微论》。
③ 《宋史》卷3《太祖纪》。

祖、太宗的胞弟），廷美复传之德昭（太祖之子）"。①"太祖曾顿首涕泣受命，并由赵普记录，藏在金匮，以示决不可以违背"。②又尽管贺后（太祖皇后）当太宗逼夺太祖生命、皇位时，在寝殿惊呼太宗说："'吾母子之命，皆托于官家'。太宗亦即许以'共保富贵，勿忧也'"③之言。但究由于太祖、太宗在皇位上的斗争，彼此不让："太祖既不能乐然从母之命以传其弟，又不能毅然守礼之经以立其子。迟疑两端，久而不决。"④太宗又复迫不及待，而在"烛影斧声"之下，结束了太祖的生命，夺取了太祖的皇位。甚至德昭、德芳（太祖四子），也都被太宗迫害而死。这就可见他们兄弟之间争夺政权的斗争，是如何不顾一切而白热化了。

**（一）由不敢记载而终于记载的"烛影斧声"的政变大事**

然而"烛影斧声"这件惊天动地，骇人听闻，在历史上少所见闻的政变大事，在当时宋代的国史上既一字不予记载——李焘就特地在他所撰修的《续资治通鉴长编》卷17注明："'烛影斧声'之事，此据吴僧文莹所为《湘山野录》，正史、实录，并无之。"这当不是事出偶然，而是有一定的政治原因的。为什么呢？

1. 宋代国史不记"烛影斧声"之事的原因

原来宋的天下，是由太祖沿袭魏晋以来篡夺而取得的。取得之后，他们兄弟之间，又复鸡争鹤斗。因而为了争取舆论，他们也就采取两种手法。太祖既经宣说："'宰相必用读书人'，由是大重儒者"，⑤又复显示他的"朝廷尊严"，而使"天下私说不行，好奇喜事之人，不敢以事摇撼朝廷"；并因担心"士子放荡，无所准的"，不许他们"舍经书

①《宋史》卷244《魏王廷美传》。
②《宋史》卷242《杜太后传》。
③《续资治通鉴》卷8《宋纪八》。
④[清]陆健《宋太祖传位论》。
⑤《宋史》卷3《太祖纪》。

而立异论",①严格地控制他们的思想行为。这种对文人学子的政策的确是软硬兼施,一面以高官厚禄笼络他们,一面又用朝廷威严压服他们,使得他们不敢乱说乱动。

至于太宗,除了给太祖篡夺周的政权作了重要的角色,又复用残酷惨毒的手段,在"烛影斧声"下夺得了政权,也就更加注意采取笼络政策。因为"诸降王死,其旧臣或生怨",而"虑生意外","故厚其廪禄,俾编辑类书",②"如:《册府元龟》《文苑英华》《太平广记》之类。广其卷帙,厚其廪禄赡给,以役其心,多卒老于文字之间",③不复有叛乱作变的打算。乃"以科举罗天下之士"。④原来太祖之时,"每岁进士,不过三人,经学五十人。益以诸侯不得奏辟,士大夫罕有资荫,故有终身不获一官者"。至太宗"临御之后",⑤为了"博求俊彦于科场中,非敢望拔十得五,止得一二,亦可为致治之具",便"亲阅卷累日","亲选多士,殆忘饥渴",⑥"不求备以取人,舍短用长,拔十得五。在位将逾二纪,登第殆近万人。"⑦凡是"士之策名前列者,或不满十年而至公辅。吕文穆公蒙正、张文定公齐贤之徒是也……盖为士者,知其必达,故自爱重不肯为非。天下公望,亦以朝贵期之。故相与爱惜成就,以待其用"。⑧这就真使"天下英雄入吾彀中"⑨,而为皇朝尽忠保国之士了!同时又采

①[宋]苏辙:《龙川略志·别者》卷上。
②[明]胡应麟:《少室山房笔丛》卷29《九流绪论下》。
③[宋]王明清:《挥麈录·后录》卷1。
④[宋]洪迈:《容斋随笔》卷9《高科得人》。
⑤《宋史》卷293《王禹偁传》。
⑥《宋史》卷155《选举志》。
⑦《宋史》卷293《王禹偁传》。
⑧[宋]洪迈:《容斋随笔》卷9《高科得人》。
⑨[唐]王定保:《唐摭言》卷15。

取打击的办法,严厉对待那"举子轻薄为文,不求义理,唯以敏相夸"①,以及经过笼络而尚不怀好意的文人(详后)。

因此,太宗时代,谄媚之风大盛。苏东坡就曾说:"西汉风俗谄媚……本朝太宗之时,亦有此风。"②那么,当时撰修国史的,谁还敢坚守他们史官的庄严职责,对于当代政治上的事故,"务在审实","直书其事,不掩其瑕",而使所修的国史,能起一种"申以劝诫,树以风声"③的作用,以为万世权衡是非的标准呢?④不见"自古为史者,不免天灾或人祸":⑤左氏被废,司马遭腐,班固下狱,陈寿流放,范晔受诛,崔浩被族,已够使得宋朝的史家不寒而栗了!这是一方面。另一方面,当时正值改朝换代之际,虽说重视文学之士,然而重视是假,防制是真。因而一般入侍于宋的五代遗臣,比如:范质、王溥等之"在相位者,多龌龊循默",⑥"居不自安。共奏请中书庶务,大者具札子,面取进止,朝退各自行其事。自是奏御浸多,或至旰昃,赐坐啜茶之礼遂废。古所谓'坐而论道者',固不暇于论道矣。"⑦宰相本是当朝的一品大官,见到皇帝,还是如此顾虑重重;至于五代遗臣入宋之任史官的沈伦、李穆、李昉、张洎、扈蒙等人,也就越加"谨言慎行",事事小心。平时已将"所著文章随即毁之,多不留稿",⑧还敢记载太宗残酷凶恶的"烛影斧声",篡位夺权的丑事吗?要不是那个"目不睹灸手之势,身不履祸败

①[宋]欧阳修:《归田录》卷1。
②[宋]苏轼:《东坡志林》卷3。
③[唐]刘知己:《史通》卷7《直书》。
④[清]张伯行:《学规类编·史学》。
⑤[宋]王洙:《王氏谈录》。
⑥《宋史》卷265《赵普传》。
⑦[宋]孔平仲:《谈苑》。
⑧《宋史》卷263《李穆传》。

之机,盱衡上下,安所顾忌"①的草野僧人,而又留心世务,"为一家之书",所著得称为有"史材"的《湘山野录》②,这件宋初重要的政变事故,也就泯灭无闻了。但是宋太宗的政治权力,只能统制宋的史学领域,却无法干涉辽的史官。所以在当时的《辽史》上,还是记载了宋太宗篡位夺权这件丑罪政事。以后脱脱修《辽史》,也就有了依据,而在辽《景宗纪》里,写下了"宋主匡胤(太祖)殂,其弟炅(太宗)自立"。须知"自立"与"嗣位",是大不相同,而有原则性的区别。"自立",便是由篡夺而爬上了皇帝宝座;"嗣位",才是受遗诏而继位的君主。今云"自立",便是由于太祖、太宗长期在政治上的斗争,而在"烛影斧声"之下结束了太祖性命的结果。只是在太宗的严厉统治下,宋的史官不敢记载在宋史中罢了。

2. 宋代国史终于记载了"烛影斧声"之事,受到保护、表扬和高度的评价

我们知道,"艺祖(历代对太祖或高祖的称谓)诸子,不闻失德"。而"太祖以神武得天下",竟被残忍惨毒的太宗杀害了性命,抢夺了政权,且使他的后代"子孙不得享之"。③这实是使人看在眼里,记在心头,大为愤郁不平。这就使太宗"所钟爱之"长子楚王元佐,④也不以父亲为然,"坚持不肯为太子,欲立太祖之子"。达不到目的,遂至"被废"发狂,实际上则是"非狂"。⑤只是对父亲大为不满,而又不敢说出抑郁在心中的缘故。何况从此在太宗的子孙相继掌握政权之下,"昌陵(太

---

① [清]刘绍攽:《九畹集》。
② [宋]僧文莹:《玉壶清话·自序》、 [清]鲍廷博:《跋》。
③《宋史》卷33《孝宗纪》。
④《宋史》卷245《汉王元佐传》。
⑤ [宋]苏辙:《龙川略志》卷上。

祖葬昌陵,故以昌陵称之)之后,仅同民庶",以至"遭时多艰,零落可悯",这就不但使得一班群僚越加眷念太祖开国创业的功勋(诸如:同知枢密院参事李回、参知政事张守、上虞丞娄宾亮等),且造成了"金人所以未悔祸"的借口。①在这内外舆论极为严重的压力下,而高宗又偏偏没有亲生的后代,也就迫使他不得不于绍兴元年(1131)下诏,说是"太祖皇帝创业垂统,德被万世",再行继续分封太祖的子孙;②并接受群僚们的意见,选择太祖诸子孙有贤德的赵眘(孝宗)育于宫中,立为太子。③宋的政权,也就终究由太宗的子孙,回到了太祖七世孙的孝宗手里,而给当时"以史自任"的史家李焘④打进了一个锲子,敢于在他私修的《续资治通鉴长编》里,不但采用了《湘山野录》所载"烛影斧声"之事,而且改"戮雪"为"戮地","好做"为"好为",并加以"大声嘱以后事"之语,以突出太宗弑君杀兄的罪恶。从而近百年被太宗严峻地捂住了盖子,并使在他控制下的史官,不敢在国史上记下一字的"烛影斧声"政变大事终究被记载下来,而向世人公开化了!

然而三千个向火,八百个向灯。提刑(主管司法、刑狱和监察的官)何熙志,原是在秦桧的卵翼下发家起来的。因为秦桧是禁制私史的,他便站在太宗一边,不但上奏了李焘所报泸州城中失火的焚烧数字不实,"且言《长编》记魏王廷美食肥彘语涉诬谤",而要把他置之于法。当这在国史上斗争的紧要关头,孝宗便亲自给李焘撑腰说:"宪臣按奏火数失实,职也,何预国史!"以后又"谓其书(《长编》)无愧司马迁",表扬他记事的真实可靠,并允许给他"大书《续资治通鉴长编》七

---

①《宋史》卷33《孝宗纪》。
②《宋史》卷26《高宗纪》。
③《宋史》卷33《孝宗纪》。
④《宋史》卷388《李焘传》。

字。且用神宗赐司马光故事,为序冠篇"①以宠异之。这就使得谁都不敢说话了。又叶适之在当时,不但"雅以经济自负",②而且享有很高的"人望",③对《长编》也都作了高度的评价。说是"《春秋》以后,终有此书"。④这就是说,李焘推阐褒贬之义,将"烛影斧声"之事揭发出来,给太宗加以笔伐,实是《春秋》以后仅有的一部史书。这都充分说明了由于太祖与太宗政治上的激烈斗争,在太宗以至他后代子孙的淫威统治之下,捂住了盖子,史官不敢记载的史事,只有到了太祖七世孙的孝宗重新掌握了政权的时代,史官才不但敢于记载在国史上,而且受到了保护、表扬和高度的评价。

**(二)太宗所采取的几种具有现实政治意义的措施**

太宗虽然夺得了太祖的政权,但他对太祖的斗争并未结束。为了掩盖他弑君杀兄的狰狞面目,也就又迫不及待地采取了几种具有现实政治意义的措施,以显示他登上皇位,是理所当然,命所注定,而都把它一一记载在国史上面。

1. 不逾年改元

中国历代封建王朝,都"以孔子书元年为《春秋》大法,遂以改元为重事"。盖"元者,善之长","万物所以始也"。所以先王去世,后王即位,为了"视大始而欲正本",⑤逾年改元,也就成了历代封建王朝之所一贯遵循的常礼。除非在内遇着不幸的政变事故,或外来的侵扰祸患,如东汉光武、东晋元帝,为了表示国统未绝,以系天下的人心,才

---

① 《宋史》卷388《李焘传》。
② 《宋史》卷434《叶适传》。
③ 《宋元学案》卷54《水心学案》。
④ 《宋史》卷388《李焘传》。
⑤ [清]赵翼:《陔余丛考》卷25《改元》。

不逾年改元。所以王鸣盛说:"非易姓及大变故,若唐肃宗之于天宝,从无当年改元者。"①蜀汉后主,不逾年改元,陈寿就提出批评说:"《礼》:'国君继体,逾年改元。'而章武之三年,则革称建兴,体理为违。"②今宋太宗一经爬上皇帝宝座,为时不满两个月,即废弃太祖的开宝年号,改元为他的太平兴国元年。且莫说汉人建立的王朝,即是五胡中的十六国也不许"不逾年而改元"呢。③这种不顾一切打破历代的常礼、惯例,迫不及待地不逾年改元,不明显地是"言致治由我也""创业由我也"。④"我"之登皇位,做皇帝,是事所应该,理所当然的嘛。所以南宋初年,尽管高宗皇帝仍是太宗的后代,洪迈还是壮着胆子要说:"自汉武帝建元纪年之后,嗣君绍统必逾年乃改元……独本朝太祖以开宝九年十月二十日上仙,太宗嗣位,是年十二月二十二日改为太平兴国元年,去新岁才八日耳。使人君即位而无元年,尤为不可也!"⑤

2. 改名为炅

太宗原名匡义,由于他和太祖兄弟之间,老是碟大碗小,磕着碰着。在那"人孰不欲富贵"⑥的禅代之际,为了巩固他们赵家的政权,太祖也就希望太宗"同体付托之重",不要搞阴谋诡计,而赐他的名字为"光义"。"盖光者,取其光明正大之义也。义者,取其处事之宜也"。⑦说到底,也就是要他安守君臣之分,深怀兄弟急难之义——"阋于墙,

---

① [清]王鸣盛:《蛾术编》卷 60《宋太宗》。
② 《三国志·蜀书》卷 3《后主传·评》。
③ [清]顾炎武:《日知录》卷 20《通鉴书改元》。
④ [明]郑瑗:《井观琐言》卷 1。
⑤ [宋]洪迈:《容斋随笔》卷 10《逾年改元》。
⑥ 《宋史》卷 250《石守信传》。
⑦ 《通鉴批论考索》卷 72 引《宋史断》。

外御其侮"。①但太宗不接受乃兄的劝告,搞阴谋诡计而夺了政权,便自以为他是上承天命,由他母亲"梦神人捧日以授己而有娠",在"赤光上腾如火"的晚上而降生的真命天子。②所以为时不满三月(太平兴国二年二月),就改原来太祖所赐的名字光义而为"炅(音颖)了! 这因"'炅'者,日在火上,取其明而丽天下之象也。其心既曰:'朕既为天子,则君赐之名,不可受也。古者,天无二日,则取名不可不以日也。四海既服,则太祖之法,不足取矣'",③应当由"我"上承天命来做皇帝,命史官把这改名的大事记在国史,以欺骗世人和后世。

3. 谥号、尊号

"谥",行迹的意思。所以谥号,原是依据上一代帝王的平生行为而定的。所以说:"闻其谥而知其行。"④"谥者,饰终之称也。"⑤尊号,则"自汉哀帝用方士之说始有之。本朝(宋朝)沿唐故事,每遇大礼,群臣必奉册宝加上尊号"。⑥那么,赵宋这个封建王朝的国家基业既是由太祖开创的,政权既是由太祖建立的,继立之君太宗,所上太祖的谥号,就应该照历代的先例,冠以"启运立极"的字样。只是由于太宗自"以为太平我之所启,兴国我之所基",⑦一心要抹掉国史上太祖开国建政的功绩,所上太祖的谥号,也就只能是"英武圣文神德皇帝",而自己则始而尊号"应运统天圣明文武皇帝",继而又加尊号"应运统天

①《诗·小雅·棠棣》。
②《宋史》卷 4《太宗纪》。
③《通鉴批论考索》卷 72 引《宋史断》。
④《史记》卷 24《乐书序》。
⑤《旧唐书》卷 82《许敬宗传》。
⑥[宋]李心传:《建炎以来朝野杂记甲集》卷 3。
⑦《通鉴批论考索》卷 72《发明》。

睿文英武大圣至明广孝皇帝"。①这在太宗认为,他们兄弟两个,虽然都是特殊的文武之才,但上应天运而统治天下,做皇帝,则该是他而不是他的哥哥。何况他继承皇位是受母命,所以他又该称"广孝皇帝"!

然而太祖开国创业的功勋,终究是客观存在,有耳共闻,有目共睹,抹杀不了的,所以到了真宗时代,还是"上太祖尊谥曰:'启运立极英武睿文神德至明大孝皇帝',太宗曰:'至仁应道神功圣德文武大明广孝皇帝'"。②这就对太祖、太宗两全其美;太祖既是"启运立极"开国创业之君,而太宗又是太祖、太宗孝承母命而"应道"统治天下之主。但太祖、太宗的谥号如此改来改去,足以证明原是他们兄弟在政治上斗争曲折、激烈,从而在国史上才有如此三番两次地改易记载。

4.郊天

中国历代封建王朝,为了巩固它的政权,没有不神化它的开国君主,是承受天命来统治人间的天帝的儿子的。因而历代王朝的君主,都亲自率领三公六卿,③于每年的冬至那天,大事祭祀天帝于京城南郊的圜丘(称之为南郊大祀),而以它一代应运而生,已经逝去的开国太祖配享。所谓"圣人之道,莫大于承天,……故郊以明道也"。④太宗既自认为宋朝是他开创的,而在客观事实上太祖却是宋开国第一代的君主,不以他配天受祭,实在也又说不过去,也就只有以"严父莫大于配天",⑤以符"圣人大孝之道"⑥为理由,而以宣祖(太祖、太宗的父

---

①《宋史》卷3《太祖纪》、卷4《太宗纪》。
②《宋史》卷7《真宗纪》。
③《礼记·月令》。
④《通典》卷42《礼二·郊天上》。
⑤《孝经》。
⑥《宋史》卷99《礼志》。

亲赵弘殷)、太祖更配。表面上既未否定太祖是宋第一代的君主,事实上却又以宣祖凌驾于太祖之上,贬低太祖独享配天的祭位,以寓宋代开国创业,还是他自己的功绩。

然而宣祖既非开国之君,又非始封之君。依据"汉高之太公,光武之南顿君,虽有帝父之尊,而无配天之祭"①的典制,则太宗以父亲宣祖配天而祀之,实在是违礼反道,不得人心的。所以到了太平兴国三年(978),太宗迫不得已,又"并以太祖配享"于天。然而这种有违夙愿,被迫去做的事情,终究是行之不久的。所以雍熙元年(984),那个深知太宗心事而又善于迎合太宗意志的扈蒙,便又重弹"严父莫大于配天"的老调,"请以宣祖配天",终又以宣祖配天了。然却为"识者非之"。②从而雍熙四年(987),苏易简以受到太宗"眷遇琼绝伦等",便又按唐永徽(唐高宗年号)以高祖、太宗同配上帝的"故事,请以宣祖、太祖同配",③才算了结了这场争执得实在难于解决的重大礼制问题。但在实际上,宣祖弘殷,无论在唐、在汉、在周,都只有一些武功,最后也只封了个天水县男,怎能与建立唐王朝而在位9年的高祖李渊相比,以之配天而享南效的大祀呢?

总之,按照中国历代封建王朝祭天的典制,宋代举行南郊大祀,而以开国创业的太祖受享配天,是礼所固然,理所当然的。只因太宗硬要自以为"致治由我,创业由我",终于篡夺了宋的一代政权,传之自己后代子孙,也就不肯承认太祖是开国创业的君主。从而在祭天的隆重庄严而神圣的典礼上,也就翻来覆去:始而以宣祖、太祖更配;继而以宣祖、太祖并配;复而挤了太祖,而以宣祖独配;终而以宣祖、太

---

①《宋史》卷269《扈蒙传》。
②《宋史》卷269《扈蒙传》。
③《宋史》卷266《苏易简传》、卷99《礼志》。

祖同配。这都正是因为与太祖在政治上的斗争继续相延而不曾停止的缘故。其中所出现的礼官所谓"虽有帝父之尊，而无予配天之祭"，议者非议"以宣祖配天"等现象，都足以说明虽在太宗专制淫威统治之下，终以一代典制所关，礼官、议者，还是嘟嘟嚷嚷，迫使太宗不得不对配天祭祀，究竟是以宣祖、太祖更配？同配？还是以宣祖独配？一改、再改，以致宋代国史上有如此反复不定的记载！

### (三)《太祖实录》的撰修

自唐以来，每一代每一位皇帝死了之后，继位之君，都得命史官给他修编年的大事记——实录，[1]以为撰述一代国史的张本。所以高似孙说："实录之作，史之基也。史之所录，非借此无所措其笔削矣。"[2]从而太宗于太平兴国三年(978)正月，下令撰修《太祖实录》，自然是必要的，及时的。所谓实录，顾名思义，应该是"其文直，其事核；不虚美，不隐恶"，[3]"直载其事与言，而无所增饰"。[4]但在事实上，却因政治上的某种关系，而多所忌讳：有时，有的事不敢记；有时，虽然记了，却又是与事实不合，甚至是相反的。《太祖实录》今已不存(按"实录起于唐世，自高祖至于武宗。其后兵盗相交，史不暇录，而贾纬始作补录"[5])，宋代实录仅存《太宗实录》(还是残本)，我们已无法知道其中所记的内容。但从现存的一部宋代史书里，记载太祖、太宗兄弟之间平日在政治上的曲折、尖锐斗争情况来看，还是可以得知当时在撰修的过程中，出现了许多前代所未有的现象，而给以后历代撰修国史，带来了

---

①见[宋]欧阳修：《欧阳文忠公文集》卷124《崇文总目叙释·实录类》。

②[清]高似孙：《史略》卷3《实录》。

③《汉书》卷62《司马迁传·赞》。

④[清]钱大昕：《潜研堂文集》卷38《万斯同传》。

⑤[宋]欧阳修：《欧阳文忠公文集》卷124《崇文总目叙释·实录类》。

严重的恶劣影响。

### 1. 起居注与时政记

欧阳修鉴于仁宗时史官未能履行他们"直书其事"的职责,曾郑重地指出:"史者,国家之典法也。自君臣善恶功过,与其百事之废置,可以垂劝戒、示后世者,皆得直书其事而不隐。故自前世有国者莫不以史职为重。"①这是因为远自周代,"左史记动,右史记言",②"宫中有起居注,如晋董狐、齐南史皆以史官守职;司马迁、班固皆世史官,通知典故,亲见在廷君臣之言动而书之。后世续之,如亲见当时君臣之事。"③但是到了宋太祖初年,则以职官"名实混淆,品秩贸乱",本该由左、右史专司起居注的,而"起居不记注"。④"所记者,不过臣下对见辞谢而已。帝王言动,莫得而书。"为什么?"盖宰相虞漏泄,而史官限疏远,故莫得而具也"。直至太祖逝世的前二年——开宝七年(974),才由史馆撰修扈蒙请"自今凡有裁制之官,优恤之言,发自宸衷,可书简策者","委宰相、参政,月录以送史馆,使修日历。遂以参知政事卢多逊专司其事。"⑤这就可见太祖时代,由于他与太宗在政治上的斗争曲折、激烈,唯恐机密泄露,不准史官在他御座的近前站立。"榻前之语,既不可远闻",⑥史官也就没法记载太祖与大臣之间的言动。晚年,虽然接受了扈蒙的意见,也不过准许史官记"言动可书者"而已。不可书者,还是不准记的。所以当时的左、右二史,实际上只是"员具而职废。其所撰述,简略遗漏,百不存一。至于事关大体者,皆没而不书",只是依据百

---

① [宋]欧阳修:《欧阳文忠公集·奏议集》卷12《论史官日历状》。
② 《礼记·玉藻》。
③ [明]王鏊:《震泽长语》卷上。
④ 《宋史》卷161《职官志》。
⑤ 《宋史》卷267《扈蒙传》。
⑥ [宋]朱弁:《曲洧旧闻》卷4。

官上报的公文,加以"铨次,系以日月,谓之'日历'而已。是以朝廷之事,史官虽欲修而不得也"。[1]那么,撰修《太祖实录》,又凭什么资料来叙述他们君臣之间有关国家大事的言行呢!

太宗太平兴国年间(976—983),虽因"史事之漏落,又以参知政事李昉"[2]监修国史,恢复了"宰相朝夕议政,君臣之间奏对之语……执政官之所手录,于一时最为详备",而为"史官记事所因"[3]之最关重要原始资料的时政记(时政记,是宰相记帝王之事以授史官的实录。为什么既有左、右史所记君主言行的起居注,又有这种宰相所记君主之事的时政记,可参《廿二史札记》卷19《时政记》)。但李昉却请将时政记先送太宗审阅,然后再交史官。[4]这就严重地破坏了"前世史官所记,皆不令人主见之"[5]的庄严惯例。太宗淳化年间(990—994),虽然开始设置了起居院,而以梁周翰、李宗谔分任左、右的职务,以记太宗与大臣的言动而修起居注。但起居注须先送太宗审阅,然后再交史官,[6]这又怎能使史官"不虚美,不隐恶",去执行他们庄严神圣的职责!这就和唐初褚遂良知起居注,太宗问"人君得观之否"?褚便答以"今之起居,古左右史书,人君言事,且记善恶以为鉴戒,庶几人主不为非法,不闻帝王躬自观史",[7]太宗以为说得很对,便不看起居注。又如唐文宗想看起居注,起居舍人魏谟便说,让您看起居注,"由史官不守职分,臣岂敢陷陛下为非法?陛下一览之后,自此书事须有回避,如

---

①[宋]欧阳修:《欧阳文忠公集·奏议集》卷12《论史官日历状》。
②[宋]曾巩:《元丰类稿》卷49《史官》。
③[宋]朱弁:《曲洧旧闻》卷4。
④《宋史》卷265《李昉传》。
⑤《资治通鉴》卷197。
⑥《宋史》卷439《梁周翰传》、[宋]曾巩:《元丰类稿》卷49《史官》。
⑦《旧唐书》卷80《褚遂良传》。

此善恶不直,非史也,遗后代何以取信?"①文宗也就只好不看。梁周翰、李宗谔请太宗先看起居注,然后再交史官。那么,凡是太宗与大臣奏对之言,其中有不利于太宗的,尤其是太宗与太祖相互斗争之不利于太宗的,也都有所回避,有所粉饰,在这种情况下所修的起居注,修成的《太祖实录》,还能说是"实录"吗?

总之,从此以后,宋代所修的时政记、起居注,"撰述既成,必录本进呈,则事有讳避,史官虽欲书,而又不可得也!"②因而英宗一代,也就"未有日历。至于时政记、起居注,亦皆未备"。③其他各代,莫不都有这种同样的情形,在这里也就不去多说了。

2. 不准在外撰修私史、私记

为了严防国家大事向外泄漏,隋文帝开皇十三年(593),曾下令严厉禁止"人间有撰集国史,臧否人物者"。④于是唐吴兢因为在武三思等监领修史之"不得志"而弃职归家撰修《唐书》时,便有人弹奏国史不许在外纂修而被迫回史馆了。"张说就家修史,李元纮谓'史事秘严,请令以书就馆,参会撰录'"。⑤但在唐代,国史还是允许随任在外撰修的。诸如:开元时(713—741),还是这个吴兢,因修"国史未成,出为荆州司马,制许以史自随",⑥听他在外继续撰修。又还是这个张说"检校并州大都府、长史兼天兵军大使,摄御史大夫兼修国史,仍赍史本随军撰修"。⑦

①《旧唐书》卷 176《魏谟传》。

②[宋]欧阳修:《欧阳文忠公集·奏议集》卷 12《论史官日历状》。

③[宋]曾巩:《元丰类稿》卷 32《英宗实录院中申请》。

④《隋书》卷 2《高祖纪》。

⑤[宋]李心传:《建炎以来朝野杂记》卷首《朝省坐国史院札子行下隆州取索孝宗光宗系年要录指挥》。

⑥《旧唐书》卷 102《吴兢传》。

⑦《旧唐书》卷 97《张说传》。

德宗时，令狐峘修《代宗实录》未成，"坐李泌贬(吉州车驾)，监修国史，奏恒所撰实录一分，请于贬所毕功"，至元和三年(808)奏上之。但一到宋朝，因为统治阶级内部在撰修国史上已经展开了残酷的斗争，也就越加严厉地控制国事的秘密，不但绝对不准在外撰修国史(宋祁撰《唐书》，司马光修《通鉴》，欧阳修修《五代史》之得在外，都是前代旧史，妨碍不大，又当别论)，就是在家纂修私史、私记，也都是不准许的(汪藻守湖州得纂《三朝日历》，则是因为当时用兵，史官记录，无所保存，而湖州未遭金兵之祸的缘故——见《续资治通鉴》卷111《宋纪》)。朱弁说得好："《新唐书》载事倍于旧，皆取小说。本朝小说尤少，士大夫纵有所记，多有不肯轻出之。"[1]在这严禁士大夫之作私记情况下，别人别事，且不必说。就是"论事切真"，曾为仁宗所"独奖"以至勉励他不要以为自己是个龙图阁学士，便不欲越职言事，"第言之，毋以中外为间"[2]而有什么顾忌的欧阳修，退休后，写了有关"朝廷之遗事，史官之所不记，与士大夫笑谈之余而不可录者，录之以备闲居之览"[3]的一部《归田录》。当神宗命人去取，也还是"以其间论述有未广者，因尽删去之。又恶其太少，则杂记嬉笑之事，以充满其卷秩。既膳写进入，而旧本亦不敢存"。[4]所存的，都是上进之本，而原本并未公之于世。神宗本是宋代"励精图治"，尊重士大夫，"敬畏宰辅，求直言"[5]而比较开明的皇帝，尚且使老臣欧阳修怕以私记获罪，则就可见他对于士大夫之作私记，还是放心不下的。反过来，如其侍从皇帝左右，而为

---

①[宋]朱弁《:曲洧旧闻》卷4。

②《宋史》卷319《欧阳修传》。

③[宋]欧阳修:《欧阳文忠公集》卷243《归田录序》。

④[宋]朱弁:《曲洧旧闻》卷9。

⑤《宋史》卷16《神宗纪赞》。

皇帝真正信用的人,则所撰的私记,不但不加禁制,不存疑心,倒是成了纂修实录时重要的参考资料。比如王延德,从小为人"谨重",一向是太宗父亲赵弘殷所喜爱的孩子,长大后又是太宗所"倚信"的尚食使、皇城使、行宫使、昭宣使。因为他爱"好撰集近事",私自著有《司膳录》《皇城录》《纪事诏》《南郊录》《山陵提辖诸司记》《下车奏报录》等等。从而他不但成了真宗诏令史官纂修《太祖实录》《太宗实录》,访问宋初国事的顾问,而且以他著的《太宗南官事迹》,做史官必需的参考资料。①因为以他做宋初国事顾问,用他的《南宫事迹》做参考材料,对于在政治上有激烈斗争的太祖、太宗, 是有利于太宗的。

3. 所命撰修《太祖实录》的史官

太宗和太祖之间,既然存在着严重的矛盾和斗争,因而太宗所命撰修《太祖实录》的史官,也都必须是谨小慎微,或对他献殷勤而为他信得过的人。但一旦发现他们在政治上有问题,那就还要受到严厉的处分。

第一,先说李昉。李昉就是个"小心循谨","进退有礼","两入中书,未尝有伤人害物之事",不自立门户,"市私恩",受到太宗推重,而称之为最可靠的"善人君子"。因而不但命他撰修《太祖实录》,而且用他做国史撰修,②担负他们兄弟斗争曲折、激烈时期史事的最高领导而又最重要的撰修责任。

第二,再说扈蒙。扈蒙为什么受到太宗之命而和李昉同修《太祖实录》,且始终保全了禄位呢? 这因他是个秉"性沉厚,不言人是非",也就受到太宗撰修《太祖实录》之命。以后又能不顾众议,裁定南郊之

---

① 《宋史》卷 309《王延德传》。
② 《宋史》卷 265《李昉传》。

礼,而请以宣祖配天,①贬低太祖开国创业的功绩,自然也就成了太宗所最喜爱的心腹人,而信用他到底了。

第三,且说李穆。李穆"质厚忠恪,谨言慎行"。从小就"有至行,行路得遗物,必访主归之";安贫求学,于"辞学之外无所予","无有矫饰",是个不肯欺世盗名的人,也就为太宗所"倚用",称之为"国之良臣",而命他和李昉一同撰修《太祖实录》。只因他为秦王廷美作了《朝辞笏记》,便又受到降职的处分。②

第四,四说沈伦。沈伦是个"清介醇谨",做事不敢"冒禁",不肯"逾矩"而"有祗畏谨守之美"的老好人。因而太宗便命他监修《太祖实录》和国史。但因卢多逊交通秦王廷美,而"伦与之同列不能觉察",也又受到降职处分。③因此,《实录》修成之后,太宗很是放心不过,"取《实录》入禁中,亲笔削之"。其实,王禹偁作《箧中记叙》,就曾说"太祖神圣文武,旷世无伦。自受命之后,功德日新,皆禹偁耳目所闻见。今为史臣,多有忌讳而不书",④已将太祖的许多史事,该记的而不敢记。今太宗又复将已记的亲自加以删削,也就更是简漏了。

第五,献媚、顺意的受用,遭忌的被逐。太宗时,正值改朝换代不久,而他的皇位,又是在"烛影斧声"之下篡夺得来的。因而纂述《太祖实录》,且莫说史官多存忌讳,该记载的不敢记载。就是一般文史之士,也都顾虑重重,只有严格要求自己。试看习衍在后唐做官时,本是"权势甚盛,父为藩帅,家富于财,被服饮膳,极于侈靡"的。但一入宋,便不得不改变生活方式和做人的态度,而成了个"以纯淡夷雅知名于

①《宋史》卷 269《扈蒙传》。
②《宋史》卷 263《李穆传》、卷 244《魏王廷美传》。
③《宋史》卷 264《沈伦传》。
④[宋]陈振孙:《直斋书录解题》卷 4《太祖实录》。

时,恬于禄位,善谈笑,喜棋弈,交道敦笃",而为"士大夫所推重"、谨小慎微的人。他又做了一篇《圣德颂》向太宗进谄媚,才做了国子博士。①经过长期的考验,到真宗时,才和杨亿一同受命撰修国史。②至于胡旦尽管献了《河平颂》,歌颂太宗的功德,只因说了"逆迹远投,奸普屏外"两句,便深遭太宗的忌讳,认为他"词意悖戾""敢恣胸臆狂躁",涉及了帮助他取得皇位的元凶赵普和秦王廷美、卢多逊之狱,将他驱逐出史馆了;③只有那善于"揣摩百端","甘言善柔":每逢太宗有所著述,或赐群僚诗篇,总是"援引经传,以顺其意"的张洎,才真正受到了太宗的宠顾。不是表扬他"援引故实,皆有依据",便是赞美他"援引古今,甚不可得";不是推许他"江东士人之冠",便是称许他"翰长老孤臣"。因而也就不但用他编修国史,撰述时政记;而且任他判史馆以裁决史馆里的是非曲直。④士为知己者死,张洎因之格外卖力、小心,在所修的《太祖纪》里,"以朱墨杂书。凡躬承圣问,及史馆采摭事,即以朱别之"。⑤修成之后,于淳化五年(994)献之太宗。这都因为太宗与太祖政治上的斗争曲折、尖锐,也就使得史官们撰修《太祖纪》时,不得不特别慎重,唯恐惹起事故。

**(四)撰修《太宗实录》,重修《太祖实录》,撰修太祖、太宗《两朝国史》和太祖、太宗、真宗、仁宗、英宗《五朝国史》**

1. 撰修《太宗实录》

真宗即位之后,又命吕端、钱若水修《太宗实录》。然而吕端却是

---

①《宋史》卷 441《习衍传》。

②《宋史》卷 305《杨亿传》。

③《宋史》卷 432《胡旦传》。

④《宋史》卷 267《张洎传及赞》。

⑤[宋]周辉:《清波杂志》卷 12。

个"小事糊涂,大事不糊涂"的人。虽然太宗称他"真台辅之器","真宗每见辅臣入对,唯于端肃然拱揖,不以名呼",①还是不肯来拆这个鱼头。因而实际上,钱若水就没有到过史局。②《太宗实录》修成后,真宗又以太宗时所修的《太祖实录》脱漏史事太多,复命重修。这时,就是钱若水也恳切辞让,不愿再承担这种难以承担的责任! 只因经过真宗勉励他说"卿修《太宗实录》甚周备。太祖时多缺漏,故再命卿,毋多让也",③他才勉强地把这任务承担下来。正因为撰修《太祖实录》是个老大难而吃力不讨好的工作,真宗又增命了那个"勤接士类,无贤不肖,恂恂有礼;奖拔后进,唯恐不及,以是士人皆仰之"④的李宗谔和"以直躬行道为己任"而将宋代创业开国之功,分别归之于"太祖、太宗,削平僭伪,天下一家",⑤立言比较公平的王禹偁,参加这个艰巨的工作。《太祖实录》才算是修成了。

2. 撰修太祖、太宗《两朝国史》

太祖、太宗的实录修成之后,真宗又命宰相监修国史。⑥因为他是个"英悟之主",⑦洞察群僚中人事关系的好坏,也就不用"好刚使气,不为流俗所喜,用人不以次,同列颇不悦的"寇准,而用那"饬躬慎行","交游无援","所至以严正称",而有"宿德"的"善人"毕士安。⑧以便这部难于编修的国史,不致引起人们过多的意见。就是毕士安死

①《宋史》卷 281《吕端传》。
②《宋史》卷 266《钱若水传》。
③《续资治通鉴》卷 20《宋纪二十》。
④《宋史》卷 265《李宗谔传》。
⑤《宋史》卷 293《王禹偁传》。
⑥《宋史》卷 210《宰辅表》。
⑦《宋史》卷 8《真宗纪赞》。
⑧《宋史》卷 281《毕士安传》。

后,所用以监修国史的宰相王旦,也是太祖、太宗时的名臣,没有偏私,而有"德望","可谓全德元老"。①但担任编修的,却既有"质直纯悫,无所矫饰,宽恕谦退,与物无竞",而为"世所推重之"的赵安仁,②"服道履正,虽贵势无所屈,履官临事,未尝挟情害物"的晁迥和"耿介尚名节"的杨亿。③又有那"倾巧""奸邪"的王钦若,④"多任智数"的陈尧叟。⑤真是鱼龙混杂,正邪并用。然而真宗之所以如此任命编修,想是这部国史,实在难于纂述,只有将他们这些为人不同,处事不一之人的意见,在没偏私而有"德望"的监修王旦之下集中统一起来,然后修成一卷,再行先将草本交他自己审阅,改易其中不合的诸条,复次交还史官改正,⑥这就较为稳妥而少遭物议。

3. 撰修太祖、太宗、真宗、仁宗、英宗《五朝国史》

后来神宗又以"三朝、两朝《国史》,各自为书,将合而为一",⑦以成一部自太祖至英宗五朝的国史。又因鉴于《史记》《汉书》《后汉书》等修得较好,都是出于一人的笔墨。为了一定要把这部国史修好,便打破"近代修史,必选文学之士,以大臣监总"的常例,乃命曾巩独自一人承担这个艰巨重大的任务,并允许他自行选请编修。⑧这对曾巩当是一种极大的信任和荣耀。但曾巩请求将"外廷有所未闻,及自来

①《欧阳文忠公集·居士集》卷 22《太尉文正王公神道碑铭序》。
②《宋史》卷 287《赵安仁传》。
③《宋史》卷 305《晁迥、杨亿传》。
④《宋史》卷 283《王钦若传》。
⑤《宋史》卷 284《陈尧叟传》。
⑥［宋］王应麟:《玉海》"景德四年八月诏修太祖、太宗正史"条。
⑦《宋史》卷 319《曾巩传》。
⑧［宋］曾巩:《元丰类稿》卷 51《南丰先生墓志》。

更有纪述,发明文字,藏在宫禁者,欲乞特赐颁示,以凭论次"。①结果《两朝国史》还是没有见到,这就够使他唯恐不能完成任务了!何况《五朝国史》,都是历代公相卿士以及负有声望的文人所共准裁的国家大典,而曾巩在仁宗时又曾以"编次实录,断自独心,不以贵倨迁就",②受过贬谪外任的处分。一朝被蛇咬,三年怕井绳。这次撰修《五朝国史》,他还敢对旧史加以损益吗?③但他却又是个"志节高爽,自守不回"④的人。该叙述的,还是要叙述。因而在所撰《太祖皇帝总叙》里,终究推崇了"太祖建帝业,作则垂宪,后常可行"。⑤反过来,也就贬低了太宗"创业""政治"的丰功伟绩,这是太宗的后代神宗所能容忍、允许的吗?何况他又"以为太祖大度豁如,知人善任,使与汉高祖同,而汉高祖所不及者,其事有十。因具论之,累二千余言"。而且"请(以此总叙)系之《太祖本纪》篇末,以为国史书首"。这就更使"神宗览之不悦,曰:'为史当实录以示后世,亦何区区与先代帝王较优劣乎?且一篇之赞已如许之多,书成将复几何'",⑥于是迫使他非辞职不可,书竟不成,而神宗亦罢修《五朝国史》了!

　　总之,太祖、太宗之间,既然在政治上存在着严重的矛盾,以致发生了曲折尖锐的斗争,在"烛影斧声"之下,由太宗篡夺了政权。因而当时撰修这两朝的国史,尽管对于监修、编修严加选择,修成初稿,先经太宗、真宗审核、修改,再交史官以为定稿,企图蒙蔽时人,欺骗后

---

①[宋]曾巩:《元丰类稿》卷31《史馆三道申请》。

②[宋]曾巩:《元丰类稿》王玺、《重刻南丰先生文集叙》。

③[宋]曾巩:《元丰类稿》卷35《拟辞免修五朝国史状》。

④[宋]欧阳修:《欧阳文忠公集·秦议集》卷16《举章望之、曾巩、王回等充馆职状》。

⑤[宋]曾巩:《元丰类稿》卷10。

⑥[宋]徐度:《却扫编》。

代,也终究是欲盖弥彰,不能使人相信是信史了。所以一到南宋太祖的后代重新掌握了政权,一些深悉国家旧典、耆宿轶事的士大夫以及在野之士,对于北宋时代的史事,也都"各信所传,不考诸实录、正史,家自为说"了。①

## 二、新旧两党在撰修《神宗实录》中的斗争

神宗死了,哲宗即位。改元元祐(1086—1093),由高太皇太后(英宗皇后)听政。任用旧党司马光、吕公著做宰相,罢除王安石的新法,排斥新党蔡确、章惇、韩缜等人,进用旧党之士文彦博、韩维、吕大防、范纯仁等等。但新党掌权的大官虽去,其党羽尚是分布中外。从而两党斗争,依旧是很激烈的。

### (一)第一次斗争

1. 撰修《神宗实录》,改蔡确由司马光监修

元祐元年二月,高太皇太后命蔡确监修《神宗实录》。但却在当时,正为旧党所不容,刘挚、王岩叟、孙觉、苏辙、朱光庭,集中火力,交章上疏,对准他作猛烈的攻击,不到一个月,就被解除宰相职务,改由司马光主管编修了。

2. 陆佃和范祖禹等的斗争

司马光监修《神宗实录》后,便用曾帮助他编修《通鉴》的得力的人物(且是旧党另一首领吕公著的女婿)范祖禹担任编修,兼国史院修撰。范祖禹是反王安石的老手,还是在帮司马光撰修《通鉴》之前,富弼愤切而论王安石误国和新法害人的密奏,旧党人士以为不可以之上奏,他却把它上奏了神宗。以后,他更成了一个一再上奏指责新

①《四库全书总目》卷47《续资治通鉴长编》。

党之士为"群小",蔡京"非端良之士";痛论"王安石、吕惠卿造立新法,悉变祖宗之政,多引小人以误国""力言惇不可用"的急先锋。当时一般旧党群僚,虽想折中于新旧之法而两用之,他却又独自"以为朝廷既察王安石之法为非,但当复祖宗之旧,若出于新旧之间而两存之,纪纲坏矣",①而和司马光一样坚决要和新党彻底决裂。从而他"修《神宗实录》,尽书王安石之过,以明神宗之圣",②把王安石说得一无是处。

此外,"元祐初修《神宗实录》秉笔者",③尚有反对王安石变法激烈人物苏东坡门下的四学士:黄庭坚、张耒、晁补之、秦观。④但也另有一个曾从王安石学过经学的陆佃,因而意见不一。陆佃就多次和范祖禹、黄庭坚争论辩驳。陆佃"大要多是王安石之晦隐。庭坚曰:'如公言,盖佞史也。'佃曰:'尽用君意,岂非谤书乎!'"那个曾经反对以王安石配享神宗之庙的郑雍,当然是站在黄庭坚一边,而以陆佃为"穿凿附会"的。于是陆佃被贬知颍州去了。等到《实录》修成,陆佃又被那个由司马光推荐,反对新法,攻击"章惇欺罔肆辨,韩缜挟邪冒宠"的朱光庭所讥议,徙知到邓州。⑤这次斗争,已够激烈的了。

(二)第二次斗争

元祐八年(1093)冬十月,高太皇太后逝世。范祖禹担心哲宗亲政,国事将有变化,便劝他守元祐之政。但当时绍述神宗更法立制的

---

①《宋史》卷 337《范祖禹传》。
②《宋史》卷 435《范冲传》。
③[宋]王明清:《玉照新志》卷 1。
④黄为著作郎秘丞,张、晁为著作郎,秦为秘书省正字。宋沿唐故事,馆职皆得称学士。
⑤《宋史》卷 343《陆佃传》、卷 342《郑雍传》、卷 333《朱光庭传》。

舆论,已经很盛,于是哲宗改元绍圣,复用章惇、蔡卞当权执政。蔡卞等对于元祐党人所修《神宗实录》的斗争,便采用了两种方式。

1. 将范祖禹等贬官下狱

章惇、蔡卞和新党人士经过一番议论,以为元祐时旧党所修的《神宗实录》多是诬蔑之辞。于是将前任史官范祖禹等人招来考问。开始摘出其中没有证验的一千多条,经过考核,没依据的还有 32 条。从而范祖禹一连被贬谪到远方,而死在宾化(今四川南川县)。①黄庭坚被下放宣州(今安徽宣城),晁补之"坐修《神宗实录》失实",秦观以"增损《实录》",张耒"坐党籍",全都受了贬官外调的严厉处分。②又吕大防以宰相监修史事,谏官说他"修《神宗实录》直书其事为诬诋",被外调到安州(今河北安新县)去了。但新党并不以此为满意,章惇既怕吕大防复相,又将他安置循州(今广东龙川县),行到信丰(今江西县名)路上就病死了。③蔡京又定下腹心之计,由御史中丞刘拯上言"元祐修先帝实录以司马光、苏轼之门人范祖禹、黄庭坚、秦观为之,窜易增减,诬毁先烈,愿明正国典",④硬是想把范祖禹等人斩尽杀绝,才肯甘心。蹇序辰又请设局选官编类司马光等人的"章疏案牍……置之一府,以示天下后世大戒。(哲宗)遂命序辰和徐铎编类,由是缙绅之祸无一得脱者"。⑤这就可见新旧两党的斗争愈趋激烈了!

2. 将《神宗实录》重行刊定

蔡卞"上疏言:'先帝(神宗)盛德大业'卓然出千古之上,发扬休

①《宋史》卷 337《范祖禹传》。

②《宋史》卷 444《黄庭坚、晁补之、秦观、张耒传》。

③《宋史》卷 340《吕大防传》。

④《宋史》卷 356《刘拯传》及论。

⑤《宋史》卷 329《蹇序辰传》。

光，正在史策。而《实录》所记，类多疑似不根。乞验索审订，重行刊定。使后世考观，无所迷惑'"。哲宗接受他的意见，便命他撰修国史。蔡卞根据王安石的《熙宁奏对日录》，把范祖禹等所修的《实录》，完全改了过来。①

《神宗实录》诚然改修过来，吕大防、范祖禹且被贬谪而死。然而章惇、蔡卞并未取得决定性的胜利。相反，两党在撰修国史上的斗争愈演愈烈了。

**（三）第三次斗争**

徽宗一经即位，鉴于元祐、绍圣都有错误之处，想以大公至正的态度来消除两党的仇怨，建立一种中和持正的政治局面，因而建元建中靖国，以资号召。但是，政治上的尖锐斗争，不是东风压倒西风，便是西风压倒东风。新旧两党之间的矛盾、斗争，又哪里是可以调和得了的！

所以徽宗刚一即位，首先韩忠彦就上疏反对编类司马光等所上章疏，而请从速罢置这个编类局。说是"今陛下又诏中外直言朝政阙失，若复编类之，则敢言之士，心怀疑惧。臣愿急诏罢局，尽哀所编类文书，纳之禁中"。②尤其是中书舍人曾肇，反对设立编类局，而主张将编写人员一切罢黜放逐。他说，我朝从来未曾编辑过臣僚们所上"指切朝政，弹击臣下"的章疏。而是爱护言事之人，不使后代子孙看见，结成仇怨。今编录章疏，且限定从元丰八年四月至元祐八年（1085—1093）四月中的，我是不能理解的。请将所有的编录人员都罢黜掉。③

---

①《宋史》卷 472《蔡卞传》。
②《续资治通鉴》卷 86《宋纪八十六》。
③《续资治通鉴》卷 86《宋纪八十六》。

徽宗不但接受曾肇的意见,罢置了编类章疏局,且将首先请设局审批元祐章疏的蹇序辰,指为讪谤,而将他停职除名,放回农村。御史中丞丰稷、论编类事状的徐铎,多看章惇的好恶为轻重,致使生死名臣,横遭窜斥。序辰既放归里,铎的罪恶不在其下。徐铎因被停职知湖州去了。①这场斗争,说来虽是编录元祐大臣司马光等的章疏与反编类的斗争,实际上也就是撰修国史的斗争。因为大臣们的章疏,原是撰修国史的原始重要资料,编类起来,据之以撰修国史,则旧党攻击新党的秘密,完全暴露在世人面前,而使人知道他们的阴险狰狞的面目。所以归根到底,这场斗争还是新旧两党编纂《神宗实录》斗争的继续。何况这个弹劾徐铎的丰稷,就是和陈瓘相继议论蔡京之奸,誓不与蔡京同在朝廷,而且请求辩论宣仁(英宗的宣仁高皇后)诬谤之祸。且言:"史臣以王安石《日录》乱《神宗实录》,今方修《哲宗实录》,愿申伤之"②的人物。因而一波未平,一波又起,陈瓘《尊尧集》的事件又发生了。

### (四)第四次斗争

高宗即位于徽、钦二帝被俘,北宋灭亡,国家岌岌可危的时代。一时旧党大造舆论,以为从神宗熙宁王安石当权,大肆变法,始给社会造成了严重的弊害。到徽宗崇宁蔡京主张绍述,力行王安石之政,结果导致了国家祸患。在这种政治气氛中,高宗也就"最爱元祐",以至"每称司马光,有'恨不同时'之叹"!③高宗既然"最爱元祐",反过来也就最恨熙宁、绍圣;既然"每称司马光",反过来也就深恨王安石、蔡京、蔡卞。因此:

①《宋史》卷 329《蹇序辰、徐铎传》。
②《宋史》卷 321《丰稷传》。
③[宋]李心传:《建炎以来系年要录》卷 14。

1. 排斥新党,改修《神宗实录》

高宗于建炎元年(1127)五月一日即位,当即大赦天下。一面推原祸乱的由来,而以蔡京、蔡卞"皆祸国害民之人",独不得赦。一面以"宣仁圣烈皇后(英宗高皇后)保祐哲宗,有安社稷大功,奸臣(蔡卞等)怀私,诬蔑圣德,著在国史,以欺后世。可令国史院,别遣差官摭实刊修,播告天下"。[1]高宗一经当权主政,即以排抑新党、改修新党所修《神宗实录》《哲宗实录》为政治上第一件任务了。

以后,常同又上疏论《神宗实录》《哲宗实录》二史曰:"在绍圣时,则章惇取王安石《日录》私书,修改《神宗实录》;崇宁后则蔡京尽焚毁时政记、日历,以私意修定《哲宗实录》。其间所载,悉出一时奸人之论,不可信于后世……陛下即位之初,尝下诏明宣仁安社稷大功,令国史院摭实刊修,又复悠悠。望精择史官,先修《哲宗实录》。候书成,取《神宗朱墨史》,[2]考证修定。庶毁誉是非,皆得其实"。[3]是高宗一经即位,虽曾下令重修《神宗实录》,只以当时国家危急,国事纷繁,实际上还是来不及刊修,因而常同又将这个问题提了出来。然而国难依然严重,一时还是顾不到这个刊修实录的事情。

2. 严格选择史官

直到绍兴四年(1134),隆祐太后(哲宗孟皇后)生日,又重新向高宗提起此事。她说:"吾老矣,有所怀为官家言之。吾逮事宣仁圣烈皇后,聪明母仪,古今未见其比。曩因奸臣诬谤,有玷圣德,建炎初虽下诏辩明,而史录未经删定,无以传信后世,而慰在天之灵"。高宗听了,

---

①[宋]周辉:《清波杂志》卷2、《续资治通鉴》卷98《宋纪九十八》。

②指"曾布修《神宗实录》,旧本则用墨书、新修者用朱书之"的《朱墨史》。见清孙承泽:《春明梦余录·宋史》,不是范冲的《朱墨史》)。

③《宋史》卷376《常同传》。

为之震悚,①立即下令重修《神宗实录》《哲宗实录》,并严格地选择不但有史学特长,尤其是要和新党有深仇大恨之人的后代担任撰修。首先,史家范冲的父亲范祖禹,是在元祐时修《神宗实录》被王安石的女婿蔡卞贬死在外的。高宗因之将他招来,对他说:"以史事召卿,两朝大典,皆为奸臣所坏。若此时更不修定,异时何以得明本末!"冲说:"先臣(范祖禹)修《神宗实录》,大意止是尽书王安石过失,以明神宗之意。其后安石婿蔡卞怨先臣书其妻父事,遂言哲宗绍述神宗,其实乃蔡卞绍述王安石也。至《哲宗实录》,亦闻尽出奸臣私意。"高宗以为他说得很对。②再则,常同既曾上疏论章惇、蔡京所修《实录》之不可信而请改修。尤其是他的父亲常安民是个和新党水火不相容的人物。原来常安民当熙宁时以经取士,学者莫不宗主王安石之说,他却独墨守旧人的注疏不变,甚至拒绝和王安石相见;又当面指责章惇是奸人李林甫,虽与蔡确为连襟,却不和他相往来;并因首先揭发蔡京之奸,致被贬在外流落 20 年,③而和新党有深仇宿恨。因而高宗就命常同撰修神、哲二宗的《实录》。并对他说:"是除以卿家世传闻多得事实故也。"④这就把所以命他撰修《实录》的目的和要求,都和盘托出地告诉他了。于是范冲、常同重修《神宗实录》,便先撰《神宗政异》,以示去取之意。旧文用墨笔书,删去的用黄笔书,新的用朱笔书,叫《朱墨史》。修《哲宗实录》,则别撰一书,叫《辨诬录》。⑤看起来是认真负责地将保留和删去的旧文以及新修的史文,严格地加以区别,以示他们的一丝不

①《宋史》卷 435《范冲传》。
②《续资治通鉴》卷 114《宋纪一百十四》。
③《宋史》卷 346《常安民传》。
④《宋史》卷 376《常同传》。
⑤《宋史》卷 435《范冲传》。

苟。实则是将不利于他们旧党的原文全部删去,并给这种原文予以反驳,把它说成是对旧党的诬蔑之词。所以神、哲二宗的《实录》虽然经过这四次重修,还不能算是最后的定本。

3.《神宗实录》难于撰修

从王安石推行新法以来,司马光就坚决和他对立,大唱反调,各立山头,互相攻击。在这种情形下,由他们任何一党中的史官来修当时的国史,也都是自以为是,而以彼为非,难于取信于人的。当时神宗也就看清楚了这一点,因而任命为国史编修官修起居注的,便以那在史馆多年,不肯稍为贬抑自己以图升官,而于权臣无所依附,忠实无党的王存。[1]又徽宗时,徐勣修《神宗正史》也说:"《神宗正史》今更五闰矣,未能成书。盖由元祐、绍圣史臣,好恶不同。范祖禹等主司马光家藏《记事》,蔡京兄弟纯用王安石《日录》,各为之说,议论纷然。当时辅相之家,家藏记录,何得无之,臣谓宜尽取用,参论是非,勒成大典。"徐勣诚然是以蔡京比卢杞,不肯和他同校《五朝宝训》;又祝贺徽宗召用范纯仁、韩忠彦做宰相为得人心的,但为人却较"鲠直",还肯说《神宗正史》之所以未能修成,是由于范祖禹和蔡京、蔡卞双方好恶的不同。徽宗以为他说得很对,便命他草诏教诫史臣对于神、哲二宗时辅相之家所藏的记录,必须"尽心去取,毋使失实"。[2]这种采用两党辅相之家的日录,参讨是非,而并用之的办法,自然是很好的。至于高宗深受隆祐太后的叮嘱,一意以章惇、蔡京、蔡卞所修神、哲二宗的《实录》,是他们编造的"谤史",因而于绍兴四年(1134)四月任命范冲、常同再行重修;六月,又置史馆校勘官。七年,又以重修的《神宗实

①《宋史》卷273《王存传》。
②《宋史》卷348《徐勣传》。

录》去取未当,命史官再加考订。①其目的也都是以为这个和旧党相斗争而重修的《实录》,只有谨慎行事,才能克敌制胜,取信世人。所以绍兴八年(1138),又复对范冲所推荐的勾涛再次强调隆祐太后的叮嘱,命他做史馆撰修,要他对蔡卞等所修的《哲宗实录》,"亟从删削,以信于世"。②计从神宗时修《神宗实录》以来,时间经过了50年,斗争了4次,结果,神、哲二宗的《实录》,虽然都算修成了,但"以信于世"的目的,则并没达到!

### 三、秦桧摧残国史,迫害史家

秦桧是中国历史上一个典型的权奸。他在南宋高宗绍兴年间(1131—1162),两度执政当权,先后做宰相19年之久。他结党营私,专横独断,而以"簿书狱讼,官吏迁降",做他政治上第一件的急切要务。③举凡"诛赏予夺,悉其所主持,人主(高宗)反束手于上,不能稍有可否"。④他主张投降,主持和谈,决心向金称臣纳币。他冤杀抗金名将岳飞,贬逐抗金大臣张浚。赵鼎反对金立张邦昌做傀儡皇帝,而用岳飞收复襄阳等郡,也受到他的排斥。可以说罪恶昭彰,民愤极大。他目空一切,"上不畏高宗,中不畏大臣,下不畏天下之议"。⑤真是"无天于上,无地于下"!然而一代的国史,却是无情的。一经如实地记载他祸国殃民的罪恶,便将遗臭万年。这就又使他不得不害怕起来,而要摧残国史,迫害史家,以歪曲、窜改、毁灭历史的真相,企图蒙蔽后世,掩

---

①《宋史》卷27、28《高宗纪》。

②《宋史》卷382《勾涛传》。

③《宋史》卷473《秦桧传》,以下引自《秦桧传》中的材料尚多,不再一一注明。

④[清]赵翼:《廿二史札记》卷26《秦桧、史弥远之揽权》。

⑤《宋史》卷381《黄龟年传》。

盖罪恶!

### (一)秦桧把持国史馆、摧残国史

为了夺取国史馆的领导权和撰修权,秦桧除了自己以宰相的资格,是当然的国史馆坐纛旗儿的监修官以外,并用儿子秦熺监领国史,孙子秦埙撰修实录。熺因修成从高宗建炎元年(1127)以至绍兴九年(1139)的《日历》590卷。又以太后北还,熺作歌颂他父亲的功德,长达二千多字的文章一篇,使著作郎献上高宗。秦桧再次当了宰相,又将他罢相期内,凡是高宗的诏书,群僚们的奏疏,全都加以改易或烧毁。不仅如此,就在秦桧当权,与万俟卨(读墨其薛)狼狈为奸,冤杀岳飞之后,又抄查了岳家,将高宗的手札和岳飞的奏疏,也都检收起来,给以毁灭。①当时的日历、时政记,亦复遭他们践踏,亡佚很多。是后记录,则都由秦熺执笔,再也没有公是公非了!所以高似孙既说:"高宗实录,其史册散佚,记载疏略,尤有甚于令狐峘之时(唐令狐峘修《玄宗实录》,以丧乱之后,实录散失,很是漏略)……其有分于秦桧者,笔不得下。"②魏了翁又说:权奸是没有不怕史官,而嫉恶他们的记载的。因之是非毁誉,也都失去了真实性,高宗以后的史事,绍兴八年至二十五年(1138—1155,即秦桧当权以至逝世的期内),最为简略疏漏。小人一天到晚做坏事,还怕什么人说,只对传之后世的史籍,则必须想尽方法禁绝,加以篡改。③所以秦桧一死,张孝祥便向高宗说:故相秦桧所作时政记,专依自己的意思。请将他修成的日历,详加审核,以

①《四库全书总目》卷158《别集·岳武穆遗文》,[宋]岳珂:《金陀粹编》卷6《鄂王行实编年》卷5、卷22,《吁天辩诬》卷5。

②[清]高似孙:《史略》卷3《实录》。

③[宋]魏了翁:《鹤山集·跋李简公记李悦等十事》。

明正误。①又"安陆郑尚书尝献言于寿皇（高宗），指近岁史官记载疏谬：谓当质诸衣冠故老之传闻，与夫山村处士之纪录，庶几善恶是非不至差误。寿皇嘉纳，报下如章。实录所书，可覆视也"。②至于汪藻更是不承认秦熺秉承他父亲的意旨修成的日历，在他的《浮溪集》卷 2《乞修日历状》中说："建炎至今三十余年，并无日历。"高宗于是在秦桧死后的第二年（绍兴二十六年），便命史官重修日历。③

　　然而秦桧虽然死了，他的党羽万俟卨、汤思退，还是相继当权的宰相。甚至经"聪明英毅"，"万机独运，而大臣充位"④的孝宗横扫了秦桧的党羽，但秦桧的残余势力以及他在国史上散播的毒素和影响，并没有肃清。就是到了宁宗庆元时期（1195—1200）撰"修实录，乃用其徒子弟位长史局。不但未必发明伟绩，且使秦氏奸恶，殆将并揜，深用叹惋"。⑤

### （二）秦桧组织国史馆班子、迫害史家

　　正因为秦桧要把持国史馆，便敢于打破历史上从来未有的先例，以他监修国史宰相的儿子监领国史，孙子撰修实录，国史馆也就成了他一家独霸，而"五官六腑败坏于臭皮囊中"的禁地。从而就是副宰相李光想任吕广问以史馆职务，也都得不着秦桧的批准。⑥但史馆里的工作又是很繁重的，秦家一门的子孙也包办不了，秦桧便又物色了一伙同党，组织起一套班子。从而和他秦家子孙共修国史的，便是汤思

---

①《宋史》卷 389《张孝祥传》。
②［宋］李心传：《建炎以来朝野杂记·乙集序》。
③《宋史》卷 3《高宗纪》。
④［宋］王应麟：《困学纪闻》卷 15《考史》。
⑤［宋］王明清：《玉照新志》卷 5。
⑥《宋史》卷 385《周葵传》。

退。为什么？因为汤是深受秦桧父子之恩，为秦桧所引荐的死党，而所作所为，又是仿效秦桧祸国殃民的奸邪。①再则，吴曾本是个投考未被取录，②在乡里又没好的声誉的人。③只因"好为大言"，善于向秦桧献殷勤，而借桑维翰的赞成和议，以归功秦桧主和的成功；④又策划为秦桧加九锡。⑤而绍兴二十三年（1153），又"正是秦（桧）兴大狱，追治贤大夫时"，弄得人心惶惶。而他却幸灾乐祸，附势助威地"以禁生日诗为非，'圣相'为可称"，⑥给秦桧充辩士，贴面金，也就为秦桧所垂顾、倚重，被任为"以编年体叙帝系而记其历数"⑦的玉牒检讨官。至于范同，虽然开始能和秦桧一样赞成和议，得被引荐为实录馆的编修。后来却以他依自己的意志向高宗奏事，也就遭到秦桧的忌刻，被逐出史院。⑧又，邓名世原来虽然是个史馆校勘，⑨终以擅自撰修日历，为秦桧所恶，被"勒令停职，遇赦牵复而死"。⑩甚至王铚在建炎末年，任枢密院编修，所撰《祖宗兵制》受到了高宗的好评。但因和秦桧"议论不同"，而为"秦会（桧）之所不喜"，也就又被迫离职。秦桧便把他自己的母舅王铁介绍给高宗，说他"有史才"。因为铚、铁二字的偏旁相同，高宗便错误地以为王铁就是王铚，也就用了王铁在枢密院供职。⑪

---

①《宋史》卷 371《汤思退传》。

②［宋］洪迈：《夷坚志》乙卷 2。

③［清］徐松：《辑本宋会要》卷 187。

④［宋］吴曾：《能改斋漫录》卷 10。

⑤《朱子语类》卷 131。

⑥［宋］赵彦卫：《云麓漫抄》卷 4。

⑦《宋史》卷 164《职官志》。

⑧《宋史》卷 380《范同传》。

⑨［宋］陈振孙：《直斋书录解题》卷 8。

⑩［宋］李心传：《建炎以来系年要录》卷 172。

⑪［宋］王明清：《挥麈后录》卷 11。

秦桧又企图在科举中拉拢一批青年知识分子,来扩大、培养他所企图组织的史学第二套班子,以期永远占领国史馆这个独立王国。因而他示意主考官特地从经史中选择易于献谄媚的材料命题,而令应考的知识青年竞逐时好,以便他们在试卷里窃取一些历史事实,不顾本末真相,妄肆穿凿,颠倒黑白,来对他秦桧歌功颂德。歌颂得好的,就把他们取录在前列。然而事情总是一分为二的。有迎合秦桧意旨命题的主考官,也就有不肯附和秦桧的礼部侍郎周葵。他向高宗上反对的奏疏说:"望诏国学,并择秋试考官,精选博古通今之士,置之前列。其穿凿乖谬者,黜之。"因而立即被秦桧的喉舌侍御史汤鹏举奏,贬黜置信州(今江西上饶市)。当时秦桧虽已死,然而他党羽的权势气焰还是炙热逼人,一经触及,就得大倒其霉了!

### (三)秦桧严禁私史

正因为秦桧要独霸史馆,也就只准他的儿孙和死党担任撰修,不许别的史家插手。甚至其他史家所写、所藏的私史,也都严加禁止,这完全搞的是一种史学专制独裁主义。但《宋史·秦桧传》,既说他禁野史,又说他禁私史。其实,私史、野史,直到唐朝虽然还有区别,到宋代也就同是一种史书了。这是因为中国古代,是根据《春秋》大一统的意义,而谓诸侯之国的史书为私史的。所以刘知几的《史通》说:"晋有乘,秦有记,鲁有史,皆私史也。"而野史则是区别于一个国家史官之所修撰,由私家记载而成的。但到宋朝,由于私人撰修而记载国家大事的野史汗牛充栋,则私史、野史,也就成了同是一种的史书而没区别了。

秦桧为什么要禁私史?他对高宗说"私史有害正道",因而下令许人告发。这就是说只许在他秦桧的意旨下去编修国史,如其有人私自写了半句有不利于他的史书,便是"有害正道",而要受到严重的政治处分。其实,宋人所撰私史,多因门户之见,党派之争,而立论各自不同,是非不一,以至互相攻击。然而史官修史,正可将这些记载不同的史籍,加以综合,给以分析,再参考一些旁的史书和资料,也就可以从中得出一种比较近于实际的情形。这对撰修国史,正是大有裨益的。《资治通鉴》之所以成为中国史学史上的名著,这与司马光之能兼采并收,甚至小说也不肯遗弃,是分不开的。诸如:淖方成祸水之说,则采自《飞燕外传》,张象冰山之语,则采及《天宝遗事》。永瑢就曾说"张师棣《南迁录》之妄,邻国之事无质也,赵与贵《宾退录》证以金国官制而知之。《碧云骢》一书,诬谤文彦博、范仲淹诸人,晁公武以为真出梅尧臣,王铚以为出自魏泰,邵博又证其真出尧臣,可谓聚讼。李焘卒参而辨定之,至今遂无异说。此亦考证欲详之一验。然则(私史)有裨于正史",①自不必说了。然而"自昔权臣用事,必禁野史。故孙盛作《晋阳秋》,而桓温谓其诸子言:'此史若行,自是关卿门户事'",②可见权臣是害怕私史的。所以秦桧既专横独霸,把宋代的国史馆,当作他秦家的一言堂,排除异己,安插亲信,只有他儿子、孙子所修的日历、时政记,才合乎正道;别人所著的私史,则都以表奏了他祸国殃民的罪恶,使他遗臭万年,而成了有害于正道的诬辞邪说,也就必须严厉禁绝,允许告发,给予惩处!

在这专制独裁下,趋炎附势之士,莫不承风望旨,争相告发。李光原是秦桧政治上的大敌,在高宗面前曾大声怒斥秦桧"盗弄国权,怀奸误国"。③因而他的儿子李孟坚依据他所著的私史,压缩以成节本,便坐私撰国史的罪名,不但他自己下了监牢,"一家尽遭流窜",秦桧

---

①《四库全书总目》卷45《史部总叙》。
②[宋]李心传:《建炎以来朝野杂记·乙集序》。
③《宋史》卷363《李光传》。

且因此兴了一场大狱。①至于坚决反对主和，与秦桧誓不两立，而上书请斩秦桧之头，否则便赴东海而死的胡铨，②更是担心秦桧害怕史官会依据朝廷所藏不利于他的奏疏做撰修国史的资料，而恣意加以污损、毁灭，就将他所上"辞意精切，笔法老成，英风义发，凛凛飞动"的奏折，特地用皂囊封板裹夹起来，以防宣泄。③但后来和议结成，胡铨所上的奏疏，终被主和派诬为妄言，将他除名，押送新州（今广东新兴县），由地方官统管起来了。胡铨在新州，又因所填《好事近》的词里，有一句"豺狼当辙"的话，被秦桧的私党郡守张棣检举成"讪谤，怨望"，移谪到更加遥远、荒僻的吉阳军（今海南岛）去了。④

洪皓，本是出使于金，被扣留15年之久，"当艰危不少变"，忠节昭著，而承高宗所眷顾的人物。反过来，也就是主和、投降的秦桧之最所嫉妒的人。⑤因而在秦桧独霸史学领域，严禁私史的情势下，也就生怕惹起滔天大祸，而将在金记载金杂事的《松漠纪闻》秘藏起来，不敢让它流传于世！⑥

甚至家中藏有私史的，在秦桧严厉的禁令之下，也都惊惶失措，只顾免祸，而将藏书中之属于私史的，不管是谁编著的，全都付之一炬。比如：王明清家的藏书虽被李伯阳取去了一大半，至少还有1万卷。绍兴十七年（1147），秦桧擅国专权，谏官秉承他的意旨，说会稽（今浙江绍兴市）士大夫家藏野史以谤时政，虽是针对李泰发家中而

---

① [宋]李心传：《建炎以来朝野杂记·乙集序》。

②《宋史》卷374《胡铨传》。

③ [宋]胡铨：《经筵玉音问答》。

④ [宋]李幼武：《名臣言行录》卷13《胡铨》、[宋]王明清：《挥麈录》卷10。

⑤《宋史》卷373《洪皓传》。

⑥《四库全书总目》卷51《杂史类·松漠纪闻》。

言的。但王明清的母亲却被吓得筋酥骨软,把前人所记本朝典故和王明清的祖父、父亲(王铚)所有撰述的史稿、杂记之类,全都投毁于火了。①至于李光家里更是胆战心惊,唯恐大祸临门,而将所有的藏书,不管什么经、史、子、集,全都付之于火。又《涑水纪闻》,明明是司马光所"述见闻,手笔细书","非他人之所得为"②的一部杂记。那么,"以《纪闻》非(温)公所为",③自然是有一定的缘故的。因为"其间善恶杂书,无所隐避";④而秦桧又多次严禁私史,所以司马光的曾孙司马伋生怕以此招祸,便故意说是他人"妄称名字,售其私说",而不是他曾祖父的论著之书。"伏望降旨禁绝……尽行毁弃。"⑤原来我国雕版"刊书、始于隋、唐,至五代与宋而后盛"。⑥再加上宋太宗即位后,多方收拾,国家藏书已有几万卷。⑦真宗时,更是"板本大备",四库藏书,已有19万卷。⑧以后靖康之难(钦宗靖康二年,金灭北宋的历史事件),虽然馆阁藏书,荡然无存。但经高宗南渡之后,尽力搜访,奖励上献,国家书库,又复充实起来。⑨再加上四方"郡府、多刊文籍;且易得本传录。仕宦稍显者,家必有书数千卷"。⑩自是中国藏书史上的一大盛事。只以秦桧严禁私史,致使私人藏书多次遭到焚毁,又使书籍遭到了一次大的灾厄。

---

① [宋]王明清:《挥麈后录》卷1。
② [宋]朱熹:《晦文集》卷81《潜虚赋》。
③ [宋]吴曾:《能改斋漫录》卷3《纪闻非温公所为》。
④ [宋]朱熹:《晦文集》卷81《潜虚赋》。
⑤ 《建炎以来系年要录》卷154。
⑥ [明]王士禛:《池北偶谈》卷17。
⑦ 《宋史》卷202《艺文志》,[宋]程俱:《麟台故事》卷上。
⑧ 《宋史》卷431《邢昺传》。
⑨ 《宋史》卷202《艺文志》。
⑩ [宋]王明清:《挥麈前录》卷1。

在秦桧执政当权,乌云滚滚的专制独裁下,许多史家遭到迫害,许多私史遭到烧毁。因而史家要私写一部史书,只有严守秘密,绝不敢消息外传。所以李焘虽然"平生生死文字间","慨然以史自任,本朝典故,尤悉力研核"。但他早年著书,却因正值秦桧当权,唯恐遭到诬陷迫害,就只有严守秘密,直到秦桧死了,他才消除了思想顾虑,著书消息,才开始上闻于中央。他所修撰的《续资治通鉴长编》,是经时四十年博及群书,"自实录、正史、官府文书以逮家录、野记,无不递相稽审"的巨著。然而提点刑狱公事的宪官何熙志,却是个在秦桧掌权时被收买的考生,严禁私史时的绍兴进士,因而攻击"《长编》记魏王(廷美)食肥彘语涉诬谤"来陷害李焘。只因孝宗为李焘撑腰,才使何熙志的阴谋诡计未能得逞。孝宗又给《长编》以高度地评价而称之为"实录",且为之署封面,作序,①给予特殊的荣宠。

我们知道,宋自开国以来,即有太祖、太宗在政权上的严重斗争,而终由太宗夺取了皇位。在太宗笼络、打击的两手政策下,一时效忠顺、献谄媚的风气大盛,文史之士谁都不敢在国史里记载"烛影斧声"之事,致仅见于野僧的《湘山野录》中。今李焘当秦桧权势炙灼,严禁私史的时代,却独品"性刚大,特立独行",敢于多采士大夫的家录、野记,尤其是《湘山野录》中的"烛影斧声"记载撰修他的《长编》,这使恢复了太祖政权的太祖七世孙孝宗,自然要对他给以特殊的垂顾和表扬,以他"父子同主史事",而使他受到了极大的鼓舞和鞭策,"感上知遇,论事益切",②著述愈加勤奋,得有许多经史方面的著作问世。然而

①请与前文中"宋代国史终于记载了'烛影斧声'之事受到保护、表扬和高度的评价"的内容合看。

②《宋史》卷388《李焘传》,[宋]周益公.《跋范太史藏帖》。按周益公,即周光卿,《东都事略》有传。

这个问题,却不只是李焘个人的问题,而是严禁私史这个宋代史学领域内严重斗争的问题。

**(四)相继延续在撰修国史上的斗争**

以上所述太祖与太宗的斗争,新旧两党的斗争,秦桧摧残国史与迫害史家,只是宋代统治阶级内部在撰修国史的几场更为严重的斗争。实际上这种斗争,和宋代的外患一样,是和宋代政权的存亡相终始的。也就是说,宋自开国直至灭亡,都是贯穿着撰修国史上的斗争,只有轻重之分,而无有无之别。所以在秦桧摧残国史、迫害史家之后,这种斗争并没有结束,而是相继延续下去,不至宋代灭亡,是不曾停止的。

1. 韩侂胄刊削旧史、严禁私史

宁宗时代(1195—1224),权奸韩侂胄诬陷赵汝愚谋反,将他贬谪在外,而死在道路上。史官却仰承韩侂胄的意旨,刊削旧史,焚毁原稿,致使赵汝愚含冤不白。经其儿子赵崇宪向宁宗请求申饬史官改正,好容易才把颠倒黑白的玉牒、日历修改过来,为赵汝愚平反昭雪。

权奸是害怕私史会记载他不可使人知之的罪恶的。因而当时士大夫记述时事的语录、家传,也都为韩侂胄所深恶痛恨。嘉泰二年(1202),赵彦卫望风承旨,特地向韩侂胄献媚,请他"禁野史。且请取李文简(李焘)《续通鉴长编》、王季平(王偁)《东都事略》、熊子复(熊克)《九朝通略》、李炳《丁未录》及诸家传等书,下史官考订。或有裨于公议,乞即存留,不许刊行,其余悉皆禁绝,违者坐之"。①这就是说,私史对于韩侂胄有利的就留存,以便修国史时采用;有害的就禁绝,以免向外流传。如此严禁野史,和秦桧正是如出一辙。因而当时李心传编辑从高宗建炎年间(1127—1130)以至嘉泰二年(1202)朝野所闻之

———————
①[宋]李心传:《建炎以来朝野杂记》。

事,以成《建炎以来朝野杂记》,尽管唯恐因此惹祸,"不涉一时之利害与诸人之得失者",关心他的还是对他说,"子之是书,其以贾祸也,可不虑哉"!也就使他越加害怕,"戛然而止"了!只有等到韩侂胄这个"权臣殂死,始欲次比其书",而且承宁宗允许,才敢刊行,①不就可见韩侂胄禁私史之够严厉吗?

2. 史嵩之迫害李心传,篡改《四朝帝纪》

理宗时(1225—1264),权相史嵩之专横独断,凡是政见和他有分歧的,都受到了他的排斥,致为公论所不容。②先是嘉熙二年(1238),李心传受命撰修高宗、孝宗、光宗、宁宗《四朝国史》《实录》。③他自己专修帝纪,刚成三分之一,即被谏官所论罢。④至淳祐二年(1242),《四朝帝纪》修成,献上中央,史嵩之又妄加毁誉,并将李心传所请史馆校勘高斯得所修《宁宗纪》末卷加以修改。因而高斯得和史官杜范、王遂都同他展开了争辩。杜范并在答高斯得的书信中,指出了哪些是奸人剿入的邪说。⑤

3. 贾似道迫害王应麟,废置左、右史直前奏对的制度

理宗时,贾贵妃的弟弟贾似道,已是窃弄政权,势震中外。到了度宗年间(1265—1274),他的权势更是炙热得可怕,致使"正人端士,为似道破坏殆尽"。⑥而修起居注的王应麟,更是他的眼中钉,肉中刺。当王应麟在玉牒阁门直前奏对时,立即遭到他的喉舌谏官的驳斥。从而

①[宋]李心传:《建炎以来朝野杂记序》和《乙集序》。
②《宋史》卷414《史嵩之传》。
③《宋史》卷42《理宗纪》。
④《宋史》卷438《李心传传》。
⑤《宋史》卷404《高斯得传》。
⑥《宋史》卷444《贾似道传》。

王应麟不但受到了贬谪，就是左、右史官直前奏对的制度都被废置了。①这就可见当时的权奸不但可以任意贬谪一个史官，而且可以恣意破坏一代的史官制度。赵宋政权，腐朽败坏，已是如此。仅从这里去看，也就知道其灭亡之年(1279)，不会很远了！

①《宋史》卷 438《王应麟传》。

# 关于宋代重修《唐书》的问题

## 一、重修《唐书》的原因——以唐为鉴

宋朝为什么要重修《唐书》? 这当不是无缘无故,而是有一定的政治原因的。当时著名史家刘敞为仁宗所代作的敕词就曾说:"古之为国者法后王,为其近于己,制度文物,可观故也。"①

"殷鉴不远,在夏后之世。"唐宋之间,虽然隔了个五代,但毕竟相距较近,宋代君臣言行动静之应取法于唐代以为龟鉴,也就属于自然之事。所以宋代文史之士,便有以为撰修唐史有益于治体,而修唐史以为当代君臣之龟鉴者。②甚至有撰修史书,直截了当名之曰《唐鉴》的。诸如:石介"唐鉴","以戒奸臣、宦官、宫女,指切当时,无所忌讳"。③范祖禹深明唐代 300 年治乱兴衰,以为"观古所以知今,彰往所以察来",而"唐于本朝,如夏之于商,商之于周,厥鉴不远,著而易见"。又说:"今所宜鉴,莫近于唐。"④这是因为"人臣引古规戒,当近取前代,则事势相接,言之者有证,听之者足以监"。⑤宜乎宋人修史之近取唐事以

---

①[宋]陈振孙:《直斋书录解题》卷 4《新唐书》。
②《宋史》卷 310《李及之传》。
③《宋史》卷 432《儒林·石介传》。
④[宋]范祖禹:《范太史集》卷 13《上太皇太后表》、卷 36《唐鉴·序》。
⑤[宋]洪迈:《容斋随笔》卷 16《前代为鉴》。

为龟鉴,以至名之曰《唐鉴》了。至于孙甫著《唐史记》75卷,直言"唐君臣行事,以推见当时治乱,若身履其间,而听者晓然如目见之",①那就越加见得唐代君臣行事,对宋人感受的深切明了了。再加上:

第一,五代本来就是个战乱纷争的时代。就后晋来说,既多内乱、灾害,又与契丹兵连祸结,立国仅仅短暂10余年(天福元年至开运三年,936—947),也就灭亡了。而在国难严重的5年内(天福五年至开运二年)所修成的《唐书》②,时间仓促,粗疏不精,也就有重修的必要。

第二,五代混乱的局面,原是李唐天宝以来藩镇割据的继续。从而尽管藩镇在唐代是个极其重要以至关系到理乱兴亡的问题,刘昫等之修《唐书》,也都深怀顾虑,不敢创立什么《藩镇传》。宋太祖开建了他赵家的一代政权,为了消灭这个武人跋扈,控驭极难的祸根,首先既以杯酒释去了石守信等的兵权,又于宴会罢除了王彦超等的节镇。那么,在宋代士大夫的心目中,能够不重修《唐书》,创立《藩镇传》,尽力阐发它的来源以及酿成的祸害,以之仅仅列于四裔之前而深恶痛绝之吗?

第三,五代本是不知人间有羞耻事,道德败坏,风气衰敝的时代。别且莫说,即以刘昫、赵莹、贾纬、赵熙这伙监修、撰修《唐书》的人们来谈,也都在五代中的两代,以至四代做过官;甚至还有背叛民族,在契丹做过官的。从而他们之修《唐书》,虽然不得不照例行事,立下《忠义传》,却更在《屈突通传》里,表扬他"尽忠于隋而功立于唐,事两国而名益彰",并厚颜无耻地连什么"一心可事两君,宁限于两国"的话都说了出来。这又是宋太祖一经开国,即褒奖韩通,表彰卫融,以示意

①《宋史》卷295《孙甫传》。
②当时因避后晋高祖石敬瑭之讳,不叫唐书,谓之为《李氏书》,或《前朝李氏纪志列传》。

向的政权下的士大夫们所能允许,而不重修《唐书》,以至在《忠义传序》里,首先即大肆强调"忠义者,真天下之大闲欤……王者常推而褒之,所以砥砺生民而窒不轨也"么! 因为忠义,乃是天地间至关重要的大事,所以人的一生行为,都得"必在可以然之域! 不在可以然之域,故虽死亡,终弗为也"。①所谓生虽人之所欲,但一到有关忠义的关头,则是丝毫不能有所含糊,半点不准有所"出入",绝对地只有舍生而取忠义。又怎能允许刘昫等的《唐书》,在这关于大是大非的《忠义传》里,一任"大德逾闲"而为自己辩解呢!

欧阳修等极其认真地对待了这件忠义大事,把《旧唐书·忠义传》中的王义安、苏安恒、王求礼、庾敬休这些不够忠义标准的人物,都改入了普通一般的列传里,这是一方面。另一方面,为了奖励忠节,又因《旧唐书》曾将张孝忠、田弘正和田承嗣合传,李洧、刘雍、王承元、史孝章附在他们的家传,都一个个提了出来,把他们一并列入了同一列传里面。人以类聚,真是一点也不含糊。此外,《新唐书》又增立了刘昫等旧书中没有的《奸臣传》《叛臣传》《逆臣传》。如此体例严明,无非都是针对旧书的严重缺陷,而精心为之增补的。

第四,五代文气衰敝,史家记述史事,殊不足以对后世起劝诫的作用。欧阳修、宋祁则皆擅长韩、柳古文,这又使他们有重修《唐书》为当时政治服务,为后代千秋垂戒的必要。这只看《新唐书》里,凡是遇到诏、诰、章、疏骈俪的行文,必尽力删除;凡是逢着韩、柳古文可以入史的,都采摘不遗,不就明白显然了吗? 所以曾公亮的《进新唐书表》就曾提出:"五代,衰世之士,气力卑弱,言浅意陋,不足以起其文,而使明君贤臣,隽功伟烈,与夫昏弱贼乱,祸根罪首,皆不得暴其善恶,

---

①[汉]董仲舒:《春秋繁露》卷3《玉英》。

以动人耳目,诚不可以垂劝诫,示久远,其可叹也! ”于是君臣上下,全都认为有重修的必要。

综上所述看来,宋代重修《唐书》,是事所必要,时所必需的。所以修成上进时,仁宗也就大事嘉奖欧阳修等“校雠有功”。说是“朕将据古鉴今,以立时治,为朕得法,其劳不可忘也。皆增秩一等,布其书于天下,使学者咸观焉”。①

## 二、重修《唐书》的经过

重修《唐书》,诚然是当时士大夫们的共同愿望和要求。但正式把这问题提出来而向仁宗建议的,则是庆历五年(1045)做了宰相的贾昌朝。仁宗因之诏令王尧臣、宋祁、杨察、赵概、张方平、余襄为撰修。中间宋祁以修庆历编敕不到局,赵守苏州,王丁母忧,张、杨皆外补,独宋祁一人秉笔。不久,祁又调守亳州,乃许以史稿自随。当时欧阳修既不为贾昌朝所喜欢,且又贬知在滁州,故不得参与。直至嘉祐初年(1056)回到京师,才领导刊修、分撰本纪、表、志。但以编敕不曾到局,周翰也未到局,公南调迁开封,不疑因眼疾辞职,乃用王畴补缺。不久,吕夏卿入局。刘羲叟修天文、律历志,将完成,而梅圣俞入局,修方镇、百官表。

至于提举,始为贾昌朝。贾罢相,乃用丁度。丁死,刘沆代之。刘罢相,王尧臣代之。王死,又用曾公亮。至嘉祐五年(1060),书始修成。②是宋重修《唐书》,提举既屡更改,修撰、编修又职不专一,要想把书修成、修好,也就困难了!

---

①[宋]陈振孙:《直斋书录解题》卷4《新唐书》。
②以上据[宋]宋敏求:《春明退朝录》卷下,[宋]叶梦得:《石林燕语》卷4,[清]凌扬藻:《蠡勺编》卷12《新书告成之难》。

### 三、重修《唐书》的纠纷

"文人相轻,自古而然。"宋时重修《唐书》,是发生了一些严重的纠纷的。

第一,欧阳修以文章名天下,曾任馆阁校勘。①但不是宰相贾昌朝所喜欢的人,重修《唐书》,开始也就未得参加。②据张舜民《画墁录》所载仁宗嘉祐中重修"《唐书》卒业,所费缗钱十万有奇,既进御……谕执政等云:'当时何不令欧阳修为之?'魏公(韩琦)对曰:'修分作帝纪、表、志。'"这就可见欧阳修之于重修《唐书》,是始而未得参加,后来虽已参加,仁宗都是备受蒙蔽而不知道的。那么,欺君罔上,其罪甚大,为了不准欧阳修参加,竟不惜蒙住皇上。这就可见这次纠纷闹得不小。以怨报怨,于是嘉祐元年(1056),贾昌朝将要发表为枢密使,欧阳修便极力上疏反对,说是"昌朝禀性回邪,执行倾险,颇知经术,能文饰奸言,好为阴谋,以陷害良士。小人朋附者,众皆乐为其用。前在相位,累害善人。所以闻其再来,望风畏惧……早罢昌朝,还其旧镇,则天下幸甚!"③欧阳修是至和元年(1054)才参加重修《唐书》的。贾氏如果当权,他还能继续撰修下去吗? 有你无我,纠纷是白热化了。

第二,据高似孙《纬略》:"仁宗诏重修唐书十年,而欧阳公至分撰帝纪、表、志,七年书成。韩魏公素不悦宋景文(宋祁),以所上列传文采太过;又一书出两手,诏欧公看详,改归一体。公受命叹曰:'宋公于我为前辈。人所见不同,岂能尽如己意?'竟不易一字。又故事修书进御,唯书署官崇者。是时宋公守郑州,欧公位在上。公曰:'宋公于此日

①《宋史》卷 319《欧阳修传》。
②[宋]叶梦得:《石林燕语》卷 4。
③[宋]欧阳修:《欧阳文忠公集》卷 110《论贾昌朝除枢密使札子》。

久功深，吾可掩其长哉？'遂各列其名。宋公闻之曰：'自昔文人凌掩，斯善，古未有也。'然宋公却自撰纪、表、志，今其家犹有此本，世人固未尝见之耳！"

从上可见韩琦不喜欢宋祁，便托故要欧阳修将他所修的列传改归一体。这说来虽是冠冕堂皇，实际上则是借公报私。再则，欧阳修分修纪、表、志，宋祁分修列传，分工很明显。但宋却又自修纪、表、志藏在家中，不让人看见。这自然是因他对欧阳修所修的纪、表、志有所不满，只以官位较低，不敢和他计较罢了。至于欧阳不肯改易宋修的列传，而请署宋的姓名的事，则都是张邦基从欧阳修的曾孙处得来的（详见张所著的《墨庄漫录》卷4），明明是后代子孙溢美其先人之词，又哪里可以相信呢？

陈振孙就曾说："《新唐书》列传，用字多奇涩……欧公尝以听《藩镇传序》，曰：'使笔力皆如此，亦未易及也。'然其序全用杜牧《罪言》，实无宋公一语。然则欧公殆不满于宋名衔之著，固恶夫争名"也。[1]可见欧阳修之请署宋的姓名，正是他内心深处对宋不满，不屑与他争名的缘故，讥讽宋所作列传文字奇涩的表现。

总之，当时"议者，颇谓永叔（欧阳修）学《春秋》，每务褒贬；子京（宋祁）通小学，唯刻意文章"。[2]二人爱好不同，因而互相看不起。欧阳修分修纪、表、志，而宋又自修一套藏在家中；宋祁分修列传，而欧阳修则讥讽他全用杜牧《罪言》的《藩镇传序》。互相鄙夷之意，不就充分暴露出来了吗。

第三，吕夏卿是当时精通唐史的专家，虽曾参与重修《唐书》，所著《唐书直笔新例》，既不承欧、宋二公采纳，[3]别有所见，也就只有私

---

① [宋]陈振孙：《直斋书录解题》卷4《新唐书》。
② [宋]晁公武：《郡斋读书志》卷2《上新唐书》。
③ [清]钱大昕：《十驾斋养新录》卷13《唐书立笔新例》。

自撰修《兵志》3 卷密藏在家中，教诫子弟们不得妄传于世，唯恐会引起事故。这就充分说明当时重修《唐书》，并非相安无事，而是意见分歧，纠纷严重，只是不曾公开地闹出来罢了。为了对这场纠纷有个比较清楚的了解，不妨将《宋史》《四库全书总目》关于此事的记载，抄录于下：

《宋史》卷 331《吕夏卿传》："夏卿学长于史，贯穿唐事，博采传记杂说数百家，折中整比；又通谱学，创为世系诸表，于《唐书》最为有功云。"

《四库全书总目》卷 88《史部·唐书直笔》紧接着上文说："是其（吕夏卿）位虽出欧阳修、宋祁下，而编摩之力，实不在修、祁下也。据晁公武《读书志》……别载夏卿《兵志》三卷，称得于宇文虚中。季蒙题其后曰：'夏卿修唐史，别著《兵志》三篇，自秘之。戒其子弟勿妄传。鲍钦止史部好藏书，苦求得之。其子无为太守恭孙偶言及，因恳借抄，录于吴兴之山斋云云。'然则夏卿之于唐书，盖别有所见，而志不得行者。特其器识较深，不肯如吴缜之显攻耳！"这就可见吕夏卿之修《唐书》，因为官位低于欧、宋，实在受尽了压抑，虽精通唐事，亦不得自行其志，只有闷在胸中，别作《兵志》，且又不敢公开传世，只有把它严密地秘藏起来。这都因为他心胸宽宏，能够百般忍耐，也就没有和欧阳公开滋闹起来罢了。

第四，据王明清《挥麈录》：仁宗"嘉祐中，宋景文（宋祁）、欧阳文忠（欧阳修）诸公重修《唐书》"时，有蜀人吴缜者，初登第，因范景仁（范镇）而请于文忠，愿预官属之末，上书文忠，言甚恳切。文忠以其年少轻佻，拒之，缜怏怏而去。逮夫《唐书》之成，乃从其间指摘瑕疵，为《纠谬》一书。"

我们认为，吴缜虽然是个登第少年，却能恳切上书，请预官属之末而修《唐书》，作为一代名贤的前辈欧阳修，自应准予所请，给他一个学习、提高的机会。提携青年，正是前贤应负之责，何况欧阳修是乃"奖引后进，如恐不及"①的前辈呢！且看吴缜自知蜀州，以后历典数州，都有惠政，②可见他实是个洞明世故，练达人情，而非轻佻胡为之人。又何怪乎他怨恨而去，为《纠谬》一书，历指其乖舛错杂，而多中肯以讥讽之呢？

总之，欧阳修诚然是宋代以风节自持的名人，只因"天资刚劲"，③缺少雍容度量，以故重修《唐书》，与人不协调，闹纠纷，"至于吕夏卿私撰《兵志》，宋祁别撰纪、表、志，则同局且私心不满。故书甫出，而吴缜《纠谬》即踵之而来"，④这都不能不由他来负责。再加上官修史书，种种牵制，就是那与欧阳修相与唱和的诗友，与物无忤而名重当时的文人梅尧臣，⑤一生虽以不得一官职为恨，但晚年得奉命重修《唐书》，却又和妻子说："吾之修书，可谓猢狲入布裂"，⑥不得自行其志了！

江山易改，本性难移。尹洙本是提倡古文，深通《春秋》，⑦与欧阳修志同道合，而为欧阳所挚爱，⑧所折服之友人。但欧阳修起初虽曾约尹洙分撰《五代史》，却因尹用编年体，他用纪传体，也就事不克成。⑨可见他实在是个难以与人合作，与人共同撰成一部史书的。

---

①《宋史》卷 319《欧阳修传》。

②《四库全书总目》卷 46《新唐书纠谬》。

③《宋史》卷 319《欧阳修传》。

④[清]梁章钜：《退庵随笔》卷 16。

⑤《宋史》卷 443《梅尧臣传》。

⑥[宋]欧阳修：《归田录》卷 2。

⑦《宋史》卷 295《尹洙传》。

⑧《欧阳文忠集》卷 49《祭尹师鲁文》。

⑨[宋]邵伯温：《闻见录》、[清]朱彝尊：《曝书亭集》卷 35《五代史记注序》。

### 四、所谓《新唐书》的"特点"

宋代重修《唐书》，最后以参知政事曾公亮典司其事，其进书表曰"其事增于前，其文省于旧"，以夸耀其书的特点。马永卿受学于刘安世，撰集其师的言语以成《元城语录》，其下卷则说："《新唐书》好简略，故其事多郁而不明……《唐书》进表云：'事增于前，文省于旧'……病正在此。"按安世为名史家司马光的弟子，学有师承，而风裁岳岳，明辨是非，更是宋代有名的谏官，对重修的《唐书》，竟提出与进书表如此决然相反的意见，这是值得推究的。

（一）事增于前

陈振孙撰《直斋书录解题》，校核历代典籍，既很精详，又品题其得失，议论亦复醇正。他除了同样指出《新唐书》"事增于前，文省于旧，"正是它不及《史》《汉》地方以外，并申述其指责"事增于前"的理由说："今唐史务为省文拾取小说、私记，则皆附着无弃。其有官品尊崇，而不预治乱，又无善恶垂鉴戒者，悉聚徒繁无补，殆与古作者不侔。始唐史置局时，其同僚约日著旧史所无者三事，则固立于不善矣！弊必至于此！"[①]

这段话确实是深中肯綮地指出了重修唐书"事增于前"的症结所在。设局伊始，同僚们便立意要找旧史中所无之事，动机便不纯正，故意与人为难！为了达到这个既定的目的，也就不择手段，背弃原来修唐书是因《旧唐书》不足以使明君贤臣的善恶事迹垂劝诫、示久远之故，而竟拾取不可相信的材料，如《严武传》采唐人范摅《云溪友议》之说，而谓武欲杀杜甫。其实，杜甫集中之诗，凡为武而作的，几乎多达

---

①［宋］陈振孙：《直斋书录解题》卷 4《新唐书》。

30篇,莫不都怀眷眷之情,哪里有什么欲杀之恨呢?[1]又如"《新唐书》采野史稗说,而不载"房琯诸王分镇的建议,如其没有程俱的《房太尉传后论》给予发扬,则这警破安禄山肝胆关于国家危亡的大事,也都湮没无闻了!"[2]那么,所省之事既属真实而又关乎国家大局;而所增的却是不可靠的,则虽增于前,又有什么意思呢?王鸣盛说得好:"《新书》务欲与《旧书》违异,《旧书》所有多削去,所无则增之,初不论其当否。"[3]则这种的事增于前,还是不增较好。当然,《新书》较《旧书》所增事迹固有必不可少的,容另为文论之。

邵晋涵说:"曾公立表进其书,谓'其事则增于前,其文则省于旧',语似夸诩。夫后人重修前史,使不省其文,则累幅难尽;使不增其事,又何贵乎重修?故事增文省,自班固至李延寿,莫不皆然,不得以此为夸诩。《新书》之失,在增所不当增,省所不当省耳。夫《唐大诰》《唐六典》,为一代典章所系,今纪、传既尽去制诰之辞,而诸志又不能囊括六典之制度,徒刺取卮言小说以为新奇,于史例奚当乎?"[4]我们知道,邵氏是乾嘉学术鼎盛之际,"经学史学并冠一时,久为海内共推"[5]的权威;为人又雅正醇和,言语温厚,则他以上对《新唐书》的评语,自是允当平正,值得后人信服、推许的。

何况"《旧书》"当五代乱离,载籍无稽之际,掇拾补葺,其事较难。至宋时文治大兴,残编故册,次第出现。观《新唐书·艺文志》所载唐代史书,无虑数十百种,皆五代修《唐书》时所未尝见者。据以参考,自得

---

①[宋]洪迈:《容斋续笔》6《严武欲杀杜甫》。

②[宋]王应麟:《困学纪闻》卷14《考史》。

③[清]王鸣盛:《十七史商榷》卷74《顺宗纪所书善政》。

④[清]邵晋涵:《新唐书提要稿》。

⑤[清]阮元:《南江邵氏遗书序》。

精详。又宋初积学之士,各据所见闻,别有撰述。如孙甫著《唐史记》七十五卷……赵瞻著《唐春秋》五十卷,赵邻几追补《唐实录》《会昌以来日历》二十六卷,陈彭年著《唐纪》四十卷。诸人皆博学勤采,勒成一书,必多精核,欧、宋得藉为笔削之地。"①而宋中央,又"尽发秘府之藏,俾之讨论"②。那么,"其事增于前",最主要的,也都是客观条件造成的,并不是什么他们个人的关系,又有什么可以夸口的呢。

(二)文省于旧

欧阳修固然是以文章冠天下,上继韩愈,倡导古文运动,反对艳丽浮华、衰靡无气的骈文,而为一代文坛之领袖;就是宋祁,又何尝不是以能文著名,而犹自恨其"文章仅及中人"③的人物呢? 以他们来重修《唐书》,自然是认为"文章属对平侧,用事者供公家一时宣读施行,以便快;然久之不可施于史传,余修《唐书》,未尝得唐人一诏一令,可载于传者。唯舍对偶之文,近高古者乃可著于篇。大抵史近古,对偶非宜。今以对偶入史策,如粉黛饰壮士,笙匏佐鼙鼓,非所施云。"这段文字,虽然出于《宋景文笔记》卷上,却也代表了欧阳修的意旨。不见欧阳修修《唐书》"本纪,用《春秋》例,削去诏令",④也就充分证明他俩在这一点上是见解相同,做法如一的。

然而诏令乃是一代帝王所颁发的命令、文告。举凡册文、制敕、诏、诰、策令、玺书、教谕,莫不包括在内。修史而不载诏令,则有关国家政治、经济、军事、社会重要的文件,也都删削不存,又将何以使人

---

① [清]赵翼:《廿二史札记》卷16《新唐书》。
② [宋]曾公亮:《进唐书表》。
③《宋史》卷284《宋祁传》。
④ [宋]陈振孙:《直斋书录解题》卷4《新唐书》。

得悉当时重大的历史事实呢？所以王鸣盛说："《新唐书》尤不满人意者，尽削诏令不登"也！①

事实上从马、班以来，哪有修一代"正史"而不载诏令的呢？只有欧阳修尊圣宗经，重文而尤重道，倡言"学者当师经，师经必先求其道"，②而"以通经学古为高，以救时行道为贤"，③也就"专气抱一"于先圣孔子的《春秋》义例，修《唐书》而独特地不载诏令。尊圣宗经走到这种地步，又何怪乎明修《元史》，就得特别制订《纂修〈元史〉凡例》，规定："按两汉《本纪》，事实与言辞并重，兼有《书》《春秋》之义。及《唐》本纪，则书法谨严，全仿乎《春秋》。今修《元史》，本纪准两汉《史》"而不准《新唐书》呢？这就可见全仿《春秋》以修史书，实在是拘泥太甚，徒令人有所拘阂，而使明修《元史》不得不以使用这种义例为规诫了！

事实上以裴子野修《齐梁春秋》，姚察父子撰《梁书》《陈书》，都已摒弃了靡丽之辞，法古而用质朴的散文；魏徵著《隋书》，不但文笔简洁，而且严峻地指责了"梁自大同（533—545）以后……词尚轻险，情尚哀思……盖亦亡国之音"！④至于刘知几批评自六朝崇尚协调声律，雕琢辞藻之文，遂"有凿迹文章，兼修史传"，⑤以致"骈章骊句……展卷灿然，浮文妨要"⑥的严重弊害。又复大肆讥讽说："大唐修《晋书》，作者皆当代词人，远弃班史，近宗徐（陵）、庚（信）。夫以饰彼轻薄之词，而编为史籍之文，无异加粉黛于壮夫，贩纨绮于高士者矣！"⑦总

---

①［清］王鸣盛：《十七史商榷》卷70《新纪太简》。
②［宋］欧阳修：《欧阳文忠公集·外集》卷18《答祖择之书》。
③［宋］苏轼：《居士集·序》。
④《隋书》卷76《文学传序》。
⑤［唐］刘知己：《史通》卷9《核才》。
⑥［唐］刘知己：《史通》卷6《言语》。
⑦［唐］刘知己：《史通》卷4《论赞》。

之,修史宜尚质朴典实,无取浮靡淫丽之文,这是从裴子野以至刘知几莫不如此的,但却没半个说是要将对偶文的诏令给予削去的。

然而"宋子京(宋祁)不喜对偶之文,其作史,有唐一代,遂无一篇诏令。如德宗兴元之诏,不录于书;徐贤妃《谏太宗疏》,狄仁杰《谏武后营大像疏》,仅寥寥数言耳;而韩愈《平淮西碑》则全载之。夫史以记事,诏、疏俱国之大事,反不如碑颂乎?柳宗元《贞符》,乃希恩饰罪之文,与相如之《封禅颂》异矣,载之尤为无识"。①宋祁之修史书,只从兴趣出发,却不顾历史事实,不但不载攸关国家大事的骈文诏令,且不载同一性质的骈文章疏,即使载了,亦必节取其文,篡改字句。结果,弄得艰涩诘屈,词不达意。是仅因噎废食?抑且"削足适履,不亦剧乎"?反过来,对于爱好的韩、柳散文,则不问其内容何如,也都给予收录,这就偏颇太甚了!

试就《论语》来说,《论语》记孔子与群弟子回答之言,大都不过简短的几句;而《季氏将伐颛臾》一节,则所记孔子和冉有的诘对,很是详细。看菜吃饭,量体裁衣,不如是,不足以见体要各造其极呀!今宋祁修唐列传,则一意尚简,以为文章未有繁而能工者。因而不但削掉了原有的骈文,即是一般散文的原文,也都给予改篡,加以节录,以至完全删削,这就非是弄得文理不通,撰修减色不可了。

比如:《旧唐书》卷51《太宗长孙皇后传》,后崩,"后……异母弟安业……预刘德裕逆谋,太宗将杀之。后叩头涕泣为请命曰:'安业之罪,万死不赦。然不慈于妾,天下知之。'"而《新唐书》卷76《长孙后传》,则改"天下知之"而为"户知之"。则有欠通顺,不如原文明白晓畅了。又如,《旧唐书》卷52《德宗王后传》,后崩,"后母郕国夫人郑氏,请

①[清]顾炎武:《日知录》卷26《新唐书》。

设祭。诏曰：'祭筵不可用假花果,欲祭者从之'",《新唐书》卷77《昭德王皇后传》,则改为"后崩……后母郕国夫人请设奠。有诏'祭物无用寓,欲祭听之。'""无用寓"较"不可用假花果"所省的只有四个字,但不作注释,则意思不明;加注释,则是求简得繁,弄巧成拙了!

什么是文章? 文章,不但是色彩错杂的花纹,且是音声交配的乐艺。如其一意尚简,妄删一字,也都使它失掉原来响亮和谐,高亢清远之妙。洪迈就曾指出:"杨虞卿兄弟,怙李宗闵势,为人所奔向。当时为之语曰:'欲入举场,先问苏、张,苏、张尚可,三杨杀我。'而《新唐书》减去先字,李德裕赐河北三镇,诏曰:'勿为子孙之谋,欲存辅车之势。'《新唐书》减去欲字,遂使两者意义为不铿锵激越,此务省文之失也"!①

至于"《旧唐书》的《杜甫传》把元微之一篇比较李、杜优劣的文章,完全登在上面,这是很对的。那篇文章,从《诗经》说起,历汉、魏、六朝说到唐,把几千年诗的变迁,以及杜甫在诗界的地位,都写得异常明白。《新唐书》把那篇文章删去,自谓'事多于前,文省于旧',其实不然。经这一删,反为减色"了!②

以上将宋祁重修《唐书》列传省文之失,做了个概略的叙述。以下给欧阳修重修《唐书》本纪省文之失,同样作个简略地叙述吧。

欧阳修撰修本纪,"减字缩句,专尚简严;且其立意务欲与《旧书》违异","较《旧书》减去十之七,可谓减极矣……自一二行幸、拜除之外,纪载寥寥。而尤其不满人意者,尽削诏令不登。"甚至"顺宗一朝美政,刊削殆尽"。③那么,欧之与宋,分修纪传,所见虽有分歧,而一意删

---

①[宋]洪迈:《容斋随笔》卷2《唐史省文之失》。
②梁启超:《中国历史研究法补编·做传的方法》。
③[清]王鸣盛:《十七史商榷》卷74《顺宗纪所书美政》、卷70《新纪太简》。

削《旧书》,却沆瀣一气。则欧文虽然明达,宋文简而晦涩,但文人好胜的习气,则又是二人共有的弊病了。

最后,我们要说的。文章之事,一如行云流水,贵乎自然。应该繁的就繁,应该简的便简。繁的不可简之使少,一如简的不可增之使多。《左传》之繁,胜于《公羊》《穀梁》之简;马史、班书,互有繁简。立意尚简,则有不当简而简的;不当简而简,势必文义不明。所以王虚中的"解书决",便是"辞之内,不可减;减之,则为凿;凿则失本意",①还谈啥"文省于旧"呢。顾炎武就说过:"辞主乎达,不论其繁与简也。繁简之论兴,而文亡矣!《史记》之繁处,必胜于《汉书》之简处。《新唐书》之简也,不简于事,而简于文,其所以病也"!②

总之,宋祁的诗文,博奥典雅。试取《宋景文集》读之,即知其具有唐代以前的格律,残膏剩馥,沾丐后人多矣。而修《唐书》,则一意尚简,雕琢删削,有欠明达晓了。从而不但别人给他提出了很多批评,就是他自己到了晚年,也都因之"始悟文章之难。且叹曰:'若天假吾年,犹冀老而后成……天将寿我乎?所为固未足也!'"又"尝谓'余于文似莲瑗。瑗年五十,知四十九年之非;予年六十,始知五十九年之非,其庶几至道乎?'"③然而生米已做成熟饭,自噬腹脐,亦复何及呢!

诚然,欧阳修行文,是力求平易,认为"勉强简洁,则不流畅",④所修唐纪,是"其言简而明"⑤的。然而其言虽简而明,其事则简而疏陋,其病不同,其弊则一了。

---

①[宋]俞成:《莹雪丛说》上。
②[清]顾炎武:《日知录》卷19《文章繁简》。
③[宋]吴曾:《能改斋漫录》卷9《著书须待老》。
④[宋]欧阳修:《欧阳文忠公文集》卷150《与渑池徐宰书》。
⑤[宋]苏轼:《居士集·序》。

## 五、简短的结论

宋以《旧唐书》不足以明善恶而垂劝诫，故重新加以撰修。然而修成进呈之时，仁宗即有谓《旧书》不可废；司马光日后修《通鉴》，且"悉据《旧史》，于《新书》无取焉"。[①]是因为《新书》未必胜于《旧书》呀！所以王鸣盛说："今平心论之，新、旧二书，不分优劣，瑜不掩瑕，互有长短"。[②]

我们认为，以众人而修一史，则必有一人担任主裁，才能出于一例。《资治通鉴》之所以能将上自战国，下至五代的1363年漫长而繁复的史事，融会贯通，概括熔铸，修成一部编年系日，前后连成一线而成天衣无缝，史家绝唱的"宝书"，最主要的，便是由于司马光善于组织史有专长的史家，群策群力，一心一德地分工合作，再由他自己一总其成，给予"删削繁冗，举撮机要"的缘故。

至于仁宗时重修《唐书》，则纠纷迭起，互不协调（译见前文）；而欧阳修修《纪》，宋祁修《传》，互不通知，各从所好，《纪》有失而《传》不知，《传》有失而《纪》不见。若乃天文、律历志，则刘羲叟所修，方镇、百官《表》则梅尧臣所撰，礼仪、兵志，则王景彝所著，详略不一，去取不同，各行其是。而仁宗诏书，还说欧、宋"创立统纪，裁成大体"；王畴（景彝）等"网罗遗逸，厥协异同"，又何怪乎吴缜作《唐书纠谬》，讥弹他们初无义例，终无审覆，不知刊修之要，而各徇私好呢！

欧阳修名高望重，一代瞻仰。然《新书》最佳者，志、表；列传次之；本纪最下"，[③]而本纪则正是欧阳撰修的。为什么却修的最差呢？这

---

① [清]王鸣盛：《十七史商榷》卷69《通鉴取旧书》。
② [清]王鸣盛：《十七史商榷》卷69《二书不分优劣》。
③ [清]王鸣盛：《十七史商榷》卷69《二书不分优劣》。

因"欧步昌黎,故《唐书》与《五代史》虽有佳篇,不越文士、学究之见,其于史学,未易言也!"①只以世人怵于他的盛名,也就不敢对他有所批评。他人且不必说,就是刚正方直,敢于忤逆秦桧的汪应辰撰《唐书列传辨正》,也都"专攻列传,不及纪、志"。志写得最好,自然不能攻击;但丢掉最下的本纪不说,却专攻次下的列传,则就太不公平了。汪应辰尚且如此的世故,又何况受欧阳修极力延誉、推荐的苏轼要推"欧阳子之书……记事似司马迁"呢!②

且莫说宋代,就是明末清初的大师顾炎武,《日知录》原是他一生稽古有得,以至没错才算定稿之书,而指责《新唐书》不载诏令,亦复只及宋祁,不及欧阳;③甚至由学有专攻的戴震、邵晋涵等编订,又经纪昀加工整理而成的《四库总目》,也将"一例刊除"唐代诏令的责任,归在宋祁个人的身上。④其实,列传不载诏令,尚且说得过去;本纪不载诏令,还载什么呢?而陈振孙《直斋书录解题》,竟以"重欧阳公之名",⑤反而说"本书用《春秋》例,削去诏令,虽太略,犹不失简古"。学问尚如此不讲真理,世上还到哪里去找真理呢?

①[清]章学诚:《章氏遗书·补遗·上朱大司马论文》。

②[宋]苏轼:《居士集·序》。

③[清]顾炎武:《日知录》卷26《新唐书》。

④《四库全书总目》卷46《《新唐书》提要》。

⑤[清]钱大昕:《十驾斋养新录》卷6《宋景文识见胜于欧公》。

# 从史学价值和政治意义两方面来介绍
# 《资治通鉴》

《资治通鉴》至今还是我们研究中国古代史的一部必须阅读的著作。周恩来总理就曾指示出版界,应该赶快出版《资治通鉴》(以下简称《通鉴》)。从而把它提到研究的日程上来,是有必要的。

介绍《通鉴》,诚然要肯定它是中国史学上的一部通史名著,在编纂方法上,有许多至今仍然值得学习的地方。但也更得指出,它是政治上的保守主义者司马光因为反对革新变法,不得其逞,便退而展开另一条政治思想斗争的战线,而编纂的一部具有强烈政治性的著作,以供他的统治主子,从历史上吸取经验教训,来反对王安石变法,以巩固他大官僚地主阶层既得利益的史书。于是有许多地方,又是我们必须加以分析,给予批判的。现从这两方面分述于下。

## 一、《通鉴》是一部中国史学史上的通史名著

1.《通鉴》是一部中国史学史上的通史名著

《史记》,诚然是一部融会贯通,罗纲古今,创造性地上自黄帝、下至汉武时代的一部通史名著。但它以本纪纪年,而纪中所记之事却极简略,至不得不将史事分载于书、表、世家、列传里面。因而要从《史记》里得出一条古今错综复杂的史事发展分明的线索,还是比较不容易的。然而一般编纂通史的,也都只以《史记》做蓝本,墨守成规,不能发凡起例,另有一套新的创造发明。诸如:梁武帝命吴均等所撰从太古至齐的《通史》,北魏济阴王晖业所修起自上古而终于宋的《科录》,

在体裁上和《史记》并没有什么不同,只是无表而已。而所载汉以后史事,又因头绪纷繁,使读者难有脉络明晰之感,为时不久,也都散佚不传了。从而可见《史记》的体例只能为后代修断代史所沿用,而不足为修通史的典范。

我们知道,要综括历代头绪纷繁、门类复杂的史事,而编成一部成为一家之言的通史,必须具备学问足以贯通,见识足以鉴别,文章足以熔铸的三个条件。加以时代越向前进,史事越滋长繁复。而五胡十六国、五代十国的史事,尤其头绪万端,梳理概括,剪裁熔铸,使一般史家更是感到困难。因而直到宋神宗元丰七年(1084)司马光的《资治通鉴》修成,才将上自战国、下至五代的 1363 年的漫长而繁复的史事,融会贯通,概括熔铸,修成了一部编年系日,鱼行雁贯,前后连成一线,至成"为史家绝唱",而使后代史家奉为样本的"宝书"①的通史名著。诚如南宋博学而尤精于史学的王应麟说的:"自有书契以来,未有如《通鉴》"②这样好的通史著作呀!从而尽管南朝的宋、齐纂有编年的史书,只因后来有了《通鉴》,也都失去了存在的意义。所以明人胡应麟说:"编年之史,备于司马氏……司马氏出,而宋以前之为编年者,废矣。"③清人王鸣盛又说:"编年一体,唐以前无足观。至宋有《通鉴》,始赫然与正史并列。"④

我们知道,左丘明传《春秋》以列岁时——经年纬月,叙时事则铨次分明,是为编年体。司马迁作《史记》以记行事——纪以包举大端,传以委曲细事,是为纪传体。而这二种史书体裁,则是各有长短,只应

---

①［清］胡克家:《重刊元本资治通鉴后序》。
②［宋］王应麟:《困学纪闻》卷 13《考史》。
③［明］胡应麟:《少室山房笔丛》卷 5《史书占毕一》。
④［清］王鸣盛:《蛾术编》卷 10《宋以后史学有五》。

相辅并行,不可偏废其一的。从而后代的史家,大都承用这两种体裁。然而浦起龙却和胡应麟有相同的看法,认为"上起三国,下至五季,弃编年而行纪传,史体偏废者五百余年。直至宋司马光始有《通鉴》之作,而后史家二体,至今(指清朝)两行。坠绪复续,厥功伟哉!"[1]这就又把宋、齐两代史家所修的编年史书完全加以否定,而认为从三国至五代的五百多年中间,只有到了北宋司马光的《通鉴》,才是中国史学史上的一部编年的通史名著了。

我们知道,明朝嘉靖的进士薛应旂、王宗沐都继司马光的《通鉴》之后,各自修了一部《宋元通鉴》。他们虽然"各不相知",但同样都存在了"空陋"的缺点。[2]至于元陈桱所修陈腐迂谬、浅陋空庸的《通鉴续编》,明商辂所抄旧籍陈陈相因的《续资治通鉴纲目》,就更不必说了。所以胡应麟接着又说:"自司马光之为《通鉴》也,汉、唐而上昭昭焉。自《通鉴》之止司马也,宋、元而下泯泯焉。间有续者数家,而弗能详也。夫《皇朝纲目》,续矣,而兹犹缺也,若之何可后也!"这又是慨叹司马光以后,《通鉴》之作,简直是后继无人!直到清朝的毕沅,博通经史,又好著书,至说"编年之史,莫若涑水"(司马光),因而广罗门客从事编纂《续资治通鉴》,虽是决心要做个司马光式的继承人,但《续通鉴》也只北宋部分较为精详,元代部分则很简略。而书中所采用的旧史原文,又复短于熔铸裁缝。至于仿效《通鉴》之在本文下面的分注考异的不够精审详细,就更不必说了。那么,司马光的《通鉴》在中国封建时代的史学史上,简直是前无古人,后无来者,而属第一部的通史名著了。

---

[1] [唐]刘知几:《史通通释·正史》按语。

[2] [清]王鸣盛:《蛾术编》卷11《薛应旂王宗沐通鉴》。

2.《通鉴》之所以成为中国史学史上通史名著的原因

《资治通鉴》之所以编纂得简明精审,炉火纯青,成为中国史学史上一部通史名著,这当不是偶然,而是有它一定的原因的。原来司马光的父亲司马池,是宋皇朝殿阁里的一个侍制命、备顾问的官僚。日常向皇帝所对答、陈述的,大都是从历代统治阶级统治天下有关兴亡得失的事迹中,所吸取的一套统治经验。司马光从小敬承父教,爱好编年史体的《左传》,便感到有一种从春秋至五代一千多年间的史书,汗牛充栋,而使青年"诸生"无法从头至尾把它读完,更无法从中概括出历代的兴亡大略,致使他们"厌烦趋易",大半崇尚文学,而出现了一种 "史学浸微""行将泯绝" 的现象。于是仁宗嘉祐年间(1056—1063), 司马光便同他得意的门生刘恕说:"予欲托始于周威烈王命韩、魏、赵为诸侯,下迄五代,因丘明编年之体,仿荀悦简要之文,网罗众说,成一家书。"①但苦于个人力量薄弱,撰修感到困难。后来遇到"英宗雅好稽古,欲遍观前世行事得失, 以为龟鉴",来巩固宋的统治政权。他便趁机说:"旧史文繁,自布衣之士,鲜能该通。况天子一日万几,无暇周览。"乃请从战国以至五代,凡是有关国家兴亡,可为法戒的,删削其中的浮词,铨次以成编年的通史。②于是得到了英宗的大力支持:许他以史局自随,并从国史馆里挑选刘恕、刘攽做编修的助手。从而不但"有贤杰辅相,攻坚析微",③可以解决疑难,也不像在国史馆里修史,要受到种种的牵制。神宗时,司马光不但又请得了范祖禹做撰修的助手而承允许借龙图阁、国史馆、昭文馆的藏书,并"赐以颖邸

①[宋]刘恕:《资治通鉴外纪序》。
②《司马温公集》卷65《十国纪年序》。以后引司马光的文章,见于他的集内的,都不再注书名。
③[宋]晁补之:《鸡肋集》卷18《题长编疑事》。

旧书二千四百卷"①给他们参考；赐御府的笔、墨、缯、帛，供他们使用；发御府的钱，做他们的果饵费；②并经常派人去慰问他。③这就不但给他们在物质上提供了许多优越条件和保障，而且在精神上给了他们以极大的鼓舞，成为中国历代以来撰修史书的一个空前未有的盛事，所以后来参与《通鉴》校对工作的张舜民，在谢神宗的《资治通鉴表》里，要对这种种"给尚方之笔札，萃三馆之图书；许自辞官，用资检讨；量加常俸，不责课程"等等的优待，尽情歌颂，认为他们"君臣之际会，已极丹青"，④而为历史上撰修史书从来没有过的盛事！

司马光自"少好史学"，⑤"有文学"才能，⑥有撰修通史的夙愿和政治上的目的（这一点详后），以及英宗、神宗的种种优遇，因而在撰修《通鉴》的过程中，也就态度非常严肃，工作格外认真。

（1）"严课程，省人事"。⑦"研精极虑，穷竭所有。日力不足，继之以夜"。⑧

（2）所收史料，除"正史"外，举凡稗官野史，百家谱录，正集、外集、墓志、碑碣，行状、别传，一共三百多种《通鉴》参据书目。⑨

（3）撰修凡例，几经和刘恕、范祖禹仔细商讨，⑩才行确定（讨论书

---

①《宋史》336 卷《司马光传》。

②［宋］司马光：《进资治通鉴表》。

③《续资治通鉴》卷 101《宋纪一百一》。

④［宋］张舜民：《画墁集》。

⑤［宋］司马光：《进通志表》。

⑥《宋史》336 卷《司马光传》。

⑦［清］顾栋高：《司马温公年谱》卷 7。

⑧［宋］司马光：《进资治通鉴表》。

⑨见［清］高似孙：《史略》卷 4《通鉴参据书》。

⑩［清］全祖望：《鲒埼亭集》外编《通鉴分修诸子考》、 ［宋］洪迈：《容斋续笔》卷 4《资治通鉴》。

简,编辑起来,竟成修书帖一卷)。

(4)分工合作,各就所长而分段代撰修:隋以前,由刘攽担任;唐,由范祖禹担任;五代,由刘恕担任。①

(5)纂录史事,平平实实,不肯爱奇信怪。诸如剔去妖异怪诞、诙谐笑谑、符瑞难信之事,而仅取《魏书·释老志》里可用的史事题材,附于崔浩的后面;②又将符谶之事以及四皓附翼太子刘盈,严光足加光武之腹,姚崇十事开说之类,大都削除不载(记载了汉高祖斩蛇,梁寇祖仁藏金的事)。

(6)从收集的资料中先摘录每件史事的本末,注明出于某书的某卷某篇。然后再依年月日的次序,排成丛目。再行严加审核,决定去取:其中事同文异的,则选一条明白详备的录之;彼此互有详略,则错综铨次,用自己的文字修正之;彼此年月事迹,有相违背的,则选一证据分明,情理近于实际的修入正文;其余的则注明在它的下面,并说明其所以舍彼取此的意见。③因而往往有"一事,用三四处纂成"的。④然后再缀辑起来,而成前后相连的长编,这就真正做到了"取材多出于正史之外,又能考诸史之异同,而裁正之",收到了"事增于前,文省于旧"的效果。⑤

(7)然后,由总其成的司马光自己,历经苦思深索,从长编中加以"抉摘幽隐,校计毫厘"⑥的工夫;对长编给以"删削繁冗,举撮机要"地

①刘攽等所分撰的段代,说法不一。这里依据的,是经过考证的《通鉴分修诸子考》。

②[宋]司马光:《与道原书》。

③[宋]司马光:《答刘梦得》。

④[宋]高似孙:《纬略》

⑤[清]钱大昕:《潜研堂文集》卷28《跋柯维骐〈宋史新编〉》。

⑥《进通鉴表》。

改造制作的工作。使它天衣无缝,浑然一体,熔铸而成一家之言的创造性成果,才行定稿。

(8)定稿后,熙宁六年(1073),由"博古通书"而任史局拾阅官的司马光的儿子司马康负责细心地检阅一遍。元祐元年(1086)又由司马康、范祖禹、刘安世、孙仲武、吕公著、张舜民、黄庭坚、张耒等,将《通鉴》副本重新加以校对、核定,才算最后的定本。

(9)总之,编纂《通鉴》,从收集史料,发凡起例,编辑撰修,以至检阅校对的工作,都是在极端严肃认真的情况下进行的。计从英宗治平二年(1065)四月,至神宗元丰七年(1084)十二月,已是快满19年。撰修的稿子,不但装满了两间屋子而且历经"颠倒涂抹,迄无一字作草"。①毋怪司马光说他的"平生精力尽于此书"。从此"骸骨癯瘁,目视昏近,齿牙无几,神色衰耗",②为时不满两年(元祐元年九月)后就死去了。

司马光编修《通鉴》,本来就是力求言约事详,古今贯穿,而给读者有一种脉络清晰之感的。复经神宗作序,给以博要周简的褒扬,自觉功成圆满了。但他尚怕内容繁多,端绪难找,为了检阅方便,又撮取书中的事目和精要的语言,年经国纬地编成《目录》30卷,以起提纲挈领而备检查之用。又恐《目录》对于所记的史事不够尽其头尾,复作《举要》80卷以备本末。又因所记史事,往往有一项目而是用三四个出处纂成的,则参考多种书籍,评比其异同,辨正其谬误,求得一个较为正确的说法,别成《考异》30卷,以明去取的缘故,而去后人的疑惑。凡这辅翼原著,使之相互印证,相互为用的《目录》《举要》《考异》等著,都是中国以前的史家未曾有过的创作,《通鉴》也就越加成了中国史

①[宋]董更:《书录》卷中。
②《进通鉴表》。

学史上不朽的通史了。

正因为《通鉴》的编纂得法，以后的史家修史也都向他学习：南宋李焘的《续资治通鉴长编》，便是用《通鉴》的义例编成的。但终感到难以为继，只以《通鉴》的初稿——长编为名，就可见司马光编纂《通鉴》，是如何受到后代史家的推崇了。此外，清代徐乾学、毕沅，先后都采用《通鉴》的编纂方法，撰修了《续资治通鉴》。甚至陈鹤修断代史的《明纪》，夏燮撰断代史的《明通鉴》，也都仿效了《通鉴》的编纂体裁。而清代著名而又很自负的史家章学诚，与邵晋涵讨论撰修《宋史》，也还是要学习《通鉴》的先成此类的长编，然后再加严格地删削而"撰集为书"①的方法。不都足够说明《通鉴》的编纂方法，是许多史家学习的样板吗？

3.《通鉴》的缺点

然而任何事物，总是一分为二的。像《通鉴》这样的一部大著作，在编纂上只有优点，而不存在一些问题，又哪有可能呢？除已见于刘羲仲的《通鉴问疑》、洪迈的《容斋续笔》、王应麟的《通鉴答问》、顾炎武的《日知录》以及谈允厚所已列举的"七病"等等以外，这里且暂提出两点。

（1）通史体裁，记事隔越年岁

《通鉴》以年为经，以事为纬，而以年系事的这种编年体的通史，自然是鱼行雁贯，使读者较为容易地贯穿全书而有系统的著作。但同时又因它是编年体的史书，而所记的史事过程，又非限于一年之内，致不得不有所中断，散见于许多年代之间，而隔越地记载于几卷里面。这就给读者对于一件史事的本末，原始而要终地贯通起来，带来

---

①〔清〕章学诚：《章氏遗书》卷18《邵与桐别传论》。

了一定的困难。杨万里序《通鉴纪事本末》就曾说:"每读《通鉴》之书,见其事之肇于斯,惜其事之不竟于斯……遭其初莫绎其终,揽其终莫志其初。"这的确是他在阅读《通鉴》的过程中,深切体会出来的经验之谈。杨万里是南宋有名的诗文学者,攻读《通鉴》尚有如此首尾不易连贯的感受,就更莫说"他人读未尽一纸,已欠伸思睡"了。①因此,爱读《通鉴》的南宋史家袁枢,便将《通鉴》所记的史事,区别门目,分类排纂,每事各详其起讫,辑成独立的篇章。并在每章里,各纪年月,使它自成首尾,而各自有个完整体系之以事为纲的《通鉴纪事本末》。从而每一史事的演变经过,也就易于贯穿起来,而给读者有一个较有系统的完备知识,以弥补《通鉴》的缺陷。

(2)削去革新变法屈原等人物之事不载

对于司马光削去屈原的事迹之不载入《通鉴》,首先提出疑问的便是参与纂修《通鉴》而最得力的刘恕之"读书万卷,能世其家"②的儿子刘羲仲。他认为"淮南王(刘安)、太史公(司马迁)皆称'屈原《离骚》与日月争光',《通鉴》乃削去屈原投汨罗,撰《离骚》等事不载"。而父亲又已不在人世,乃向另一曾经参加纂修《通鉴》工作的范老伯祖禹请教。③可是原来修《通鉴》时,司马光虽曾对范祖禹说:"诸史中有诗、赋等,若止为文章,便可删去。"是范已很明白司马光之所以删去屈原之事不载,是"欲士立于天下后世,不在空言耳"。④但当刘羲仲发问时,他虽称赞刘的"善问",却不解答刘所提出的问题。因而后代读《通鉴》的人,对这个问题还是一直存疑的。以为《资治通鉴》仿《春秋》而

---

①[元]胡三省:《新注资治通鉴序》。

②[宋]吴炯:《五总志》。

③[宋]刘羲仲:《通鉴问疑》。

④[宋]邵伯温:《闻见后录》。

作,①而"《春秋》褒秋毫之善,《通鉴》掩日月之光,何邪?(司马温)公当有深识。求于《考异》,无之"。②也就愈加使人对这问题,莫名其所以然了。甚至那个学有本原,博赡贯通,而尤好谈经世之务的一代大师顾炎武,在花了三十多年的精力才著成的"明体达用",深悉"经世之务"③的《日知录》里,也还是不明司马光编纂《通鉴》反对王安石变法真正的政治底细,对司马光削去屈原之事不载,不但不给以批评,反而责备谈到《通鉴》不载文人的李因笃知识低下。而说什么《通鉴》"此书,本以资治,何暇录及文人"。难怪就是最尊崇他的后学黄汝成,也要说司马光"不载文人,是矣;而屈原不在此数。谏怀王入秦,系兴亡大计,《通鉴》属之昭雎,而不及屈原,不可谓非脱漏也!"④黄汝成这种说法,是从政治角度出发,而有他独特的见解,只是还嫌不够鞭辟入里。为什么呢?原来屈原是个热爱祖国,具有宏大的政治抱负,而制定法令,来整顿、改革楚国腐杇、残暴贵族统治的大政治家。而司马光在政治上则是个始终坚决反对王安石到底,以为新法非彻底罢除不可的保守主义者。⑤他编修《通鉴》的唯一真正目的,也就是为了维护他那大官僚地主阶层的既得利益,而在政治思想战线上积极反对王安石变法所展开的一场剧烈斗争。从而"怨恶和尚,恨及袈裟",削去屈原在楚革新变法的事迹不载。甚至把屈原谏楚怀王入秦有关国家兴亡大计的不得不载的政治大事,也都故意属于昭雎的名下。他用心险恶,手段卑鄙,不就昭然若揭了吗?至于屈原的《离骚》,根本上就是根

①[明]曹安:《澜言长语》。
②[宋]邵伯温:《闻见后录》。
③[清]顾炎武:《日知录集释序》《日知录集释原序》。
④[清]顾炎武:《日知录集释》卷26《通鉴不载文人》。
⑤[宋]陈善:《扪虱新话》卷1《王荆公新法新经》。

据当时实际生活的文学艺术原料加工提高，而创作出来的。不但在文艺上有独创性的高度成就，而且有丰富的政治内容，使人读之，感奋填膺，绝不是什么无益的空言。如果司马光不是因为坚决反对王安石变法，又怎会借口不载文人，而将屈原"与日月争光"的《离骚》，也认为是一派无益的空言，而削去不载呢？如果司马光真的是不载文人，而不是因为屈原是政治上的革新者，便削去他的事迹不载。那么，战国许多并非以文学著名而只是以革新政治著称的人物，诸如：齐威王用邹忌为相，改革政治，齐国因之强大；赵烈侯用荀欣、徐越、牛畜在政治上选用贤能，在财政上节约俭用，《通鉴》为什么也一字不提呢？至于商鞅变法，赵武灵王胡服骑射，虽然载了，也都很是简略。《通鉴》是以"多采君臣善言……以资治名其书"的。①那么，为什么要把商鞅、赵武灵王的把顽固守旧势力的反动谬论驳得体无完肤的"三代不同礼而王，五伯不同法而霸""汤、武不循古而王，夏殷不易礼而亡"，而极力主张"随时变法，因事制礼"，而以"变古""易古""反古"等等为主要的革新名言，②全都删掉了呢？这不明显地是因为商鞅、赵武灵王革新进步人士的"善言"，而落后保守的司马光则认为是恶首，故不给予记载，而故意地把它删削了吗？总之，司马光是个反对政治改革，主张维持现状，坚决地要法先王，循古礼，认定法不能变，事不可生，以反对王安石推行新法的顽固保守的总头目。因而对于历史上的革新人物，非常仇恨。不是删了他们的史事不载，便是载了，也要削了他们和反对派展开论战的有理的言论，以免为王安石和其他变法者张目而有历史上的根据。这才是他所以削去政治革新家屈原的事迹不载的真正而唯一的原因。

---

① ［清］钱大昕：《十驾斋养新录》卷18《通鉴多采善言》。
② 《商君书·更法》、《史记》卷68《商君列传》及卷43《赵世家》。

其实,即就文学来说。文学也不但是服从于政治,而且是反转来又给予政治以一定影响的。哪里有什么与政治无关,"止为空言"的文学呢? 而司马光却异想天开,故意唱出这个莫须有的论调,无非也还是针对他的劲敌王安石的。因为自从欧阳修倡导文学改革运动以来,王安石就起而和之,宋代文章因趋于古雅真实,不复有浮靡声律的弊病,而在当时的文坛上发生了巨大的影响。如果在《通鉴》里记载文人,岂不给政治上的敌人——王安石抬高了身价,作了吹鼓手吗? 从而也就只有认为"欲士立于天下后世,不在空言"的文章,干脆不载文人了!

## 二、《通鉴》是一部具有强烈政治保守性资助统治主子统治天下的史书

1. 供统治主子统治天下的借鉴,阻挠王安石的变法

《通鉴》是一部具有强烈政治保守性,资助统治主子统治天下的史书。原来在仁宗时代(1023—1063),因为国内外的矛盾严重,范仲淹、李觏便已从社会、政治两方面提出了改革方案。英宗时,苏东坡、欧阳修也都高谈政治放革。英宗自己,又是个"具有性气,要改作"①的人。而司马光则因维护大官僚地主阶层既得的利益,在政治上力主维持现状,便借口史本"纪传之体,史事繁多,虽以衡门专学之士,往往读之不能周浃,况于帝王日有万机,必欲遍知前世得失",而修了一部有关"国家盛衰,生民休戚,善可以为法,恶可以为戒","约自战国至秦二世"②的《通志》。企图通过历史"古训",③来供英宗做统治天下的借鉴,以阻挠现实政治上的改革。等到神宗信用王安石变法,他便更

---

①《朱子语类》卷 130。

②《续资治通鉴》卷 208《宋英宗》。

③《进通志表》。

加成了旧党誓死反对变法到底的最高首脑。只因在中央反对变法达不到目的，便"辞执政而不居，舍大藩而不为，甘就冗散"，①不预政事的御史台，②组织起政治上志同道合的史家刘恕、范祖禹等，孜孜不息，夜以继日地撰修一部提供他的统治主子以至后代统治阶级统治天下可以借鉴的史书，来给以王安石为首的变法新党以及后世的变法者，以致命性的打击。这是一方面。另一方面，因为"史官权重宰相，宰相但能制生人，史官兼制生死"！③在司马光撰修《通鉴》之在西京洛阳期内，中央的史官一职，也都被他们的旧党人士所占据，所有宝训、实录、国史，极大部分都是由他们所修成，并借以污蔑新党，攻击新党的。所以司马光利用纂修史书上向王安石和新党人士进攻，在东、西京都是展开了一条战线，而和政治战线上的攻击双管齐下，密切配合用以诋诬新法，排斥王安石和新党人士，而向他们脸上抹黑的。所以司马光退居洛阳，而邀请一帮在政治上志同道合的史学专家编修一部通史，既不是如胡三省所说：温公"分司西京，不豫国论，专以史局为事"，④也不是如王辟之所说："温公优游洛中，不屑世务，弃物我，一穷通"。⑤更不是司马光自己假惺惺地向范纯仁说的"闲居十五年……朝廷之事，未尝挂虑"，早已"久绝荣进之心"。⑥又不是他自己欺骗吴充（王安石的亲家翁）说的"光自居洛以来，仕宦之心，久已杜

---

①〔清〕顾栋高：《司马温公年谱》卷7。

②〔宋〕叶梦得：《石林燕语》卷4："御史台旧为执政重臣休老养疾之地，故例不视事。"

③《新唐书》卷115《朱敬则传》。

④〔元〕胡三省：《新刊资治通鉴序》。

⑤〔宋〕王辟之：《渑水燕谈录》卷5。

⑥《与范尧夫经略龙图书·第二书》。

绝"。①实实在在的,则是因为在中央经过多次的"肖(何)曹(参)画一之辨,不足以胜变法者之口",②便"饰诈邀名",③甘就冗散。如苏东坡说的"暍来东观弄丹墨,聊借旧史诛奸强",④"来兴复先王之治",来恢复他自己的相权,来巩固他大官僚地主阶层既得的利益。这才是司马光"作史以达其权"⑤的奥妙所在。假的就是假的,伪装应当剥去。那个被称为"明英毅"⑥的孝宗,就曾体察出司马光的这种政治底细,而用非常巧妙的话挖苦他说:"读《资治通鉴》,知司马太师自是宰相手段。"⑦这种一针见血之言的确把司马光撰修《通鉴》的政治意义、政治手腕,揭露得穷根到底了!隐瞒是不能持久的,总有一天会暴露出来。尽管司马光老奸巨猾,不见光曾言:'新法不便,终用光改变此法。"⑧这还能说是"朝廷之事,未尝挂虑""仕官之心,久已杜绝"了吗? 又不见光终究按捺不住,而从肺腑里吟出了《书怀诗》,来赞美自己退居修史,古为今用,来打击王安石和新党人士,是真正"得策"⑨了吗? 群众的眼睛,终究是雪亮的。毋怪司马光在修《通鉴》的 19 年"中间,受了人多少语言陵藉"呀!⑩从而司马光所谓从幼时冒女仆脱胡桃之皮以为己力,遭父

①《与吴相书》。

②[元]胡三省:《新刊资治通鉴序》。

③[宋]朱弁:《曲洧旧闻》卷 10。

④[宋]苏轼:《东坡全集》卷 2《送刘道原归觐南康》。

⑤[明]曹安:《谰言长语》。

⑥《宋史》卷 33《孝宗纪·赞》。

⑦《宋元学案·华阳学案》。

⑧[宋]鉴兼:《诗林广记》。

⑨《司马温公集》卷 11。

⑩[宋]洪迈:《容斋随笔》卷 4《张浮休书》。

呵责后，便"自是不敢漫语"，[①]以及"自少称'迂叟'"，[②]"自称曰'齐物子'"，[③]都是自欺欺人之谈，让他见鬼去吧！

现就司马光所选请助修通史的人才标准以及所作"臣光曰"评语、所讲读《通鉴》故事，来谈谈《通鉴》鲜明而强烈的政治保守性质。

2. 以政治作为选请助修《通鉴》人才的标准

正因为司马光撰修通史，是有极其强烈现实政治以至永远的政治保守性的，所以选请助修人才的标准，便是政治条件第一，而学问则是次要的。尽管你是精通史学的专家，只要政治观点不同，不能和他站在同一个大官僚地主阶层的立场，积极而顽强地反对变法，攻击王安石，他是决不挑选你当助修的。

（1）不选刘敞选刘攽

比如所谓"清江二刘"（江西清江新喻人），本是当时学术界对刘敞、刘攽二兄弟在学问上之属于伯仲之间，而难分高低的一种称谓。那么，司马光选请助修人才，如果是以学问做标准，他们二兄弟便当一同都入选了。何况欧阳修、曾巩、王安石，对刘敞的学问都是很佩服的。这因刘敞于书无所不读，而且都有他的心得。以故所撰经学方面的著作，经苑中的专家谁都比不上他。而他所写的文章又复雄深雅健，独自虎步一时。就是欧阳修以不读书被他所讥笑，却还不敢对他有什么怨恨。[④]相反，而是称赞他"博学"、[⑤]"通且赡"；[⑥]以他为难得的

---

①［明］郑暄：《昨非庵日纂》卷5《治谋》。

②［宋］叶梦得：《石林燕语》。

③［宋］王辟之：《渑水燕谈录》卷4。

④［清］全祖望：《鲒埼亭集》外编《公是先生文钞序》。

⑤［宋］吴曾：《能改斋漫录》卷2《注疏之学》

⑥《欧阳文忠公集·居士集》卷5《答刘原父》。

知音,而恨相见之晚。①每有疑难,便派人持信向他请教。而他即对着来人挥笔不停地作答,致使欧阳修信服他的渊博。因而刘敞的学问文章,实际上都在刘攽之上。至于他两兄弟在当时"崇尚进士"科第的时代,②虽是同为仁宗庆历年间的登科进士,而刘敞的名字则列在前茅为第一,③那就不去说了。只是由于刘敞的学术观点(实际就是政治观点)和王安石基本上是相同的。原来在仁宗庆历(1041—1048)以前,宋人的经学文辞,莫不谨守章句注疏之学。到了刘敞,就开始与汉儒立异。而王安石著《三经新义》以做新法的理论基础,则是源自一本刘敞的新说,而加以阐发得来的。所以不但旧党中的晁公武(元祐党籍中的一个)的《郡斋读书志》说王氏经义,多剿取刘敞的《七经小传》,就是高宗时吴曾在所著的《能改斋漫录·注疏之学》一节里,也说"王荆公(安石)修《经义》,盖本于原父(刘敞)"。王安石著《字说》,旧党指责他的说法"入于佛、老",④而刘敞却是个爱研佛、老之说的人。这就使得他俩相互酬唱,相得甚欢。刘敞赠诗推崇王安石有"古人风格",王安石和诗,则推美刘敞"实高世才"人。⑤彼此恭维,一唱一和,足见他俩的情投意合。这和"司马温公、范蜀公(范镇)皆不喜佛",⑥而和其他旧党人士谩骂王安石以己意解经,而变先儒淳实之风;讽刺王安石的《字说》穿凿破碎,迷惑学者;臭骂王安石之为"险巧小人"完全相反!何况当王安石实行变法,旧党群起而攻之,刘敞却站在王安石一边,

---

①《居士集》卷 8《奉答原甫见过宠示之作》《奉送原甫侍读出守永兴》。
②[宋]马永卿:《嫩真子》卷 3
③《宋史》卷 319《刘敞传》、[宋]叶梦得:《石林燕语》卷 8。
④《宋史》卷 327《王安石传》、[宋]朱翌:《猗觉寮杂记》卷上。
⑤[宋]王安石:《王临川集》卷 7《答扬州刘原父》。
⑥[宋]陈善:《扪虱新话》卷 10《儒释迭为盛衰》。

在所著《公是先生弟子记》里,虽然说王安石的新法有些过火,却更寄寓着针砭旧党的深刻意思。其中所说"八音不同协而同声,同声乃和,贤能不同术而同治,同治乃平"。不是明显地指责旧党地不肯摒弃政治上的成见,而和新党合作共治天下吗?所以刘敞之在当时新旧的激烈斗争中,并不可能骑墙中立,是一个什么"肖然于门户之外"的"淳儒",①而是属于王安石新党的人物。那么,像这样一个和王安石意气相投,而替他说话并指责旧党的人,尽管学问文章高出一时,司马光又哪里会选请他做撰通史的助手呢?

至于刘攽,既是王安石"所欲追攀""愿同醉醒"而曾成为"忘形论交"②的好朋友,又是和王安石在学术上观点一致,政治上立场相同的刘敞的弟弟。所以司马光起初也就不肯选他助修《通鉴》。但终因他在政治上是个"守道不回",顽固保守,不但不肯帮助王安石推行新法,坚决和他对立,唱反调,而"贻安石书论新法不便",③甚至因为"好谈谑""屡以孢人",④而当"介甫(王安石)用事,诸公承事不及,惟贡父(刘攽)当面攻之",⑤致触怒王安石,给以政治处分;把他从中央调做地方官的行政助理了。同时,司马光原已选请赵君锡。因为赵原是力斥王安石为奸党首脑,而为文彦博所称异,又曾充韩琦的幕府,极力吹捧反对变法的苏东坡为直臣的急先锋。只因赵以父丧不能应务到职,⑥也就请了刘攽来代替。

---

①《四库全书总目提要》卷91《子部》。
②[宋]王安石:《王临川集》卷9《过刘贡父燕集之作》。
③《宋史》卷319《刘颁传》。
④[宋]王巩:《随手杂录》。
⑤[宋]王暐:《道山清话》。
⑥《续资治通鉴》卷64《宋纪六十四》。

（2）第一得力助手——刘恕

刘恕和王安石的"亲朋旧谊"，本来很是深厚，以至感到"会合少"，一相聚，"清谈"吟啸，尚是"兴极犹难尽"，而恋恋难以分舍的。但所谈得相投的，只是一夕的风月；所共"一寻"的，只是和现实社会不肯关涉而摆脱尘世的西庄道人；所共往游的，只是"无于五浊"的净土佛寺而已。①而在政治上所走的路线，则是有严重分歧的。从而王安石平时虽然深爱刘恕之才，但到变法时，想任用他"修三司（盐铁、户部、度支）条例"，他就不但"固辞以不习金谷之事"，不肯赴任；反而要王安石"宜恢张尧、舜之道，不应以利为先"。一和王安石见面，就要他复行祖宗的旧政。王安石也就忍无可忍，终于和他绝交了。②那么，推行新法的领袖王安石政治上的对立人物，便是反对新法头头司马光最得力的纂修《通鉴》的助手。原来刘恕曾做过自我检查，认为他在政治上是个"况古非今，不达时务"的保守主义者，是个"佻易卞急，遇事辄发，直语自信，不远嫌疑，执守小节，坚确不移；求备于人、不恤怨言，多言不中节，高谈无涯岸；臧否品藻，不掩人过恶，任推不避祸，议论多讥讽"的人。虽然"遇事未尝不悔，既悔复然"③而犯有极其顽强狂热病的冲天炮！所以司马光之所以特别"心服"刘恕，"慕重"刘恕，④并不只是为刘恕是个学问精通，"尤精史学，举世少及"⑤的权威，而最主要的，则是因为刘恕是个当王安石积极推行变法，而能"奋厉不顾，直指

---

①［宋］王安石：《王临川集》卷14《与道原过西庄遂游·宝乘》。

②《刘道原十国纪年序》。

③［宋］陈善：《扪虱新话》卷12《刘道原能自攻其过》

④《刘道原十国纪年序》。

⑤《乞官刘恕一子札子》。

其事,公议其得失……而毫无所隐恶之"①的"急先锋"!②因此,王安石和刘恕绝交之后,刘恕便害怕有些山高水低,马上离开汴京,不远水陆千里,到了西京洛阳。司马光如鱼得水,也就立刻请他担任纂修《通鉴》的"全局副手"。士为知己者死。于是刘恕不顾重病在身,而为司马光鞠躬尽瘁:除了负责纂修"群雄竞遂,九土分裂,传记讹谬,简编脱落,岁月交互,事迹差舛。非恕精博,他人莫能整治"③的五代的史事外,举凡修《通鉴》的义例,大多是由司马光和他商定;所有吏士上的疑难,又是由他责正校正。④直至病情严重,再也不能继续下去,才辍笔罢休,真是死而后已了!这就使得司马光衷心感佩,"以为得力最多",却又"不幸早夭"(47岁),至《通鉴》修成之时,不曾受到褒赏,而要乞官他的儿子刘羲仲了。

(3)第二得力助手——范祖禹

范祖禹是帮司马光纂修《通鉴》的另一得力人物。他原来是个孤苦伶仃的孩子,由旧党首脑之一的叔祖父范镇——指责新法为"敝法",王安石等为"险皮检猾"的"奸朋",而和司马光"议论如出一口"的人之所抚养、痛爱得如自己亲生,看重为"天下士"而长大成人的。⑤同时,又是坚决反对推行新法,揭露王安石的过失、复旧守成的另一个旧党头目吕公著⑥的乘龙快婿。因而也就朝濡夕染,自然而然地秉承叔祖父、岳父的政治意图与司马光结成"心交"⑦契友,而谢绝王安

---

①《刘道原十国纪年序》。

②[宋]王辟之:《渑水燕谈录》卷10。

③《乞官刘恕一子札子》。

④[清]全祖望:《鲒埼亭集》外编《通鉴分修诸子考》。

⑤《宋史》卷337《范镇传》。

⑥《宋史》卷336《吕公著传》。

⑦《范太史集·布衾铭记》。

石的召见,认为新党都是一些奸邪险恶的人,而非"端良之士"。尽管当时的一般大官僚们对于新旧之法,主张"兼用而两存之",①他却极力"主之以静",罢去一切新法,而"复祖宗之旧"。并充当不准在他统治区里推行新法的富弼的爪牙,遵守他的遗嘱,而将他尽力用愤切之辞诬蔑新党害民,王安石误国,人人以为不可上的遗奏,都向神宗上奏。②像这样一个具有一贯坚决反对王安石的根深蒂固的传统性,而独特地全盘否定新法,且又对历史深有研究的人,其一切"所为本末",也就早为司马光所"最熟知",③所"极奖识",④认为他是"于士大夫中罕遇其比"的人物,始而请他助修《通鉴》,继而请他校对《通鉴》,以致最后"专以书局委之"。⑤《通鉴》纂修、校对的工作,全部完成之后,又极力推荐他在秘书省工作,或者当经筵的待讲。⑥以便和他继续占领史学阵地,向统治主子对新党作进攻战。

总之,司马光选请助修《通鉴》人才的条件,政治是最主要的,学问是次要的,甚至用来校对《通鉴》的范祖禹、司马康,且不必说。其他诸如:刘安世,根本就是个服膺他的教训,而不敢稍有违背的心腹弟子。孙仲武,则是恶毒攻击王安石用《三经新义》取士在科举上造成了弊害,而请恢复"以诗赋取士"的守旧分子。吕公著更是多次列举王安石的过错,力劝神宗以"远佞人为戒",决不可"偏听独任"他而反对变法的一个大头目。张舜民则是上书痛斥王安石推行新法是"便民所以

---

① 参阅《宋史》卷 346《吕陶传》、[宋] 吕陶:《净德集·记闻》。
② 《宋史》卷 337《范祖禹传》及卷 313《富弼传》。
③ [宋] 范公称:《过庭录》。
④ [宋] 吴曾:《能改斋漫录》卷 12《范淳父焚进论不应贤良》。
⑤ 《温公年谱》卷 5,时刘恕已死。
⑥ [宋] 司马光:《荐范梦得状》、[宋] 范蜀公:《东轩日记》。

穷民,强内所以弱内,富国所以蹙国。以堂堂之天下,而与小民争利,可耻也"的激烈分子。于是格外博得了司马光的欢心,不但选请他校对《通鉴》,并推荐他充馆阁之选,称赞他"刚直敢言,竭忠忧国"、"愿而有立,力学修己"。且担保他以后不如所举,则甘当同罪,①可见张舜民更是司马光的死党了。此外,黄庭坚、张耒,又何尝不是司马光的党徒,而反对王安石变法的呢。

### 三、所作"臣光曰"的评语和所讲读的《通鉴》故事

1. 所作"臣光曰"的评语

司马光因为王安石变行新法,侵害了他们大官僚地主阶层的既得利益,便和他"犹水炭之不可共器,如寒暑之未可同时",②发生了绝对不可调和的严重矛盾,结成了不共戴天的怨仇。为了猛烈地向王安石和新党进攻,把他们一棍子打死,尽管他称赞刘恕,说什么"当之得道原(刘恕),如瞽者之得相者",遇着史事上的疑难问题,则请他解决。然亦只许"道原在书局止类事迹,勒成长编。其是非予夺之际,(则)一出(自己的)手笔",③决不许刘恕得赞一词。这种严肃认真,俨如孔子之作《春秋》"笔则笔、削则削",用以对待长于文学的子游、子夏的态度,是值得我们深思力索的。

首先,司马光以大官僚地主阶层的儒家正宗派而修贯穿古今的通史——《通鉴》。照说便当如孔子删《尚书》断自唐、虞,而将上古史编纂进去。何况刘恕已是对他说了修通史而"不起于上古"是一种"缺漏",也宁可由刘恕去另修一部起自包羲,终于周威烈王二十三年(前

---

①以上各见《宋史》本传。

②[宋]司马光:《奏弹王安石表》。

③[宋]刘羲仲:《通鉴问疑》附羲仲《与范祖禹书》。

403），而与《通鉴》相接的《通鉴外纪》，去作那不可补救的补救。但他却还装着一副假面孔，回答刘恕而自欺欺人地说：起自上古，则"事包《春秋》，经不可续，不可始于获麟"，[1]而硬要托始于战国的周威烈王二十三年之封三晋做诸侯，则就有他现实政治上的特殊用意了。

原来司马光是个腐旧落后的典型保守主义者，这在前面我们已经说过。他为了维护大官僚地主阶层的既得利益，反对政治上的革新，在英宗时代，已经修了一部始于周威烈王二十三年的封三晋做诸侯的七国兴亡事迹的《通志》。现在神宗在位，王安石更是坚决主张变法，认为随着时代的前进，人口由稀少而繁多，万物不够供给。在这种形势下，推行新法，并不是什么向世人显示聪明，而是不得不采取的措施。一切好坏，由自己去决定，人们批轻说重，是不足为"吾病"的。[2]又说：太古之道，不可行于万世。否则，"圣人恶用制礼于其间哉"[3]。而司马光则完全站在王安石的对立面，誓死与王安石对立，极力主张用古代圣王的礼治来维护、巩固大官僚地主阶层的封建政权。他不但以为"祖宗之法不可变"，而且以为"禹、汤、文、武之法，至今可存"。[4]世界只是一个永远凝固不能发展变化的结晶体，而在《通鉴》开端第一条"初命晋大夫魏斯、赵籍、韩虔为诸侯"短短14个字的记载中，即大肆阐述了他那开宗明义长达一千多字的正名定分的保守主义思想。以为周自平王东迁，虽是一蹶不振。然齐桓、晋文称霸，尚得假托尊周之名，以威服诸侯。[5]今三家于晋的关系是大夫，于周的关系是陪臣，

---

①［清］王鸣盛：《蛾术编》卷11《通鉴外纪》。

②《王临川集·彼狂·众人》。

③［宋］郝大通：《太古集》卷69。

④［宋］司马光：《迩英奏对》。

⑤［清］卢文弨：《群书拾补》、宋神宗：《资治通鉴序》。

而竟篡夺晋的政权,瓜分晋的国土,这正是王法所必诛的。然而周威烈王却不能以世世相承的纲纪名分——礼治,来裁制三家,反而明令给以承认,也就奖劝了奸名犯分的乱臣贼子,导致了周的灭亡,"岂不哀哉"!像司马光这种特别庄严、郑重地强调以正名定分的礼治作为撰修《通鉴》"述作造端之所由",而托始于周威烈王二十三年(前 403)封三家为诸侯,其用意当在企图用古代圣王不可变易的名分礼治,来影射王安石破坏宋代立国以来世世遵循的祖宗礼治,而妄自推行新法。为什么呢?这在司马光以为"我朝立国,先正名分"。①而王安石却独自来个狂妄胡为,不遵守《春秋》以道名分"②的圣教,"不以《春秋》为可行。而谓'天子有北面之仪',谓'君臣有迭宾之礼'"、③"谓'道隆德骏者,天子当北面而向焉'"、④从而罢"黜《春秋》之书,不使列于学官,至戏目为断烂朝报"。⑤这就真是丧心病狂,离经叛道,不法祖宗,动摇了以赵家为首的大官僚地主阶层的政权,从而纂修《通鉴》,也就越加认为从上古开端,便包括《春秋》在内,"经"的神圣尊严,是不可冒犯,而直接和它相续的。那么,只有托始于三家之为诸侯,而与左丘明终于憎恶智伯的事相连接了。

中国自古以来,是只有君子、小人之辨,而没什么才、德之分的。但司马光在智伯之亡的史事里,却第一次提出了他的才德论。把他自己和他所统率的旧党,都尊称为忠信质直的"君子",指责王安石和新党,则是一群奸险谗佞的"小人"。一天获用,必将"扶才以为恶","遂

①《宋史》卷 437《真德秀传》。
②《庄子·天下》。
③[宋]岳珂:《桯史》卷 11。
④《宋史》卷 345《陈瓘传》。
⑤《宋史》卷 327《王安石传》。

其奸",而"为害必多","为恶无所不至","以至颠覆国家而后已"!"故为国家者,苟能审于才、德之分而知所先后",才无任人而"失人"的祸患。①这种明显地要神宗黜退王安石和新党,而信用他和旧党执政当权之在《通鉴》里所作的评语,是和他在现实政治斗争中《奏弹王安石表》里,向神宗指责"王安石妄生奸诈,荧惑圣听……首倡邪术,欲生乱阶;违法易常,轻革朝典……苟陛下不遏其端……诛逐乱臣,延纳正士","则安石为祸不小矣"的用意,是双箭齐发,密切配合的。在汉元帝向贡禹问政,禹劝元帝厉行节约的一节史事里,司马光又借题发挥,认为"当时之大患",是在"谗佞用权",而"禹不以为言"。如果是智慧不足"以知,乌得为贤?知而不言,为罪愈大矣"!②这不但把王安石等简直指责成"专权邪僻"的弘恭、石显;③而且以为自己既然知道王安石等的奸邪,就得以贤者自居,把他们揭发出来,决不做那知而不言,或者那不足以知的罪人、愚人贡禹。司马光又指责弘恭、石显以"邪说诡计""之谮诉望之",而痛息汉元帝之"为易欺而难悟"的君主。④慨叹京房明白切至地晓易汉元帝,而元帝终不能有所觉悟。便说是:"人君之德不明,则臣下虽欲竭忠,何由而入?"⑤这种用意,当完全是在叹息宋神宗过于信用王安石,而使他的尽忠之言难于入耳。至于假借诸葛丰上书之告周堪、张猛的罪状,而说什么"人君者,察美恶,辨是非,赏以劝善,罚以惩奸,所以为治也"⑥的一大套,无非又是要神宗垂察他

---

① [宋]真德秀:《西山读书记》卷16《才德》。
②《资治通鉴》卷28《汉纪二十》。
③《汉书》卷93《佞倖传》。
④《资治通鉴》卷28《汉纪二十》。
⑤《资治通鉴》卷29《汉纪二十一》。
⑥《资治通鉴》卷28《汉纪二十》。

们旧党之"美",王安石新党之"恶";辨别旧党之"是",新党之"非";奖励旧党以"劝善",处罚新党以"惩奸"了。

司马光又借历代党争之祸,大发其"君子小人不相容"的政治言论。说什么"君子得位,则斥小人;小人得势,则排君子;此自然之理也! 然君子进贤退不肖,其处心也公,其指事也实;小人誉其所好,毁其所恶,其指事也诬,其处心也私。公且实者,谓之正直;私且诬者,谓之朋党;在人主之所辨之耳……文宗苟患群臣之朋党,何不察其所毁誉者为实、为诬,所进退者为贤、为不肖;其心为公、为私;其人为君子、为小人? 苟实也、贤也、公也、君子也,匪当用其言,又当进之。诬也、不肖也、私也、小人也,匪当弃其言,又当刑之。"①司马光如此地借古非今,假唐骂宋,毋怪胡三省注《通鉴》说他这种评论,是为熙宁、元丰而发的。他如此地大肆诋毁以王安石为首的新党是奸佞、谗言的朋党小人,而称扬以自己为头目的旧党,则是公正直道的君子。君子处心正大,论事确切;小人则处心私邪,论事诬妄。以致互不相容,互相排斥,乃是一种自然而然的道理! 他如此地归美于己,推恶于人,真是令人愤愤不平! 其实,仁宗至和年间(1054—1056),王安石还只三十六七岁,所任官职尚是个掌通古今的太常博士,并未掌握政治大权。而司马光却已植党营私, 培植他那大官僚地主阶层的政治资本——特制一册《荐士录》,把他所延引推荐的 106 人,一个个的姓名写在上面,并在封面题上"举贤能"三个大字,②以掩盖他拉山头、结党羽的不可告人的政治阴谋,恰恰和他自吹"平生所为未尝不可告人者"自欺欺人的之言相反。因为当时范仲淹"裁削倖滥,考核官吏"的实行政治

①《资治通鉴》卷 244《唐纪六十》。
②[宋]牟巘:《陵阳居士集》。

革新,致使"任子之恩薄,磨勘之法密",侵害了官僚地主阶层的利益,而"朋党之论"又已兴起。①他便企图乘风破浪,大干一场。如果不是因为范仲淹顶风险不住,自请罢黜政事,他的开花炮弹是不会按捺下去,留到给以后的政治革新者王安石身上,才大肆发射出去的! 司马光既然认为他与王安石展开激烈的斗争,是合乎"自然之理"的、应该的,也就又进一步地借故指出唐代王涯、贾餗"偷容苟合",而和那"穷奸究险"的李训、郑注比肩在朝,"不以为耻","一旦祸生不虞,足折刑剧",②便是活该受到的"天诛"。③又复寄情于"孙光宪见微而能谏,高从诲闻善而能徙,梁震成功而能退",得免"亡国、败家、灭身之祸",来宣扬自己的能劝谏,能迁善,能引退之德保存了国家,保全了自己。

2. 所讲读的《通鉴》故事

司马光处心积虑,千方百计去反对的,是王安石侵害了他那大官僚地主阶层既得利益的新法。因而在迩英阁向神宗讲读《通鉴》故事时,又复大肆阐述他在政治上的保守主义,大骂其利口覆邦的小人。熙宁二年(1069),司马光在讲萧何、曹参时,乘机大肆宣扬其反动的保守主义说:"参不变何法得守成之道。所以孝惠、高后时,天下太平,衣食滋殖。"神宗问:"汉常守萧何之法不变,可乎?"他便说:"何独汉也。使三代之君,常守禹、汤、文、武之法,虽至今存可也。汉武取高帝约束纷更,而盗贼半天下。元帝改孝、宣之政,汉业遂衰。由此言之,祖宗之法,不可变也。"其实,萧何原来约法三章,复又增至九章,已是随着客观现实的演变而自变其法。至于萧何法中的挟书律、三族令,既经惠帝除去;妖言诽谤法、秘祝法,又被文帝减削。是汉并非守着萧何

---

①《宋史》卷314《范仲淹传》。
②剧,音屋,诛杀大臣不刑于市的一种重刑。
③《资治通鉴》卷245《唐纪六十一》。

的旧法不变,就可统治得了天下的。所以吕惠卿要向司马光展开激烈的论战,痛陈先王之法,有一年、几年而变的,有三十年而变的。①这种一切先主之法,都随时代前进而处在变化发展中的说法——根据时代发展的需要而变法的主张,是合乎客观历史的现实,而不可依人们的意见妄肆争辩的。问题只在所变之法,是否能合乎现实的真实情况而已。但司马光却无视社会生活,而侈谈远古陈旧、落后不堪的保守主义,实是站在他那大官僚地主阶层的顽固立场,主张复古倒退,而阻挡历史车轮前进的。

熙宁三年(1070),司马光向神宗进讲《通鉴》,至汉贾山上疏时,又借着吕惠卿在座的机会,大肆阐发其"从谏之美,拒谏之祸"之说,而劝神宗"当察其是非"的症结之所在。并说"今条例司所作所为,只有王安石、韩绛、吕惠卿以为是耳,陛下岂能与此三人共为天下邪?"讲到张释之论啬夫利口时,又对着吕惠卿大骂其利口覆邦的小人说:孔子称"恶利口之覆邦家者"。夫利口,怎么会颠覆国家呢?因为他们能以是为非,以非为是;以贤人为不肖,以不肖为贤人。而人主信任他们的说法,则颠覆国家,也就很自然了。毕沅指出司马光这种讲法是针对吕惠卿而发的,②确实是一点不错的。

司马光在撰《通鉴》中所作的评语,在讲《通鉴》时所述的故事,只要一有牵连得上的机会,便借古非今,指桑骂槐,大放厥词,而向王安石和新党之士进行诬蔑攻击。他虽自命"自少至老,未尝妄语";自语生平所为,未尝不可对人言者,而是个"卑信""正直"的真君子。然而狐狸的尾巴,是夹藏不紧而会暴露出来的。王安石从司马光实际的言

---

①《宋史》卷 327《王安石传》、《续资治通鉴》卷 67《宋纪六十七》。

②《资治通鉴后编》卷 67《宋纪六十七》。

行中,也就揭穿了他那伪君子的画皮,看出了他那"外托劘上之名,内怀附下之实,所言尽害政之事,所与尽害政之人"①的阴险狰狞的真面目。因而除了和他在政治上作激烈的斗争外,又得对他这种诬妄的史评、讲述,展开针锋相对的斗争。熙宁二年(1069)王安石做了和宰相共议朝政的参知政事,他预感到推行新法,势必更加引起司马光的"纷然惊异","惑动"他的党羽起来反对。②便因主管经义局,特命王雱、吕惠卿做撰修,打破古训框框的书、诗、礼的《三经新义》来和司马光的《通鉴》进行寸步不让的论战。司马光修《通鉴》于予夺之际,绝不许刘恕得赞一词,一定要出于他自己的手笔。同样,王安石也亲自撰写了《三经新义》中的《周官新义》(《周礼》本名《周官》,以书中所说都是周的官制的缘故。至刘歆始改称为《周礼》),不准王雱得赞辞,把所推行的新法,尽力附着在上面——明明是变常平仓而为青苗法,却说是《周官》泉府之法;明明是变差役而为免役,却"谓免役之法,合于《周官》所谓府吏胥徒"。③其用意无非是借周公这块牌位,周公致太平是推行《周官》官制的缘故,来塞住司马光反对新法的口舌,无非是用经来压史,以充当捍卫新法推行的思想武器,来反击司马光在撰修《通鉴》中,在评论、讲读《通鉴》故事时所散播的毒素。到新党章惇掌握了政权,更是痛恨司马光"老奸擅国",④摆在政治上的第一件急务,便是辩论"司马光奸邪",而薛昂、林自且要"禁戒士人,不得习元祐学术"(通鉴学),⑤"议毁《资治通鉴》",⑥而以牙还牙了!

---

① 《宋史》卷 336《司马光传》。
② 《宋史》卷 327《王安石传》。
③ [元]马端临:《文献通考》卷 13《职役考》。
④ 《宋史》卷 471《章惇传》。
⑤ [宋]周辉:《清波杂志》卷 9
⑥ 《宋史》卷 345《陈瓘传》。

　　司马光用尽力量、费尽心机,纂修《通鉴》阐述他的保守主义,并作评语,讲故事以攻击王安石的变法革新。这不但给当时新法的推行,造成了极其严重的阻碍,而且使“后世”想在政治上谋改革的人,莫不引“以为大戒。稍有更张,则群起而非之。稍有损益,则曰:‘又一王安石也。’由是相率为循默,不敢少出意见……视天下之坏而不敢为。斯时也,毅然敢任而不惧者,其亦难矣!”①这就可见司马光在中国历史上散布的保守主义的毒害,是何等深远了! 至于他妄想用他的主观观念来规定发展中的世界的客观现实,而给后代所传播的历史唯心主义,就更不消说了! 不过《通鉴》终究是司马光和刘恕等,用尽精力所修成的一部贯穿一千多年繁复史事的简明精炼的通史,而给我们后人研究中国古代史留下了极其珍贵的参考资料的功劳,也又是不容否定的。

---

　　①[明]王鏊:《震泽长语》卷上。

# 李焘和《续资治通鉴长编》

　　李焘生于北宋徽宗政和五年,死于南宋孝宗淳熙十一年(1115—1184),正值祖国山河、赵宋政权发生巨大变化的时代。他是个爱国主义者,"甫冠,愤金仇未复,著《反正议》十四篇,皆救时大务……乾道三年(1167)召对,首举艺祖治身、治家、治吏典故,以为恢复之法"。①他是真正对国家兴亡,匹夫且有其责而有高度之感的士大夫!李焘是四川丹稜(今四川洪雅)人。四川"至周广顺中(851—953),蜀母昭裔","为布衣时,尝从人借《文选》及《初学记》,人有难色……后显于蜀……因命工,日夜雕版,印成二书,复雕《九经》诸书。西蜀文字,由是大兴。"②

　　李焘生活在这书籍易得的家乡,家中藏书又不少;③父亲李中又是以一进士而不乐于仕进,明习宋代典故的通儒。在这种社会环境、家庭关系中,朝濡夕染,子承父教,再经自己的努力,他就成了一位"博极载籍,搜罗百氏,慨然以史自任,本朝典故,尤悉力研核",④撰修《续资治通鉴长编》的著名史家。

---

①《宋史》卷388《李焘传》。
②[宋]孔平仲:《珩璜新论》、[明]焦竑:《续笔乘》卷4。
③[元]马端临:《文献通考》卷220《经籍考二十九·百官公卿表》。
④《宋史》卷388《李焘传》。

## 一、先成《百官表》，然后分次撰进

李焘"耻读王氏(安石)书"，[1]而私淑于司马光，"于本朝故事，尤切欣慕"，[2]于是"日绪史册，汇以国朝事实，谓司马光修史，先为《百官公卿表》十五卷，后颇散佚。乃先遍求正史、实录，旁采家集、野史，增广门类。起建隆(960，宋太祖开国年号)，迄靖康(1126，宋徽宗南逃，钦宗即位改元的年号)，合新旧官制一百四十二卷，其重编光稿者，仅七之一。《长编》之书，盖始于此。"[3]为什么修《长编》，要先撰《百官公卿表》呢？"盖建官为百度之纲，其品官职掌，史志必撮其凡"，[4]然后一代之事，纲举目张，以故司马光修《通鉴》，就曾仿效班固之作表，以叙宋兴以来的百官除拜而与之相表里。何况徽宗一朝，"凡臣僚除罢年月最知者，其颠倒错乱，往往志不可晓，况其难知者乎？"[5]所以李焘说："彼百官沿革，公卿除拜，皆事之最大者也，年表又安可缺？"[6]以故考其废置沿革，又多采故事，先行撰修《百官公卿表》，北宋一代的大事，则可纲举目张了。

李焘撰修《长编》，是分几次上表奏进的。

第一次是他知荣州时，于孝宗隆兴元年(1163)所上从太祖建隆至开宝(960—975)一朝的。他的奏状说："臣尝尽力史学，于本朝故事，尤切欣慕，每恨士大夫各信所传，不考诸实录、正史，纷错难信。如

---

① 《宋史》卷388《李焘传》。
② [元]马端临：《文献通考》卷193《经籍考二十·续通长编举要》。
③ [宋]周必大：《周益公全集·平园续稿》卷26《李文简公神道碑》。
④ 《四库全书总目》卷79《职官类》
⑤ 《宋会要辑稿·职官十八》。
⑥ [元]马端临：《文献通考》卷202《经籍考二十九·百官公卿表》。

建隆、开宝之禅授，涪陵岐魏之迁殁，①景德（1004—1007，真宗年号）、庆历（1041—1048，仁宗年号）之盟誓，曩宵谅祚之叛服，嘉祐（1056—1063，仁宗年号）之立子，治平（1064—1067，英宗年号）之复辟，熙宁（1068—1077，神宗年号）之更新，元祐（1086—1093，哲宗年号）之图旧，此最大事，家自为说。臣辄发奋讨论，使众说咸会于一。"②

我们知道，宋自开国，统治阶级内部就是矛盾尖锐，斗争激烈的。而一代国史，又是一代政事组成的部分。因而他们在政治上的斗争，也都必然导致他们在撰修国史上的斗争。往往同一事实，记载却有分歧，以至完全不同，其将何以传信于世人？若不发奋研讨，加以鉴定平衡地折中，是没有公是公非的。

第二次是他任礼部郎时，于孝宗乾道四年（1168）所上从建隆元年至治平四年（1067）的五朝事迹。他的进状说："臣准朝旨，取臣所著《续资治通鉴》自建隆迄元符，令有司缮写投进。今先次写到建隆元年至治平四年闰三月五朝事迹，共一百八卷投进。治平以后，文字增多，容臣更加整齐，节次投进。臣窃闻司马光之作《资治通鉴》也，先使其寮采撼异闻，以年月为丛目，丛目既成，乃修长编。唐三百年，范祖禹掌之。光谓祖禹，'长编宁失于繁，无失于略'。今《唐纪》取祖禹之六百卷，删为八十卷是也。臣今所纂辑义例，悉用光所创立，错综铨次，皆有凭依。顾臣此书，讵可便谓《续资治通鉴》？姑谓《续资治通鉴长编》可也。旁采异闻，补实录、正史之阙略；参求真是，破巧说伪辨之纷纭。"③

①魏王廷美被置房州，降为涪陵县公，忧悸成病而死。
②[元]马端临：《文献通考》卷193《经籍考二十·续通鉴长编举要》。
③[元]马端临：《文献通考》卷193《经籍考二十·续通鉴长编举要》。

以上说明了四个问题：1.《续通鉴长编》虽已写至元符，但为了力求精审，治平以后的事迹，待经整理，再行奏进。2. 同是一件历史事实，往往记载各有不同，司马光因要范祖禹等广事收集，经过严密考核，去伪存真，做成长编，再由他删订成书。3.《续资治通鉴》虽然一切依凭《资治通鉴》成书，却只可叫作《续资治通鉴长编》不敢名为《续资治通鉴》。4. 要攻破种种巧说伪辨，就必须旁采异闻，以补实录、正史的不足。

第三次是他在知泸州任上，于孝宗淳熙元年（1174）所上从治平以后至中兴以前60年的事迹。他的奏状说："此六十年史事，于实录、正史之外，颇多所增益，首尾略究端绪，合为长编，凡六十年，年为一卷。以字之繁略，又均分之，总为二百八十卷。然熙、丰、祐、圣、符、靖、崇、观、和、康之大废置，大征伐，关天下之大利害者，其事迹比治平以前特异。宁失之繁，无失之略，必须睿明称制临决，如两汉宣、章故事，无使各自为说，乃可传信无穷。"①

以上说了三个问题：1. 继续纂辑自英宗治平至高宗中兴以前60年的事迹，则北宋一代史事，首尾完具。2. 自熙宁王安石变法以来，新旧两党互相攻击，以致神宗、哲宗两朝实录，多次重修，各以私意变乱是非，比英宗时已是大不相同。3. 尤其是"徽宗实录，疏舛特甚，……是非混乱，忠义枉遭埋殁，奸谀反得恣睢"。只有"取前所修实录，仔细看详"，参以其他有关史书，加以比较研究，"是则存之，非则去之，缺则补之，误则改之"，然究竟"如何删修，仍进呈取旨"。

第四次是他知遂宁府时，于淳熙九年（1182）所上最后的进表说："臣累次进所为《续资治通鉴长编》，今重别写进，共九百八十卷，计六

---

① [元]马端临：《文献通考》卷193《经籍考二十·续资治通鉴举要》。

百四册,其修换事总为目一十卷,又缘一百六十八卷之事,分散为九百八十卷之间,文字繁多,本末颇难立见,略存梗概,庶易检寻,今创为建隆至靖康举要六十八卷,并卷总目五卷。以上四种,通计一千六十三卷,六百八十七册。投进者,纪一祖八宗之盛德至善,义宁止于百篇?聚九朝三世之各见殊闻,事或传于两说。唯析诸圣,乃得其实。臣网罗收拾,垂四十年,缀茸穿联,逾一千卷。牴牾何敢自保,精力几尽此书。非仰托大君之品题,惧难逃乎众人之指目!汉孝宣称制决疑,故事莫高于甘露;我神考锡名冠序,《通鉴》莫毁于元符。豫席恩言,比迹先正,臣死且不朽!"①

　　总之,李焘撰修《续资治通鉴长编》,一切都是仿效司马光之修《通鉴》,而且许多情形也是相同的。1. 不但采用了司马光的义例,为了检阅方便,且学司马光作了总目、举要,以之辅翼原著,而收提纲挈领的功能。2. 司马光说修《通鉴》19 年,"平生精力,尽于此矣"。②李焘也说:"臣网罗收拾,垂四十年,精力尽于此矣"。3. 神宗为司马光赐书名,作序文;孝宗亦"许焘……用神宗时赐司马光故事,为序冠篇",且"谓其书无愧司马光"了③。

## 二、关于《长编》评论的问题

　　事情总是一分为二的。李焘撰修《续资治通鉴长编》和司马光的撰修《资治通鉴》诚有相同之点,但又有不同之处。那就是,《通鉴》是一部从战国至五代的古代通史,《长编》则是一部北宋的现代史,也就大不相同了。为什么?

①[元]马端临:《文献通考》卷 193《经籍考二十·续通鉴长编举要》。
②[宋]司马光《进资治通鉴表》。
③《宋史》卷 388《李焘传》。

　　胡元瑞说得好:"史百代者,搜罗放轶,难矣,而其实易也。史一代者,耳目见闻,易矣,其实难也,予夺褒贬之权异也!"①这就是说,修现代史,对今人进行褒贬以明是非,比撰古代史的对待古人要困难多了!不见孔子作现代史《春秋》以拨乱反正,就曾说时人之见弹者,将罪我了么!②因而只有隐约其词,尤其对于当代"定、哀之际则微,为其切当世之文而罔褒贬,忌讳之辞也!"③那么,宋自开国以来,统治阶级内部即在撰修国史上发生了严重的斗争。往往同是一件史事,各自记述不同,以至纷错难信。这在"以海含山负之学,松劲玉刚之节,标式当代",④"无嗜好,无侍姬,不殖产,平生生死文字间"⑤的李焘说来,"若不就今文字未尽沦落,尚可着意收拾,同力整顿,日复一日,必至是非混乱,忠义枉遭埋没,奸谀反得恣睢,史官之罪大矣!"⑥于是他"慨然以史自任","自实录、正史、官府文书,以逮家录、野纪,无不递相稽审,质验异同",⑦而归之于至当。尤其是不避时难,时代越近,撰述越详,这就较孔子之作《春秋》,于定、哀之际不敢秉笔直书,故意隐微其辞,以明哲保身,都更显得特立独行了!

　　再则,司马光修《通鉴》,本之于《左传》的设辞"君子"而著"臣光曰"以为评论,其体例是有所承受的。李焘撰《长编》,虽然事事都向司马光学习,而于这一点却独不然,这就显得他们有所不同了。这到底

①[明]胡应麟:《少室山房笔丛》卷13《史书占毕一》。

②《孟子·滕文公下》。

③《史记》卷110《匈奴传赞》。

④[宋]真德秀:《西山文集》卷41《李壁神道碑》。

⑤《宋史》卷388《李焘传》。

⑥《宋会要辑稿·职官十八》。

⑦[宋]李焘:《续资治通鉴长编·提要》。

是为了什么呢？岂非撰修现代史，只应依据原有的多种材料，经过精审的鉴别，作出不偏不倚、公正确切的叙述，不应轻加论断，增上半点个人的私意么？这种公正无私，实事求是的精神，是值得钦佩的！

且看叶适是当时"志意慷慨，雅以经济自负"，言必"当审而后发"，①而"以人望召入朝"②的名人，其推崇李焘的《长编》却无微不至。他说："李氏《续通鉴》，《春秋》之后，才有此书！……自史法坏，谱牒绝，百家异传，与《诗》《书》《春秋》并行。而汉至五季，事多在记后，史官常狼狈收拾，仅能成篇。呜呼，其何以信天下也！《通鉴》虽幸复古，然緜千有余岁之后，追战国秦汉之前则远矣！疑词误说，流于人心久矣！方将钩索质验，贯殊析同，力诚劳而势难一矣！及公据变复之会，乘岁月之存，断自本朝，凡实录、正史、官府文书，无不是正求一律也。而又家录、野记，旁互参审，毫发不使遁逸，邪正心迹，随卷较然。夫孔子之所以正时日月，必取于春秋者，近而其书具也，今唯《续通鉴》为然耳。故余谓《春秋》之后，才有此书，信之所聚也。"③史乃国家的法典，前人所以垂后，后人所以识古。然自古以来，一代之史，大都撰于后人。即以司马光的巨著《通鉴》来说，亦复收拾旧闻成书。所以史事也都不能免于人们的疑议。今李焘却能博采当代正史、实录以及家录、野记，参审是正，使之厘然有当于人心，诚为《春秋》以后唯一的一部史书了！所以李焘《长编》，在当时是受尽了好评，而无人对他非议的。朱彝尊就曾说："宋儒史学，以文简（李焘）为第一。盖自司马君实（司马光字君实）、欧阳永叔（欧阳修字永叔）书成，犹有非之者，独文简免于议驳。

①《宋史》卷434《叶适传》。
②《宋元学案》卷14《水心学案·忠定叶水心先生适》。
③［宋］叶适《水心集》卷12。

张敬夫(杖)比之'霜松雪柏,生死文字间';叶正则(适)谓'《春秋》之后,才有此书',要非过论也!"①从而即是清代带有偏见的王鸣盛指责"此书特辑其本朝事,专务多采,亦复何为?"为之作注的连鹤寿亦复说是"先生责之,过矣"。②

至于元脱脱作《宋史·李焘传·论》说李焘"《长编》之作,咸称史才。然所掇拾,或出野史,《春秋》传疑、传信之法然欤?"则更幼稚得可笑?请问什么叫野史?野史只是别于史官之所记载而为私人所记的史书。野史是否可以掇拾以之撰修正史呢?史学名家刘知几给了我们很详细的回答。

《史通·内篇·采撰》说:"珍裘以众腋成温,广厦以群材合构。自古探穴藏山之士,怀铅握椠之客,何尝不征求异说,采撷群言,然后能成一家,传诸不朽。观夫丘明受经立传,广包诸国。盖当时有《周志》《晋乘》《郑书》《楚杌》等篇,遂乃聚而编之,混成一录。向使专凭鲁策,独询孔氏,何以能殚见洽闻,若斯之博也。司马迁《史记》,采《世本》《国语》《战国策》《楚汉春秋》,至班固《汉书》,则全同太史;自太初以后,又杂引刘氏《新序》《说苑》《七略》之辞。此皆当代雅言,事无邪僻,故能取信一时,擅名千载。"可见左丘明传《春秋》、司马迁撰《史记》、班固修《汉书》,之所以能成一家传诸不朽之言,就是因为他们能够博采事无邪僻而属雅言的私史《晋乘》《楚杌》、③野史《新序》《说苑》等的缘故。所以刘知几又说:"学者欲博学旧事,多识其物。若不窥别录,不讨异书,专治周、孔之章句,直守迁、固之纪传,亦何能自致于此乎?且夫

---

①[清]朱彝尊:《曝书亭集》卷45《书李氏续通鉴长编后》。

②[清]王鸣盛:《蛾术编》卷11《通鉴长编》。

③我国古代根据《春秋》大一统的意旨,因而以诸侯之国的史书为私史。刘知己《史通》就曾说:"晋有《乘》,秦有《记》,鲁有《史》,皆私史也。"

子有云:'多闻择其善者而从之,知之次也。'苟如是,则书有非圣,言多不经,学者博闻,盖在择之而已。"①那么,李焘之撰《长编》,正是网罗正史、实录以及家乘、野史,旁互参审,择善而从,力去邪僻之言,而一切归之于至当,以之传真于当时,垂信于后世,怎能说他不该掇拾野史,不明《春秋》疑疑、传信之法呢!且莫说北宋之世的正史、实录,往往疏舛特甚,变乱是非,李焘撰修《长编》就得博采野史,以资质正;就在孝宗的时代,史官记载亦复疏谬难信,撰述当时的史书,且"当质诸衣冠故老之传闻,与夫山林处士之记录,庶几善恶是非不至差误"呢!②则脱脱指责李焘不该掇拾野史,也就很不应该了。

至于李焘著《长编》,是不是没有错误呢?那是免不了的。比如"曾子宣《日记》之偏,王定国《甲申录》之妄,咸有取焉"。③又"有一事而重出者。如大中祥符八年(真宗年号,1015)六月,诏'自今选人,有罪犯者,铨司未得定入官资叙,并具考第及所犯取旨'云云,又见于九年六月,此类殊不少矣",④莫不都是错误。

我们认为,任何一部史学名著,因为搜罗既广,疏失自是难免。所以洪迈尽管因与李焘以占城入贡的建议而对焘有所不满,⑤却也还是说,四朝史志,"多出李焘之手,其汇次整理,殊为有功。然亦时有失点检处。盖文书广博,于理固然"。⑥可见著史而有疏失,并不是不可以理解的。李焘自己不就说了"网罗收拾,垂四十年,缀茸穿联,逾一千卷,

①[唐]刘知己:《史通》卷 10《杂述》。

②[宋]李心传:《建炎以来朝野杂记·乙集序》。

③[宋]王应麟:《困学纪闻》卷 15《考史》。

④[清]钱大昕:《潜研堂文集》卷 28《跋续资治通鉴长编》。

⑤[宋]李心传:《建炎以来朝野杂记·甲集》卷 4。

⑥[宋]洪迈:《容斋三笔》卷 13《四朝史志》。

牴牾何敢自保"吗？古话说得好，"泰山不让土壤，河海不择细流，偏驳之议起矣，而海、岱之高深自若也！"则对《长编》攻错的王鸣盛之流，其于李焘有何伤哉！

最后，必须指出的。原来宋太宗在"烛影斧声"之下，不但结束了太祖的生命，夺取了太祖的皇位，且传之自己的子孙；并使太祖的"后代仅同庶民"，以至"遭时多艰，零落可悯"！[1]直到高宗因为没有亲生之子，而又迫于舆论[2]不得不于绍兴元年(1131)立太祖有贤德的七世孙赵眘(孝宗)做太子，才把政权交回到了太祖的后代手里，而为李焘打进了一个锲子。在一向被太宗及其当皇帝的子孙严密地捂住盖子，使史官不敢在国史上记载一字的"烛影斧声"之事，也就终于由李焘根据草野僧人的《湘山野录》记载下来，得到了孝宗的支持。既允许他外任地方官，得继续撰修国史《长编》，并每次见到他所进《长编》的奏章，莫不大加赞赏，以至待之以侍从之礼，而召他为秘书监兼国史院同修，且许为他"用神宗赐司马光故事，为序冠篇"。[3]

李焘诚然是个刚直嫉恶，具有雪松劲柏之节的人物；但又是个认为非乾健则无以立，非巽顺则无以行，而计日用权宜，变通常法以适于道的人。[4]所以高宗绍兴年间(1131—1162)，奸相秦桧当权，多次要延揽他，他虽绝不与之相通，而所著之书亦不敢公之于世。只有等到秦桧死后，才开始让朝廷知道。所以他对所撰的《长编》，是深"惧难逃人之指目"，以至两次请求孝宗"如两汉宣、章故事"，"称制决疑"；"如

①《宋史》卷33《孝宗纪》。

②参阅拙文：《宋代统治阶级在撰修国史上的斗争》，《兰州大学学报》1981年第4期。

③《宋史》卷388《李焘传》。

④[宋]李焘：《巽岩记》。

我神宗之于《资治通鉴》","锡名冠序"则感恩戴德,"死且不朽"了!但终究还是遭到在秦桧卵翼下发家起来的提刑(主管司法、刑狱和监察的官)何熙志的攻击,说他所报泸州城中失火的焚烧数字不实;"且言'《长编》所记魏王廷美食肥虓语涉诬谤'",而要把他置之于法。如其没有孝宗亲自给他撑腰,说是"宪臣按奏火数失实,职也,何予国史!"①则他的性命都保不住了!所以李焘之所以能够撰成他的垂之不朽的《续资治通鉴长编》,诚然是由于他自己能够以国史自任,费尽40年的心力的结果;但若没有孝宗的大力支持,纵然《长编》得以修成,亦只藏之名山,而不能传之于世了!

---

① 《宋史》卷 388《李焘传》。

# 马端临和《文献通考》

马端临字贵与,江西乐平人,生于南宋理宗宝祐二年(1254),死于元英宗至治三年(1323),是中国史学史上一位杰出的史家。

他的父亲马廷鸾,是个"甘贫力学","以公灭私",以忤逆内侍、外戚尤其外戚中的权奸贾似道而"名重天下"的直臣。他曾历任教授、史馆校勘、史院编修(著作很多)以及礼部侍郎,而进位右丞相兼枢密使等重职。因为贾似道所不容,就不得不辞职归家了! ①

马端临生活的年代,民族灾难空前惨重:北中国既早已在金统治者的血腥统治下,而又亲历备极野蛮残暴的蒙古贵族的南侵灭宋,自然是"百忧薰心",②他又深受父亲不幸遭遇的影响感到济世扶危,力非所任,而他只能"业绍箕裘",在撰述上作出自己的贡献。尽管反元南侵的烽火熊熊遍地,反元的起义遍及江南,但他终究还是紧紧地关起碧梧书斋的门来,从事撰修他的《文献通考》,完成他的名山之业!

他撰修的《通考》,与宋室南渡以来一般士大夫之所著述,是有许多不同之处的。

宋朝南渡之后,一般士大夫对于"靖康之难,至痛极愤!此当上下深谋,不知寒暑寝食之时",决不可"视宗庙君父之仇,若疥癣之在身,

---

①《宋史》卷 414《马廷鸾传》。
②[元]马端临:《文献通考·总序》。

忍而不搔"！①以故高宗时代，胡安国著《春秋传》，便认为士大夫"无死难之节，又无复仇之志，贪生畏死，甘就折辱，其罪为重"。②

总之，南渡以来，一般士大夫莫不慨然有感于报仇的大义，誓志恢复中原，坚决认为"不可坐而论三代之旧，洋洋焉，熙熙焉，而不思夷夏之分，不辩乎逆顺之理，不立乎报仇之义，一切听其南北之形成，而与宋、齐、梁、陈并称而已哉！"③

至于著《续资治通鉴长编》的李焘，则又是"愤金仇未复，著《反正议》14 篇，皆救时大务"；④并于孝宗淳熙八年（1181）知遵宁府时，创办勤武堂，亲自训练士卒，可以说是始终不忘报仇雪耻的史学家。著《通志》的郑樵，则是上书枢密宇文虚中，要求做个报国雪耻的"死义之士"；投书给事中江常，请求"抒生灵之愤，刷祖宗之辱"，⑤是与金人有不共戴天之仇的民族主义者！

至于蒙元灭宋之后，宋的遗民郑所南著《心史》，胡三省注《通鉴》，以及其他著书立说、赋诗填词而抒其亡国之痛、灭种之恨，如汪元量、邓光荐、龙麟洲、孙嵩……等等，更是大有人在。只有马端临撰修《通考》，却故意阉割当时野蛮残暴、杀人如麻的蒙元的南侵；宋人负戈捐躯、悲壮淋漓的反侵略，以及反残酷压迫斗争的历史现实不载，而将一部贯穿 25 代，应该修到宋的灭亡，具有完整系统性的巨著，仅至宁宗嘉定五年（1212）即告终止。甚至为了避免蒙元统治阶级的忌刻，把金灭北宋，统治北中国的血腥痛史，也都割断不载，而仅写

①[宋]叶适：《水心集》卷 4《始论二》。
②[宋]罗大经：《鹤林玉露》卷 14。
③[宋]叶适：《水心集》卷 4《始论一》。
④《宋史》卷 388《李焘传》。
⑤[宋]郑樵：《夹漈遗稿》卷 3。

到五代时候的鞿鞬即告辍笔。那么,就这点来说,《通考》一书,虽是羽翼经史,资助考据,传之万代不朽的名著,亦终有极大的遗憾。

**一、在宋儒中能撰一部关于历代典章经制的巨著,是难能可贵的**

《史记·孔子世家》说:"孔子之时,周室微而礼、乐废,诗、书缺,追迹三代之礼,序、书、传,上纪唐、虞之际,下至秦穆,编次其事。曰:'夏礼吾能言之,杞不足征也;殷礼吾能言之,宋不足征也;足,则吾能征之矣。观殷、夏礼所损益,后虽百世可知也。'"是孔子实为我国编次历代史事,且明其典章制度会通因仍损益之道的开山祖。

马端临正是师承孔子之教,而撰修他的《文献通考》的。

首先,他认为"考制度,审宪章,博闻而强识之,固通儒之事,"而"典章制度,实相因者也。'殷因夏,周因殷,继周者之损益,虽百世可知',圣人盖已预言之矣。爰自秦、汉以至唐、宋,礼乐兵刑之制,赋敛选举之规,以至官名之更张,地理之沿革,虽其终不能以尽同,而其初亦不能遽异。如汉之朝仪、官制,本秦规也;唐之府卫、租庸,本周制也,其变通弛张之故,非融会错综,原始要终而推寻之,固未易言也……独非后学之所宜究心乎?"于是他"自早岁盖尝有志于缀缉"以成一书了。至于"(孔)夫子言夏、殷之礼,而深慨文献之不足征",而他则"业绍箕裘,家藏坟索,插架之收储,趋庭之问答……"①则是具有极好条件的。

再则,刘秩仿《周官》之法,撷拾百家,分门铨次,作《政典》35 卷,杜佑以为未备,因而推广其缺略,凡分食货等八门而成《通典》。而马端临又复感到《通典》虽然"纲领宏大,考订核洽",但只写到唐的天宝

---

① [元]马端临:《文献通考·总序》。

年间,天宝以后则缺而不存。何况"节目之间,未为明备;而去取之际,颇欠精审"。于是离析《通典》的食货、选举、职官、礼、乐、兵刑、州郡、边防八门,分为一十有九,而增以经籍、帝系、封建、象纬、物异5门,共为24门。便将25代的典章经制,首尾贯通,条分缕析,灿然明备。其巨大成绩,是值得肯定的。

清儒卢文弨就曾说:"宋儒又每以博学多识,比之'玩物丧志。'故其于史也,略识兴亡之大纲,用人之行政得失而已,自谓括其要矣。其他典章制度因革损益之粲然具列者,率无暇留意……其病皆由于谫谫拘拘(浅薄拘泥)、不能广搜博考以求其佐证;而且专己自用,不师古人。其或时异事殊,有必不可沿袭者,而又不能得变通之宜。"①不但如此,甚至朱熹以一代儒家的大师,且说什么历史上"道这个盛衰之由,这个成败之由,返而思之,关你身甚事",②这简直是教人不要去读什么历史,去关心什么国家大事了!而马端临却能阐述历代典章经制,以明其会通因仍之道,在当时来说,是尤为可贵的。

我们知道,宋代文治虽盛,而宋儒治学的门庭路径,却常出于佛、老,以至以静言性而主乎静,"涤去世俗尘垢之念",③以为不立文字,可以识心见性,守虚灵之识,而暗借佛、老之言,以文儒者之说"便可改头换面……说向士夫,接引后来学者",④引儒入佛,以至"朱子误于老,陆子误于佛",⑤而真德秀且沉溺于二氏之学了!

①[清]卢文弨:《抱经堂文集》卷4《钱晦之后汉书补表序》。
②《朱子语类》卷114。
③《朱子语类》卷69《答甘道士》。
④[清]钱大昕:《十驾斋养新录》卷18《引儒入释》。
⑤[清]冯辰:《李恕谷先生年谱》。

至于"程明道先生，以记诵博识为玩物丧志"，①读经史而不着意于历代典章制度，这就是"升堂入奥"，被称为程门高足，而秉性优柔，言多平缓，而为明道先生之所最喜爱的杨时，②也都说是"今之所谓博学者，特通历代之故事而已。必取尧、舜三代之法，兼明而默识之，以断后世所为之中否而去取焉，盖未能也"了！③今马端临却能辛勤地博采经史以及百家传记，写出深明会通因仍变革之道，中否而去取之的《通考》，宜其与郑樵的《通志》，王应麟的《玉海》，共传不朽，鼎立而三了。至于《通考》精审详赡，超过了《通志》，容后再述。

## 二、《文献通考》并非如章学诚说的只是一类书之学

章学诚既指责马端临"《文献通考》之类，虽仿《通典》，而分析次比，实为类书之学，书无别识通裁，便于对策敷陈之用"，④又颂扬郑樵"绝识旷论"，"独取三千年来遗文故册，运以别识心裁。盖承通史家风，而自为经纬，成一家言者也"。⑤这种言论，明显地是在申郑屈马，是极不公正的。

为什么？清高宗弘历命儒臣校刊《三通》既毕，而为《文献通考》制序说：马端临"会通古今，该洽载籍，荟萃源流，综统同异，莫善于《通考》之书"。可见《通考》实是《三通》中最好的一部，又怎能说是"虽仿《通典》，而分析次比，实为类书之学"呢？

举例来说，《通考·田赋考》之叙历代田制之规，而谓"古之帝王未

---

①［宋］朱熹：《近思录》卷3。
②《宋元学案》卷8《龟山学案》《上蔡学案》。
③［宋］杨时：《龟山语录》卷1。
④［清］章学诚：《文史通义》内篇四《释通》。
⑤［清］章学诚：《文史通义》内篇四《申郑》。

尝以天下自私也……以故其时天下之田悉属于官,民仰给于官者也。故受田于官,食其力而输其赋。仰事俯育,一视同仁,而无甚贫甚富之民,此三代之制也。秦始以宇内自私,一人独运于其上,而守宰之任,骤更数易,视其地为传舍……以故秦汉以来,官不可复授田,遂为庶人之私有,亦其势然也。虽其间如元魏之泰和,李唐之贞观,稍欲复三代之规,然不久其制遂隳者,盖以不封建,而井田不可复行故也。三代而上,天下非天子所得私世,秦度封建而始,以天下奉一人矣。三代以上,田产非庶人所得私也;秦废井田,而始捐田产以予百姓矣。秦于其所当与者取之,所当取者与之。然沿袭既久,反古实难,欲复封建,是自割裂其土宇,以启纷争;欲复井田,是强夺民之田亩,以召怨读。书生之论,所以不可行也。随田之在民者税之,而不复问其多寡,始于商鞅;随民之有田者税之,而不复问其丁中,始于杨炎。三代井田之良法坏于鞅,唐租庸调之良坏于炎,二人之事,君子所羞称,而后之为国者,莫不一遵其法。一或变之,则反至于烦扰无稽,而国与民,俱受其病,则以古今异宜故也。"①这种对历代田赋之制,明本探源,以究其变革之故,归之于时势使然,而非某个人的关系,正是马端临别识心裁,故能有这独断之学的缘故。又怎能说他只是辑录一些资料,编次成一部分门别类,仅备检查的类书呢?

再说,马端临撰修《通考》,上承《通典》的体例。然在唐玄宗天宝以前,则增补其事迹之所不足,离析其门类之所未详。从天宝以后,至宋宁宗嘉定之末,则续而成之。"凡叙事则本之经史,而参之以历代会要,以及百家传记之书,信而有证者从之,乖异传疑者不录,所谓文也。凡论事则先取当时臣僚之奏疏,次及近代诸儒之评论,以至名流

---

①［元］马端临《文献通考·总序》。

之燕谈，稗官之纪录，凡一话一言可以订典故之得失，证史传之是非者，则采而录之，所谓献也。其载诸史传之纪录而可疑，稽诸先儒之论辨而未当者，研精覃思，悠然有得，则窃著己意，附其后焉"。①可见马端临辑录文献，既经严密考订，去伪存真，又复运以别识心裁，而成一家之学。又怎能把他的《通考》，说成是分门编排的类书呢？

总之，我国研究历代典章经制，阐明其因仍损益之道的典籍，首推《三通》。《三通》之中，则莫"善于《通考》之书。其考核精审，持论平正，上下数千年，贯穿二十五代，于制度张弛之迹，是非得失之林，固已灿然备具矣"。②"虽稍逊《通典》之简严，而详瞻实过之。若郑渔仲（樵）之《通志》，则仿通史之例……纪传及谱，皆剿袭旧史，稍为删润，殊无可观。其精华唯在《二十略》……各略中穿凿挂漏，均所不免。实未能与《通典》《通考》鼎力为三也！"③可见《三通》之中，实以《通考》为最好，而《通志》则最差了。

然而章学诚以一有学有识的史学名家，为什么硬要那么费尽心机，写下《释通》《申郑》《答客问》上、中、下，一共5篇文章，来大事申郑屈马呢？这当然是有原因的。所谓山里套山，戏中有戏，非戳破这层烟幕，是难知道他的底细的。

原来乾、嘉之际，考据学正是风靡一时、极其鼎盛的显学。而章学诚却偏偏不善于做这种整理贯通的训诂，校对勘误的求真工作，想要在这方面和戴震一较雌雄，而"求名""干禄"，则根本是不可能的，④因

---

①[元]马端临：《文献通考·总序》。

②乾隆：《御制重刻文献通考序》。

③[清]梁章钜：《退庵随笔》卷16《读史》。

④[清]章学诚：《文史通义》外篇三《答沈枫墀论学》、《章氏遗书》卷28《与族孙汝楠论学书》。

而也就只有另辟蹊径，"悬古人之近己者以为准"，向他"盖有天授"的史学发展了，①而他和戴震恰好又都是睥睨一切的人，于是戴震以其精于考据，而"痛诋郑君《通志》"之疏陋；而他这个"于史学，贵于著述成家，不取方圆求备，故于训诂考质，多所忽略"的人，便深责"其言绝可怪笑，以谓不足深辩"。②所以他的申郑，实际上是申己；他的屈马，实际上是屈戴。所谓借他人的酒杯，浇自己胸中的块垒，即所谓指桑骂槐，暗相讥讽是也。

### 三、《文献通考》也是有错误的

然而我们在上节所云，并不是说马端临的《通考》就没有错误之处。诚如顾炎武所说："马贵与《文献通考》，以一生精力成之，遂为后世不可无之书。而其中小有舛漏，尚不能免。"③这种说法，是近乎情理，合乎事实的。就拿《通考·经籍考》来说，尽管胡元瑞是明儒中"才高识高，而充之以学"，会通经籍著名的专家，④他也说"大抵历朝坟籍，自唐以前，概见《隋志》；宋兴以后，《通考》为详"。又极称《通考》"类甚详核"，"有功千古！"

然而《经籍考》中的问题和错误，却依然是免不了的。

1. 失之伦类

《经籍考》虽分类详核，但也有失之伦类的。诸如：南宋末年人戴埴著《鼠璞》考证经史上的疑义以及名物典故的异同，持论很是精审。其所以名叫《鼠璞》，是因取郑人谓玉未琢的为璞，周人谓鼠未腊的为

---

①［清］章学诚：《文史通义》外篇三《与朱沧眉中翰论书》《家书二》。
②［清］章学诚：《文史通义》外篇三《家书三》、内篇五《答客问上》。
③［清］顾炎武：《日知录》卷 19《著书之难》。
④［明］陈文烛：《经籍会通序》。

璞,同名异物的意义。而《通考》列入小说家,是失其伦类了。又,《经籍考》之所采辑,多是晁公武、陈振孙的说法。于是晁公武的《郡斋读书志》以《战国策》出于纵横家所著,不合于先王的正道,便把它从史部目录里挑出来列入子部。然"'子'之为名,本以称人,因以称其所著,必为一家之言,乃当此目。《战国策》乃刘向裒合诸记并为一编,著者既非一人,又均不得其主名,所谓'子'者安指乎?公武改隶子部,是以记事之书为立言之书,以杂编之书为一家之书,殊为未允"。①今马氏竟承晁公武的错误观点,也不把它列入史部,而归之于子部纵横家类,不又是失之伦类么?又,李延寿的《南北史》,虽分南北两朝,却通南北的总要——以朝代为限,而又仍其通流。其书虽未以通标名,而体例实具通的意旨。盖史法有因有创,史例有正有变,要在看得活络,不可固执拘泥呀!所以刘知几且以《南北史》和《科录》一同看作以通达上下古今为体,如同《史记》之类的通史。②至于郑樵的《通志·艺文略》,高似孙的《史略》,莫不都将《南北史》列入了通史部门,而《通考》却把《南北史》列入正史中的断代史,不是又失其伦类吗?

2. 缺载唐代典籍之事

《旧唐书·经籍志》,历记贞观时购买、校订,开元时整比、缮写,文宗时搜访群书,以及安禄山之乱、黄巢起义典籍散亡殆尽之事,《通考》均缺略未载。又唐太宗甫定内难,即设弘文馆,聚书二十多万卷,并选天下文学之士虞世南等更日直宿,至夜分乃罢,本是见于《通鉴》所记太宗留意典籍的盛事,《通考》亦复逸而不载,这都不能不说是一种缺陷。

---

① 《四库全书总目》卷51《〈战国策注〉提要》。

② [唐]刘知己:《史通》卷1《六家》。

3. 一书重见

一书重见。"如陆德明《经典释文》三十卷,见卷百八十五经解类,又见卷百九十小学类。宋敏求《春明退朝录》五卷,见卷二百一故事类,又见二百十六小说类。郭茂倩《乐府诗集》一百卷,见卷百八十六乐类,又见卷二百四十八总集类……盖著作之家多不免此弊,彼此相笑,自昔然矣。"①

4. 失于检照

杜君卿《通典》志州郡,辟唐讳,改豫州为荆河州(因唐代宗名豫之故)。马氏《舆地考》,虽承杜典旧文,而改荆河为豫,得其当矣。乃于《古扬州篇》云:"分置南兖州,南荆河州。"又于寿州下云:"荆河州刺史祖约,云齐因之,兼置荆河州;云梁置南荆河州,云寻改为南荆河州。此数处犹沿杜本之旧,殆由卷帙重大,一时失于检照故耳。"②

我们认为,任何一部著作(且莫说卷帙巨大之作)偶有差失,是免不了的。不见大儒郑玄就曾以祭公为叶公,良史司马迁又曾以子产为郑公子吗?智者千虑,必有一失。《通考》虽有错误,并无害于马端临之为杰出的史家矣!

---

① [清]钱大昕:《十驾斋养新录》卷 13《文献通考》。
② [清]钱大昕:《十驾斋养新录》卷 13《文献通考》。

# 《辽史》的纂修及其评价

元修宋、辽、金三史都是仓促成书，其中《辽史》时间最短。因此，错误、重复、缺漏之处也最多，故为后世史家所诟病。本文拟就《辽史》撰修的过程及存在的问题略加评价。

## 一、辽修辽史

### 1. 历经撰修、粗称完备

辽从阿保机（太祖）建契丹国"而用汉人，汉人教以隶书之半"而"增损之，制契丹字数千"，①耶律鲁不古则以制国字有功"监修国史"，②是为辽史撰修的发端。

此后，辽人撰修辽史，约分下列几次。

第一，太宗耶律德光会同四年（941）诏修始祖奇首事迹；③景宗耶律贤以邢抱朴与室昉同修国史，撰成 20 卷。④

第二，圣宗耶律隆绪"诏修日历毋书细事"。⑤兴宗耶律宗真诏耶律玦修国史，⑥玦以文学史儒萧韩家奴集遥辇可汗至重熙（兴宗年号）

---

① ［宋］叶隆礼：《辽志》、［元］陶宗仪：《书史会要》。
②《辽史》卷 76《耶律鲁不古传》。
③《辽史》卷 4《太宗纪下》。
④《辽史》卷 80《邢抱朴传》、卷 79《室昉传》。
⑤《辽史》卷 14《圣宗纪五》。
⑥《辽史》卷 31《耶律玦传》。

以来事迹 20 卷上之。①又诏耶律谷欲、耶律庶成等编辑国朝上世以来事迹及实录。②然未完成，谷欲即已死去。③

第三，道宗耶律洪基大安元年(1085)，史臣所进太祖以来七帝实录，实就耶律谷欲等之所编辑加以审订而成的。④此外，道宗又曾以耶律良修起居注。⑤

第四，天祚帝耶律延禧乾统三年(1103)，诏耶律俨监修国史，纂太祖以下诸帝实录，共成 70 卷。⑥于是辽自太祖、太宗、世宗、穆宗、景宗、圣宗、兴宗、道宗八朝的事迹，总算粗告完备了。

2. 辽史是不容易撰修的

综观上节，辽自太祖建国以来，还是重视撰修国史的，但辽代的史书又是不容易修的。

第一，上世事迹邈远，又无文字记载的资料可供参考，也就难于追述详明了。

第二，圣宗既诏令日历官不得记述细事，道宗又以观起居注不得，将修注郎不撅等各杖二百而罢之，⑦这就可见辽的史官是难于执行他们庄严正直的职责的。那么，辽人所修的史书，又将何以传信于后代呢？

第三，辽时所修的史书，建国以前，既只有简略的事迹。建国以后，又只是实录、日历、起居注。但实录只是每一皇帝统治时期的大事

①《辽史》卷 103《文学传上·萧韩家奴传》。
②《辽史》卷 19《兴宗纪二》、卷 89《耶律庶成传》。
③《辽史》卷 104《耶律谷欲传》。
④[清]王鸣盛：《蛾术编》卷 11《辽史所采取》连鹤寿按语。
⑤《辽史》卷 96《耶律良传》。
⑥《辽史》卷 27《天祚纪一》、卷 78《耶律俨传》。
⑦《辽史》卷 23《道宗纪三》。

记,起居注则是左右史官记载皇帝的言行的。何况"道宗并罢史官预闻朝仪,俾问宰相书之"呢。①至于日历,则不过因起居注加以润色而成的。所以这三种东西,只能是撰修国史的重要资料,并非真正的国史。从而道宗太康年间(1075—1084),耶律孟简针对这种情形,曾上表说:"本朝之兴,凡二百年,宜有国史,以垂后世。"道宗因之诏令置局监修。但孟简又"谓余官曰:'史笔,天下之大信。一言当否,百世从之。苟无明识,好恶徇情,则祸不测。故左氏、司马迁、班固、范晔,俱罹殃祸,可不慎欤?'"②这就可见辽史是多么难修,致令史官唯恐遭到不测之祸了!

正因为辽史是难修的,从而道宗大安元年(1085),史臣之所修成的,还是太祖、太宗、世宗、穆宗、景宗、圣宗、兴宗七朝的实录,③并非辽的正式国史。寿昌二年(1096),刘辉虽曾上书,以为"宋欧阳修编《五代史》,附我朝于四夷之末,妄加贬訾……臣请以赵氏初起事迹,详附国史",且受到道宗的称许。然辉一经擢拔史馆修撰,即行死去。④是辽的正式国史,依然没有修成。到了天祚帝乾统三年(1103),诏耶律俨所修成的,仍然还是太祖以下至道宗八朝的实录。且去辽亡,已只22年,是为辽时撰修辽史的最后一次了!

3. 书禁严峻

辽与宋对敌,斗争激烈,唯恐机密泄露,从而禁制书的传播是极其严峻的。沈括就曾说:"契丹书禁极严,传入中国者罪至死。"⑤这就

---

①[清]赵翼:《廿二史札记》卷27《辽史》。
②《辽史》卷104《耶律孟简传》。
③《辽史》卷24《道宗纪四》。
④《辽史》卷104《刘辉传》。
⑤[清]钱曾:《读书敏求记》卷1《龙龛手鉴》。

可见辽的书禁是极其严峻的。梁章钜又说："辽制书禁甚严。凡国人著述，唯听刊行于境内，有传于邻境者，罪至死。盖国之虚实，不以示敌，用意至深。"①甚至民间私自刊印文字，也都严加禁制。②以故"记注典章，可裨国史者，求之簿录之家，不少概见；即家集野史，亦复散泯无传。"③至于宋神宗时传入中国所谓"希世之珍"的《龙龛手鉴》(亦称《龙龛手镜》)，也是那离尘绝俗的辽僧行均所撰关于《说文》《玉篇》以及佛经之字，讲均韵训诂，而非记录世事、政治的书籍，可备撰修辽史采择的！

## 二、金修辽史

辽史之在金代，曾撰修两次。熙宗时，由耶律固、萧永祺撰成75卷。④理宗时，诏令民间有辽时碑、铭、墓志及诸家文集，或记忆辽的旧事的，一概上送政府，由党怀英、郝俣、移剌益、赵沨等据以为撰修资料，但未完成。章宗时，因命翰林学士陈大任继成之。⑤

然金以武得国，起初并无文字，至太祖完颜阿骨打始得辽人而使用他们，语言之中才开始有些文气。太宗吴乞买取宋，收汴京图书，宋的士人，又有向之归降的。所以到了世宗、章宗的时代，宰相也就多有从科第中来的。然士人中了进士之后，又复只是学习吏事，不再从事读书，不但没有名家之学就连唐书中的史事，也都知道的不多了。⑥那么，在这种情况下所修的辽史，又能取得多大成绩呢。

①[清]梁荃:《退庵笔记》卷16《读史》。
②《辽史》卷22《道宗纪二》。
③[清]厉鹗:《辽史拾遗·自序》。
④《金史》卷125《文艺·萧永祺传》。
⑤《金史》卷125《文艺·党怀英传》。
⑥《金史》卷125《文艺传·序》及《党怀英传》。

### 三、元修辽史

元世祖忽必烈中统二年(1261),始建翰林国史馆,王鹗即请修辽、金二史,并请以右丞相史天泽监修国史,左丞相耶律铸、平章政事王文统监修辽、金史。世祖接受了这个意见。①元开始建国史馆,即提出撰修辽、金史的问题了。

再则,王恂受世祖之命而为太子侍读,辅导裕宗时,"又以辽、金之事近接耳目者,区别其善恶,论著其得失,上之"。②裕宗亦"每与诸王、近臣讲论王恂、许衡所述辽、金帝王行事要略"。③于是元诸王、诸臣亦有论著辽、金事迹,讲论辽、金事迹的了。

至元元年(1264),参知政事商挺建议史事附修辽、金二史,宜令王鹗、李冶、徐世隆、高鸣、胡祗遹为之。很合世祖的意思。④王鹗又上奏:"自古帝王得失兴废可考者,以有史在也。我国家以神武定四方,天戈所临,无不臣服者,皆出太祖皇帝(成吉思汗)庙谟雄断所致。若不乘时纪录,窃恐久而遗亡,宜置局纂就实录,附修辽、金二史。"⑤修太祖实录,怕的是不及时纂录,则元代开创的事迹将致遗忘;修辽、金二史,则说是"自古有可亡之国,无可亡之史。盖前代史册,必待兴者与修;盖是非与夺,待后人而可公故也"。⑥但无论是王鹗还是商挺,都是请将辽、金的事迹,附录在元史之中,而非为辽、金另修专史的。

①《元史》卷4《世祖纪一》。
②《元史》卷164《王恂传》。
③《元史》卷115《裕宗传》。
④《元史》卷159《商挺传》。
⑤《元史》卷160《王鹗传》。
⑥[清]孙承泽:《春明梦余录》卷31引王恽记王鹗事。

直到至元十六年（1279）灭了宋朝，世祖乃令词臣撰修辽、金、宋三史。①英宗硕德至治元年（1321），又令袁桷撰辽、金、宋三史。桷虽上采访遗书条例，只以英宗遇弑，事不果行。②尤其是义例问题，争辩不休，一直拖到顺帝时，元政权已经面临总崩溃的前夕，始以右丞相脱脱领都总裁，铁睦尔达世、贺惟一、张起岩、欧阳玄、吕思诚、揭傒斯为总裁；并选儒臣宗文太监、廉惠山海牙、王沂、徐昺、陈绎鲁分撰辽史。至正三年（1343）四月开撰，四年三月告成，为时不满一年，实在是太短了！

### 四、辽史的评论

撰修前代的史书，首先就得给予较长的时间，得便严肃认真地进行工作。清初朱彝尊以学问渊博，识趣高远，征入史馆撰修《明史》，即因总裁命令"具稿宜速"，便向他上书，历举《史记》《汉书》《北齐书》，"皆再世而就"；《梁书》《陈书》《隋书》之成，则"岁月更久"。而明修《元史》，则因"迫于时日"，仅 13 个月成书，虽"以宋濂、王祎一代之名儒，佐以江克宽、赵汸……诸君子之文学经术，宜其陵轶前人，顾反居诸史之下"，而请"幸少宽其期，毋或如元史之牵率"了！③

至于乾、嘉之际的史学名家赵瓯北晚年著《廿二史札记》，首先也又提出了这个问题，并直接指出元修辽、金、宋三史之最劣的原因，是时间短促的缘故。他说，司马迁《史记》之成，凡二十余年，班固《汉书》之作，积二十多年尚未完全告成，司马温公作《资治通鉴》，凡 19 年。"可知编订史事，未可聊尔命笔矣！元末修宋、辽、金三史，不过二

---

①《进辽史表》。
②《新元史》卷 189《袁桷传》。
③［清］朱彝尊：《曝书亭集》卷 32《史馆上总裁第三书》。

年……毋怪草率荒谬,为史家最劣也!"①

因为撰修史书,首先必须将所收集的材料,编成丛目草卷,经过
精审鉴别,去伪存真,去粗取精,然后加以文笔叙述,再经总裁点定,
才算成稿。如果草卷不立,鲁莽编次,自然是漏洞百出,错误多端。今
《辽史》仅就辽、金的旧文,稍加编次,不满一年即告完成,自然是多所
失检。则重复烦费,疏忽遗漏,以至采用资料不广,而所根据的最主要
的资料,又是属于原来对辽有所忌讳、回护辽的国史,还能把《辽史》
修好吗?

1. 重复烦费

如皇帝"每年游幸,既具于本纪矣,复为《游幸表》一卷;部族之分
合,既详述于《营卫志》矣,复为《部族志》一卷;属国之贡使,亦具见于
本纪矣,复为《属国表》一卷"。②须知表的功用,在通纪、传之穷,而补
纪、传之不足。以故帝王公卿事迹,有书之不胜其书,而又不能不书
的,既可载之于表;又帝王公卿事迹,纪、传书之未全备的,也可载之
于表。但事实已详于纪,又复列表载之,便是蛇下添足,颊上增毛
了。至于既作《营卫考》,复为《部族志》,则更不消说是卷多文烦,类皆重
出了。

2. 疏忽遗漏

辽,初号契丹,至太宗耶律德光,始改号曰辽,圣宗隆绪又改号契
丹,道宗洪基复改称辽。从此以后,才始终称辽,不再有更改现象。这
样改国号,复国号,自是一代最重要的政治大事,而《辽史》却不予记
载。疏漏之处,也就太大了!刘恕以宋史家著《十国纪年》,各以王蜀、
孟蜀、吴、南唐、吴越、闽、楚、南汉、荆南、北汉为主,书本朝事,则一律

---

①[清]赵翼:《廿二史札记》卷1《司马迁作史年岁》《班固作史年岁》。
②《四库全书总目》卷46《正史类·辽史》。

称宋。这种称法,是极其严明而又极其必要的。而《辽史》于本国兴兵之事,诸如:具州之战,戚城之战,邺都之战……都自称辽兵或辽军。这就好像是出自别国的史书记载了。一字之差,主体不明,疏忽之处,也又不小。

3. 采用资料

撰修一代史书,首先就得占有丰富的资料。"苟无事迹,虽圣人不能作《春秋》。"这是自然的道理。

元修《辽史》,所取资料,据都总裁脱脱所说,主要是耶律俨、陈大任两家之书。①陈氏事迹,无从稽考;俨则为求媚于君的无耻之徒。《辽史》本传说他"善伺人主意。妻邢氏,有美色,出入禁中。俨教之曰:'慎,勿失上意。'由是权位益固。"则这种卑鄙龌龊之徒所修之史,自然是遵循主子的意旨,"语多辟忌",笔多回护。用这种史书来做最主要的原始资料,还能修好《辽史》吗?

辽人所著之书,固然因为禁制甚严,不能传于邻国,从而撰修《辽史》,原始资料缺乏都在意料之中。但到元修《辽史》时,则宋人有关辽史的著作还是不少,只因撰修时间短促,不及参考罢了。诸如:富弼《奉使录》《奉使别录》《契丹议盟别录》,蔡绦《北征纪实》,程大昌《北边备对》《庆历边议》,②赵志忠《阴山杂录》,武珪《燕北杂录》,③王曙《战斗奉使录》,张舜民《浮休居士使辽录》,寇瑊《生辰国信录》。④此外,还有不知作者姓名的《契丹国王记》《契丹疆域图》《契丹地理图》。⑤哪一种不可征录? 只因急于成书、也就疏于稽考了。

①《进辽史表》。
②《宋史》卷 203《艺文志二》。
③[宋]陈振孙:《直斋书录解题》卷 5《伪史类》。
④[宋]晁公武:《郡斋读书志》卷 2 下。
⑤《宋史》卷 204《艺文志三》。

# 王夫之的史论

　　王夫之出身于湖南衡阳中等地主的家庭，生于明万历四十七年（1619），死于清康熙三十一年（1692）。这正是中国历史上一个惊天动地的时代。崇祯十六年（1643），张献忠攻克衡州，招致王夫之。王夫之逃藏在南岳，张便执其父做人质。于是王夫之用刀刺自己的肢体，使人抬去调换父亲。义军见他满身重创，就把他们父子都释放了。次年，李自成攻取北京。接着，清贵族侵入关内，王夫之悲愤绝食，写下了一百韵的长诗，吟罢而大哭之声不绝！从此，他化悲痛为力量，当清贵族继续南侵时，组织衡山义军坚强不屈地与其展开殊死的抵抗。失败后，他又参加肇庆反清政权的斗争，直至桂王被孙可望劫迁于安隆所，深知大事已不可为，乃从事著述。在极端困苦的环境中，从文化战线上宣扬他的社会历史观点。从而他的史论观点，自民族主义来说，是极其可贵的；自反对农民起义来说，又是可非议的。

　　王夫之的史论①的特征，是由当时的社会历史条件和自身的经历决定的，而他则是个儒学正统派思想的继承者，从而他作出的史论，既是客观现实的强烈反映，又有其思想的深厚渊源。

---

　　①《读通鉴论》《宋论》。

## 一、高度可贵的民族正义感

王夫之受着《春秋》"尊周攘夷"思想的影响,深深地感到明封建王朝政权的灭亡,不但是改朝换代,而且是灭了种族,亡了天下!因而在他的史论里,往往充满了强烈的种族观念,而将胸中所存的悲痛、垒块,通过对前代的史事论述出来。

本来王夫之是个儒家正宗派的地主阶级的知识分子,十分强调封建纲常伦理名分的,但因清贵族统治了中国,便认为刘裕能北伐中原,"东灭慕容超,西灭姚泓,"乃是"自刘渊称乱以来……永嘉以降,仅延中国生人之气者"!乃是"以功力服人而移其(晋)天下",不能"没其挞伐之功而黜之"者!①他甚至说:"桓温之北伐,志存乎篡也。"然而"即令桓温功成而篡,犹贤于戴异类以为中国主"。②这就可见他的种族观念是如何的强烈!这因当时的种族矛盾已成为主要矛盾,应该如此。

正因为他的种族观念强烈,所以他极力反对宋(赵宋)之称后唐、后晋、后汉之为"代",而指责"李存勖、石晋瑭、刘知远,则沙陀犬羊之长也!""名分不可以假人,天下裂而不可合,夷盗(朱温)而不可纵","何足以称'代'哉!"③

他的这种历史观点,正是他"为时而著,为事而作",而且有强烈的客观现实,鲜明的社会生活气息的反映!也是他终身不薙发易服,至死尚自题其墓曰:"明遗臣王某之墓"④的自我写照!总之,他写史

①《读通鉴论》卷15《宋武帝》。
②《读通鉴论》卷13《晋成帝》。
③《读通鉴论》卷28《五代》。
④《清史稿》卷480《王夫之传》。

论,是发抒自身感慨,寄托胸中怀抱;论的是历史事实,指的是现实问题;从而也就难免有些矫激,但却又是富有血性,富有高度的民族正义感的!

宋自南渡,一般士大夫,诚然是好谈恢复,而大都属于辽阔之言,不能解决实际问题的。但李纲在当时却算是个庸中佼佼,能从实际出发的抗战派代表人物。这因他不但对抗战规定了总的纲领,而且提出了各项实行的具体措施。而王夫之却说李纲只是虚设了一套"纲宗之言"。认为李纲所谓"亲君子,远小人;议巡幸,决战守;择将帅,简兵卒;抚河北,镇荆襄",只是一套堂而皇之的大道理,却拿不出一点具体的办法来。那么,虽是"琅琅乎言之矣,一言而气已竭矣",又"恶足以拯吾君于危殆而措之安哉"?①这又正是他深有感受,说来也就与历史上记载的事实大不符合了。

试看李纲在钦宗面前指斥白时中、李邦彦居宰相之职,却一味主和而不敢抗战,不就是公开地指责他们是"屠佞""浪子"之小人吗?怎能说他对小人"有定名而无定指者也"呢?何况李纲自己又复敢字当头,在万分危急之中,担任他人不敢担任的东京留守,力筹守战工具,一再督战以破金兵。这就充分说明了李纲的赴汤蹈火,积极奋战,敢于战斗,敢于胜利,又怎能说他"琅琅乎言之,一言而气已竭矣",而不能提出一点具体办法呢?

李纲上陈边事御敌八事,为主和的耿南仲所阻,耿又催李纲往救太原,把他排挤出去。等到李纲既行之后,朝廷又复遣散他所召集的士兵,以致战守都没办法。则李纲所说的"小人在朝,蠹害难去",不正是指的耿南仲吗?李纲又指出"唐恪、聂山之奸,任之不已,后必误

---

①《宋论》卷10《高宗》。

国"；而"力争李纲者"，则是"议论恺切"而"为一时之俊"的许翰。那么，李纲所谓"亲君子"的君子，不是指许翰又是指谁呢？所谓"远小人"的小人，不又指的是唐恪、聂山吗？又怎能说他是"止于空言"，"而无指定"落实到具体的人的身上呢？

李纲对高宗所陈巡幸的计划，曾明白指出："长安为上，襄阳次之，建康为下"。又曾力说："自古中兴之主，起于西北，则足于据中原而有东南；起于东南，则不足以复中原而有西北。盖天下精兵健马，皆在西北。"又怎能说他开陈巡幸之计，"止于空言"，未曾"进而加详"呢？至于王伯彦、黄潜善主张高宗巡幸东南而与李纲站在对立面，李纲就和他们展开针锋相对的斗争，说是靖康大臣不和的失事，都是他们在那里捣鬼，而请高宗加以审察。这不是要高宗莫听小人之言，而指点汪、黄是小人吗？

关于"决战守"的问题，李纲更是不曾虚设空言，而是分别言之极为详尽的。首先，他指出"议战，谓军政久废，士气怯惰，宜一新纪律，信赏必罚，以作士气"。已是将革新军纪的理由，说得很是透辟，"并申明改革军政者九十条"，"又请以车制颁京东西制造而校阅之。又奏造战舰，募水军，及询访诸路武臣材略之可任者以备用"。是将改进军事方面的办法都说得很具体了。又怎能说是在李纲执政之后，依然是"天子匹马以前，疲卒扶羸以进"，"卫之、伍之"，而无"其制，教之、练之、督之、绥之"，而无"其将"呢？其次，李纲指出"议守，谓敌狡狯，势必复来，宜于沿河、江、淮，指置控御，以扼其冲"。并极力推荐宗泽担任留守东京开封的职务，而宗泽一任留守，便"抚循军民，修治楼橹，屡出师以挫敌"。这就不但防御工作做得很完备，将帅选荐得很得当，而且收到了战事上的效果。又怎能说是没"行伍之凭借"，"择将帅"以为"干城"呢？

至于李纲之所以用张所招抚河北，是因张所在靖康围城时招募河北，而在军民中曾具有一定的威望。李纲之所以用傅亮经制河东，又是因傅亮演兵河朔曾立多次战功，又怎能说"张所、傅亮未足以任"呢？

总之，王夫之因为明末辽东边防的败坏，是由于万历末年以来，先后巡抚辽东的多是优游岁月，丝毫提不出一点办法的庸才；袁应泰经略辽东，疏于规划，防御松弛，因而沈阳、辽阳都告失陷。继用熊廷弼，又因好大言吹嘘，轻视敌人，致使一切兵马、军仗、粮草、营垒都任之不闻不问的巡抚王化贞，从而从中作梗，致使熊的防御计划不得实现而丢掉广宁。于是王夫之伤时感怀，在史论中悲愤激切地责备李纲是个"疏庸之士"，而谓李纲所上抗金的奏疏，都是不切实际而"无当"的"空言"。这种史论，虽是属于激情"发愤之作"，因之也就不曾顾忌历史事实，而与实际情形有所出入。[1]但终是"至情之文"，而有高度可贵的民族正义感的。

## 二、反对人民，抑制人民

儒家的政治学说，是阐述封建纲常，为封建地主阶级的政治服务的。王夫之因家庭出身的关系，本来就是剥削农民，与农民阶级对立的。尤其经过张献忠的招致，刺伤全身把父亲弄了回来，对农民起义军推翻明封建政权有切齿刻骨的仇恨。因而秉承他一贯信奉的儒家学说——地主阶级那套正名观念，妄图阻止正在变革中的社会存在，大肆宣扬"天子者，天所命也"，[2]是"继天而为之子"，"奉天以行常

---

①以上见《宋论》卷 10《高宗》、《宋史》卷 358–359《李纲传》、卷 371《白时中传论》、卷 352《李邦彦传》。

②《读通鉴论》卷 14《晋安帝》。

罚",①代天统治天下而高居于万民之上的天生最高的统治主。所以
"彝伦(伦常)之大者",便是君君、臣臣、民民的名分！而世界上一切
"善与不善的分歧",都得用君君、臣臣、民民的"彝伦为其纲"②来加以
衡量！请看,这是何等的为封建纲常说教,而强调君君、臣臣、民民的
名分关系,以图巩固封建制的社会秩序。因为在他看来,"君臣之义,
上下之礼,性也",这种天生的人的本质,是"无所逃于天地之间"③的
天经地义的纲常大道！他认为："臣之所事者君也,吾义之所不得不事
也……不得不事、不得不交者,性也。事君交友所以审用吾性,以顺吾
性,而身之得失系焉。"④总之,臣之事君,是义之所当然,情之所必然,
是顺乎人性,合乎常道,顺乎天理的,而一切是非善恶的分歧,得失的
关键,统统都在这里！所以做臣的只有忠心耿耿地事君"而匡维世教
以救君之失",而"存人理于天下"。即是昏暴之"君虐民",做臣的也不
能"以诋讦为直,以歌谣讽刺为文章之乐事",以免"递相流传,蛊斯民
之忿怼","而奖叛逆"！⑤以上所述这些,都是王夫之坚决维护封建地
主政权,强烈反对农民革命的鲜明反映,也是他誓死拒绝农民义军的
招致,至死还得自题其墓而为"明之遗臣",还得与人民作敌的自我表
白！

　　王夫之甚至认为就是"司隶校尉督察三公",已是以"陪隶告其君
长……洵然三纲沦、五典斁"了！⑥那么,做臣子的,又怎能揭发君主的

①《读通鉴论》卷6《汉光武》。
②《读通鉴论》卷29《唐僖宗》。
③《读通鉴论》卷15《宋文帝》。
④《读通鉴论》卷14《晋安帝》。
⑤《读通鉴论》卷29《唐僖宗》。
⑥《读通鉴论》卷6《汉光武》。

罪过,致引起人民的犯上作乱呢?其实,远在秦末,即是孔子的八世孙孔鲋,也起来参加了陈胜所领导的农民反秦暴政的革命。至于明末农民起义的社会基础,更是极为广阔。许多地主阶级内部分裂出来的知识分子都归附了闯王,而给闯王殚精竭虑、筹谋划策的杞县举人李岩,且是明封建王朝兵部尚书李精白的儿子。而王夫之却尚在那里顽固地死守着儒家封建伦理的教条,死后还要做"明的遗臣",则就可见他的思想实质,是如何顽强地反人民!这又何怪乎他把历代起义的农民,都一概骂之为盗贼,为"乌合之众";①都一律视之为"游惰骄桀","恣睢放荡"地"掠食而饱,掠妇而妻"的"不逞之徒";②对于起义的农民领袖"而称帝王",更是不共戴天,而污蔑为"悖乱之尤"者呢。③

其实,中国几千年前的封建专制政权,一直都被一小撮盗贼所把持。他们的那种国权,正是一个盗主国权;那种政权,正是一种贼民政权;那种政权下所谓的"神圣皇帝",不是盗主,便是盗子盗孙;不是盗子盗孙,便是盗亲盗臣。本来国家的政权,就不该被他们这一伙少数的盗贼所把持,而应由广大人民所掌握。而王夫之反说是"天之使人必有君也⋯⋯安于其位者,习于其事,因而有世及之理,虽愚且暴,犹贤于草野之罔据者!"④这种认为皇帝的子孙就是再愚蠢、再暴虐,都该世世代代永远做皇帝,而比起自民间再贤明、再能干的人做皇帝要好得多的不合理的论述,就是几千年来封建地主阶级知识分子,也是很少说过的!当然,"贤明""能干",本来就是具有阶级性的。贤明能干起自民间的人民掌握了政权,不就要对地主阶级专政吗?所以从王夫

---

①《读通鉴论》卷 19《隋炀帝》。
②《读通鉴论》卷 6《汉光武》。
③《读通鉴论》卷 19《隋炀帝》。
④《读通鉴论》卷 1《秦始皇》。

之看来，桂王朱由榔由西南地主阶级各派联合起来所建立的肇庆政权，才是朱皇帝一家世及的正统政权，而张献忠的大西政权则只是个大逆不道的"草野罔据"的匪巢罢了！所以张献忠招致王夫之，他便以死拒绝；但一经人推荐，王夫之便参加了肇庆政权。因为他正是个地主阶级的知识分子，便该为明封建王朝的地主阶级政权发愤而忠心耿耿地为之救亡图存呀！

王夫之的史论，总是代表地主阶级尤其是他中层地主阶级知识分子的利益说话的。首先，他大骂韩侂胄、张居正等之禁"鸿儒"主讲书院以课"草茅之士"，"育山陬海澨之人才，而使为君子"去做官食禄，是"妒贤病国之小人"；①并极力鼓吹一个国家政治上最重要的一招，就在"养士"。因为中小地主阶级的子弟"业已为士，聪明才干，不后于人，诗书之气，目已系见，安能一旦弃若委士"而不给以做官食禄的机会呢？"学而得禄者，分之宜也"，"语有之曰'得士者昌'"。得士，则"如网在纲，以群效于国"，"岂能舍此而求椎鲁狂悍之丑夷，以与共天下哉？"这就是说，国家只有选拔中小地主阶级家庭聪明才干的知识分子做官任职，才是纲举目张、办好政事的办法。哪能弃掉他们不用，而求钝朴愚昧、蛮犷凶悍的平民子弟来共治天下呢！

其次，他指出对于地主阶级内部犯了罪的知识分子要施仁政，而不可以"治士"。因为封建地主政权下的法庭等国家机器，只是阶级压迫阶级的工具，怎能拿地主阶级的专政作为压迫本阶级知识分子的工具，实行独裁呢？

再次，工夫之认为魏晋"以九品进退人才……非华族弗与延誉"，致使"寒人不得与于荐绅之选"，虽是违背了"公天爵于天下"的道理，但总还是在地主阶级内部"靳取华胄之子、清流之士，以品骘而进退

①《宋论》卷3《真宗》。

之,亦未甚为过"。至于农民阶级中的子弟,则应该把他们排斥于选举之外,使之永远处在社会下层,世世代代地做农民——所谓"农之子恒为农",则是理所当然。为什么?他说:因为农民"耳限于所闻","目限于所见",是"必不可使为善者"!"故曰:'习与性成。'性成而严师益友,不能劝勉,厚赏重罚,不能匡正矣!"①这就是说农民的本性,被环境习俗的见闻所限,是无法改正而使他们为善的。其实,人对客观世界的认识,并不单纯地决定于客观世界的本身,而是决定于人对客观世界的三大实践,而生产实践又是第一大实践。由于农民在生产实践过程中深刻地认识到他们在生产关系中处于被剥削的地位,也就是他们认识到乡村中的宗法思想和制度以及恶劣的风习,都是从地主阶级恶劣的政治环境而来的。从而这种东西,便成了农民所攻击的目标。何况环境能作用于人,而人又能反作用于环境,改变环境。王夫之认为由于乡村中的"见闻行习",便使农民成了环境的奴隶,使他们完全被动地、消极地受着环境支配,听任环境摆布,便该世世代代地受剥削压迫,不管环境怎么恶劣,也不能主动地去改造它,这便是彻头彻尾的宿命论。王夫之认为农民是天生的"笨虫",只能使之供驱使、被奴役,而不能使他们知道任何道理,②这正充分暴露出他那地主阶级知识分子愚弄人民的本质。

大官僚地主的后代,本是惯于剥削、压迫广大人民最凶恶的敌人。征用他们做官来统治人民,也就不但没有民意的基础,而且容易激起人民的仇恨。而王夫之却强奸民意而说什么"以族姓用人","而所征皆世胄",是"人心之所趋","民望属焉"。反过来,则认为用平民农商参与政治,乃是"乱君臣父子之彝伦";而"科举孤行,不择门阀,于是而市井

①《读通鉴论》卷10《三国》。
②《读通鉴论》卷10《三国》引《论语》:"民可使由之,不可使知之。"

锥刀,公门粪除之子弟,雕虫诡遇,且与天子坐论,而礼绝百僚……一乱而无不乱矣!"这还了得!这在他看来,平民子弟都是小人!"引小人而纳之君子之徒","则廉耻丧于天下,而人无异于禽兽"!"以小人杂于君子,而仕与同官,学与同师,游于同方,婚姻与同种姓。天下无君子,皆小人矣!"那将成了一个什么世界呢?"呜呼","可胜痛哉"![1]这就是说,封建国家的政权,是地主阶级所私有,所专有的;封建政府,是地主阶级专政的权力机关,镇压人民的总枢纽,哪能给人民以丝毫的政治权利呢!这就充分说明了他是个极力主张实行地主一个阶级的专政制度者,而他们这些地主阶级的知识分子,便是地主阶级对人民封建国家统治的基础,便是鞠躬尽瘁,死而后已为明封建政权救亡图存的士大夫!那么,在他的心目中,受教育,读诗书,只是"君子(地主阶级知识分子)所以调性情"而忠心耿耿地为封建主义服务者的特权;如果给了一般平民以读书受教育的机会,将见"俗子通文择健讼"多事,"而悖逆"犯上造反了!所以只可使他们绝对服从,决不可让他们有什么知识![2]哪里还能准许他们参与科考,让他们登上政治舞台呢!这就可见王夫之排斥人民,压制人民,是无法可以给他辩护的。

### 三、轻视妇女,论点是进步的,又是保守的

王夫之一向是被人推尊的学者。如讲经世之学的刘献廷于许多友人中,却独事一个王夫之,[3]以至称之为"洞庭之南,天地元气,圣贤学派,仅此一线"。[4]"物以类聚,人以群分"。这从儒家卫道先生们的立

---

①《读通鉴论》卷15《宋文帝》。
②《读通鉴论》卷7《汉安帝》。
③[清]全祖望:《鲒埼亭集》卷28《刘继庄传》。
④[清]刘献廷:《广阳杂记》卷2。

场说来，并不是不可理解的。但在新中国成立后，还有许多人称许王夫之是个伟大的进步思想家，那就不一定妥当了。

在上节已经叙述王夫之是如何不厌其烦地说教而强调君君、臣臣、父父、子子、兄弟、夫妇的封建纲常伦理的名分关系，反对人民，抑制人民了！然而历史的逻辑终究是向他的主观意志的论述的反面发展的！须知我国从明中叶后资本主义的因素已经有了萌芽，这反映在吴承恩的《西游记》里，便有孙悟空大闹天宫反抗昏庸的玉皇大帝的黑暗统治，冲破某些传统束缚而要求平等之朦胧可贵的民主思想。反映在谢肇淛的《五杂俎》里，便有女子可以选择自己的爱人，可以再行转嫁的男女平等的思想。而王夫之生长在吴、谢之后，反而如上节所述那样大肆宣扬封建主义的纲常名教，反对农民起义，抑制农民永远世世代代去当受剥削压迫的奴隶。又复大肆阐发他的"三从"之道，而说什么"妇者夫所蓄也"，"男子位乎外，女子位乎内"，女子是由男子所养蓄备以奴役，"听治于人者也"！在家从父，"既嫁从夫，夫死从子，妇道之正也！虽有庸主，犹贤哲归"。"恶用牝鸡，始知晨暮哉？""故圣王之治，以正俗为先，以辨男女内外之分为本"，是诚"天之经也，地之义也，人之彝伦也，事之纲纪也"，"古今之通义，不可违也"！如果"以女制男"，"以女子干丈夫"，那就真是天翻地覆，又"何殊乎以夷狄令中国，以小人治君子乎"？这种反常悖理的情形，如果"天下有之，天下必亡；国有之，国必破；家有之，家必倾。父子、君臣、兄弟、朋友之伦，以之而泯；厚生、正德、利用之道，以之而蔑。"①整个世界，都得毁灭！所以他的《读通鉴论》，尽管是用历代皇帝之名，分册议论史事的，然而却删去了汉之吕后，唐之武后，坚决主张"母后之不宜与政！"难道

---

① 《读通鉴论》卷5《汉哀帝》，《宋论》卷7《哲宗》、卷4《仁宗》。

男女真的不可一样，不能平等，男子能办到的事情，女子却不能办到吗？为什么硬要把女子当称奴隶和附属品呢！我们诚然"不是根据历史活动家有没有提供现代所要求的东西，而是根据他们比他们的前辈提供了新的东西"。①那么，以王夫之和他的前辈吴承恩、谢肇淛相比较，那他就显然是站在"山下"，而不是站在"山上"了。是往后看，不是往前看了。其实，就是轻视女子以至把她们看成为"难养"之"小人"②的孔子，也还在《诗经》的《周南》《召南》里留存了赞美太姒兴周功劳的诗篇；并在《论语·泰伯》里称述太姒是武王的一个开国功臣。可见王夫之轻视女子，较之春秋时代的孔子更变本加厉了！

诚然，王夫之是曾用进化论的观点，从历史的发展上看问题，而是值得称许的。比如他说："唐、虞以前，茹毛饮血"，"狉狉獉獉"，是个人与禽兽无分的时代，经过文化上的逐渐熏陶，也就"视唐、虞、三代初兴，政教未孚之日，其愈也多矣！"但他却把推动历史车轮前进的力量，完全归之于"尧、舜之德，汤、武之功"，③一点也不知道文化正是劳动人民创造出来的，创造历史的动力乃是人民群众，也就陷于历史唯心主义英雄史观的泥坑了！

又如王夫之论由封建制而行郡县制，乃是历史发展必然的趋势，并肯定郡县制比封建制要好；④且能认识到采用古代的法制，必须体察它的精神实质，考虑到具体的时间条件。所以他说："郡县之以封建殊"，则"三代乡里选举之遗法"，也就"不可以之于郡县制"的后代，只有"用今日之才，行今日之事，所损益可知已"，"三代之王者，其能逆

---

①列宁：《评经济浪漫主义》。
②《论语·阳货》。
③《读通鉴论》卷20《唐太宗》。
④《读通鉴论》卷1《秦始皇》。

知六国强秦以后之朝野,而豫见万年之制哉"?①这就可见他认为社会
制度,是该以历史的变化而变化,而不可以做教条主义者,不管实际
情况,将三代所行的社会制度,死搬硬套地全用在六国、强秦的时代。
这又是值得称许的。但他毕竟是个封建地主阶级中的正统派的儒家
知识分子,也就认定儒家的政治学说是一种至善至美,最终完成的永
恒绝对的真理的体系,儒家政治学说成立之后,就达到了真善美的绝
对境界,再也不能前进一步。试看他说:"法备于三王,道著于孔子",②
不就是认为后代再也没有更好的大道,更好的法制了吗? 有了这样的
信条在他背后作怪,所以他虽认为社会制度是将因时制宜而有所改易
的,但又认为《尚书》中所述"敬殆仁暴"的"圣治之本",则是"以治唐
虞,以治三代,以治秦汉而下,以迄至于今,无不可以此理而推行之",③
永远不可变易的。因而他说:"儒者之统,儒者之道",是永远"亘天垂地
而不可亡者"! ④并作出结论:"一代之治,各因其时,建一代之规模,以
相扶而成治。故三王相袭,小有损益,而大略皆同",而决不可以多所变
革。所以王安石变法,就遭到了他的反对了! ⑤这就是说,历史虽是进
化的,但儒家的政治学说的基本原则,则是必须永恒地遵循沿用而万
万不可违背的! 从而他的进化论点,说来是进化的,实质上则是保守
的。在当时历史发展的条件下,他不正是个誓死反对张献忠率领农民
起义反抗明封建王朝地主阶级的统治的反动人物吗? 如此说来,说他
是个明末的伟大进步的思想家,还是可以打折扣的。

---

①《读通鉴论》卷 3《汉武帝》。
②《读通鉴论》卷 1《秦始皇》。
③《读通鉴论》卷末《绪论四》。
④《读通鉴论》卷 15《宋文帝》。
⑤《读通鉴论》卷 10《三国》。

# 章学诚的史学

清代乾、嘉考据学，是中国封建文化的一个重要组成部分，在中国学术史上是起过重大影响的。为了说明章学诚的史学以及他是怎样对待考据学的，且先说说考据学是在清代一定的历史条件下产生，而考据学本身又是有它一定的政治意义的。

## 一、清儒的考据学是纯学术之举吗

清贵族侵入关内统治全中国，这在有心胸、有骨气、有才干的顾炎武、黄宗羲等的意识里，实是社会的大耻辱、大罪责。他们除组织武装奋勇反抗外，更抛弃了明心见性的空谈之学，专讲经世致用之术，以"综当代之务"、①以"应当代之务"了！②

清统治者为了巩固其新建立的政权，便针对顾、黄等的反抗情形，极力推广理学的传统思想，颁布了《理性全书》，提高朱熹的社会地位为十二哲，抬高朱熹的理学为国家哲学，以封建伦理纲常来钳制全国人民的思想。又严禁全国生员纠党结社，陈言军民利害；③并屡兴文字狱，使之屈服于其淫威之下。另一方面，又采取怀柔政策，鼓励知识分子埋头书斋，从儒家"经典"的故纸堆中考订训诂，探讨出一套义

---

① ［清］顾炎武：《日知录》卷 7《夫子之言性与天道》。
② ［清］全祖望·《鲒埼亭集》外编《甬上证人书院记》。
③ 《清会典》卷 36。

理,以便既可供他们作统治天下的借鉴,又可从思想领域里加强对知识分子的统治,这是一种双管齐下的政策。

当时一般的知识分子,大都感到在那极其险恶的风浪中,只有从事考据,在象牙塔里去尚友古代圣贤,才可免触忌讳;又能在古代的经籍中为现实政治找注脚,而受到清政权的垂顾。这对从事考据学的知识分子说来,确实又是一种两全的办法。所以清代考据家之事考据,并不像某些人想象的:态度客观,作风朴实。他们并非为考据而考据,而是服务当时的政治的。

当时的考据家王鸣盛就曾说:"正文字,辨音读,释训诂,通传注,则义理自见",而稽考古代典章经制,则可"俾数千百年建置沿革,了如指掌",①以供统治者参考。钱大昕作《经籍纂诂序》也说:"有训诂然后有义理。训诂者,义理之所由出,非别有义理出于训诂之外者也……《诗》述仲山甫之德,本于古训是式。古训者,训诂也。训诂之不忘,乃能全乎民秉之懿。训诂之于人,大矣哉!"简直是把训诂学捧上了天。他又在《小学考序》里说:"六经皆载于文字者也。非声音,则经之义不正;非训诂,则经之义不明……因文以载道,审音以知政,孰谓文学(考据家研究声音训诂的文字)与经济(经世致用之学)为两事哉?!"②

可见,他们在古籍里逐字逐句地做精密细微的考据工作,绝不是脱离实际生活,去发思古之幽情;相反,是他们为现实政治所支配,上承最高统治者的意旨,去钻研古圣贤为封建政权说教之道,使之重新昌明于世,为清王朝封建主义的统治找论证。并不是什么如戴震自欺

---

①[清]王鸣盛:《十七史商榷·序》。

②[清]钱大昕:《潜研堂文集》卷24。

欺人地所谓他们的"治经先考字义,次通文理,志存闻道,空所依旁"①之超现实、超阶级的客观东西。恰恰相反,乃是志在求得儒家先圣之道,去为清政权找麻痹广大人民,窒息各地此起彼伏的农民革命运动的理论根据。否则,要想清统治者在没有深刻的现实政治意义下,去笼络他们、豢养他们,是根本不可能的。

就是这个自欺欺人,曾说什么"空所依旁"、超然一切的戴震,终究又在《与某书》里,泄露出他从事考据的政治底细。说到"我辈读书,原非与后儒竞立说,宜平心体会经文,有一字非其的解,有于所言之意必差,而道从此失……君子或处或出,可以不见用,用必措天下于治安。宋以来,儒者以己之见,硬坐为古圣贤立言之意,而语言文字,实未之知。其于天下之事也,以己之所谓理,强断行之,而事情原委隐曲,实未能得。是以大道失而行事乖。"这就比王鸣盛、钱大昕更明白地告诉人们,他们之所以考据古圣贤经籍中的字句的确切解释,原是不要失掉儒家封建传统的统治之道,用之措置天下于治安。宋儒因为不曾从事这种考据工作,武断地以自己主观上所谓义理处理一切,便失却古圣贤治天下的真义,也就找不着事情的原委而乖戾失败了!所以他和得意学生段玉裁通信时,便以他从事三十多年考据工作的实践,说明一个人如果"有志闻道",探求"今古治乱之源",而不从根本上钻研语言文字,便"是犹渡江而弃舟楫,欲登高而无阶梯",②便根本没有办法。这就把他之所以从事考据的政治目的,全盘托了出来。

戴震又曾进一步地指出,他的考据,是在古圣贤的政治哲学指导下进行的。所谓"义理,即考据、文章二者之源也"。③这就是说,他所考

①[清]戴震:《戴东原集》卷9《与某书》。
②[清]段玉裁:《戴东原先生年谱》。
③[清]段玉裁:《戴东原先生年谱》。

据的一切，都是本着儒家的政治理论，做出经世的文章，供清政权参考，以统治广大人民的。所以段玉裁又概括他这位老师的考据学之在政治上的作用说："先生之治经，凡故训、音声、算数、天文、地理、制度、名物、人事之善恶是非，以及阴阳气化，莫不究乎其实。盖曲考核以通乎性与天道，既通乎性与天道，而考核益精，文章益盛。用则施政利民，舍则垂世立教而无弊。浅者乃求先生于一名一物，一字一句之间，惑矣"！①这就可见戴震的考据，确实是本着他所代表的封建地主阶级的利益，从儒家经籍中探求理论，来为统治者统治人民著书立说的。所以说"（戴）震之学，由声音以求训诂，由训诂以求义理。谓：'……义理非他，存乎典章制度也'"，②以统治天下者也。如果我们今天仍然相信资产阶级史学家所谓考据家研究历史，是秉着"纯粹客观的态度"，是只考核琐屑的名物字句，而没政治意义，那就是忘记了马克思主义所指示我们的：学术思想，乃是一种社会意识形态，是从属于不同阶级的政治要求的，绝没有不从属于阶级要求的所谓自由的客观的学术研究的教导了！

## 二、章学诚是怎样对待考据学的

以上谈了考据学是在清代一定的历史条件下产生和考据学本身的政治意义。那么章学诚究竟又是怎样对待考据学的呢？

一般研究章学诚学术思想的，总是以为他对考据学是持着一种反对态度的。试看他批评南宋王应麟长于搜罗遗逸，所成之书，只能说是一种"纂辑"的东西，不能说是自己的"著述"；只能说是一种"求

①[清]戴震：《戴东原集序》。
②《清史稿》卷481《戴震传》。

知之功力",不能说是"成家之学术"。从而他指责当时做学问的,因为
宗仰王氏,疲精劳神地去寻择经传子史,而终身得不着一点真正的学
术,都是错误地以为"襞襀补苴,谓足尽天地之能事也"①的结果。这不
是很明显地批判当时考据家徒以掇拾补苴的功夫为学问,却不能得
着真实的学问吗?

在章学诚看来,搜罗遗逸,从事一字一句、一名一物的考订,乃是
一种"琐屑"饾饤、"竹头木屑"之学。②这种考据之学,实在"征实太多,
发扬太少,有如桑蚕食叶而不能抽丝",③不曾将所征实一点一滴的东
西,熔铸创造,使它上升为理论,又怎能说得上是自己研究所得的真
正学问呢!

然而,章学诚反对的只是作为琐屑饾饤、少所发挥的考据之学。
事实上,他大力提倡"考证以实义理","考据之家,亦不易易。大而
《礼》辨郊社,细若《雅》注虫鱼,是亦专门之业,不可忽也"!甚至强调
过考据、义理、文章三者之相互为用,④是不可偏废的。因为在他认为:
古圣贤的"经旨闳深,非可限于隅曲",所以只讲"训诂章句,疏解义
理,考求名物,皆不足以言道也,取三者而兼用之",才"足窥古人之全
体"。⑤这就可见他还是肯定考据是一种极不容易从事的专业,考据对
阐述儒学宏深的经籍意旨,是和义理、文章同属重要的。只有三者相
互为用,才能相辅相成,探求出古圣贤学术的全貌而足以言道。因而
他指出了三者各有独到之处,强调了三者相得益彰的好处。这当不是

①《章氏遗书》卷 2《博约中》,以下凡引自该书者只列篇名。
②《报黄大俞先生》《与邵二云书》。
③《与汪龙庄书》。
④《答沈枫墀论学》。
⑤《原道下》。

无缘无故,而是有他一定的政治原因的。

原来考据、义理、文章三者,都是有阶级性的。章学诚的强调考据、义理、文章三者相互为用以阐述儒家之道,就是要将搞三者的人团结起来,共同对付攻击清政权的"异端""俗学",而不要自相水火,给敌人乘隙的机会。正如他在《与族孙汝楠论学书》中说:"学问之途,有流有别:尚考证者薄辞章,索义理者略证实,随其性之所近,而各标独得。服(虔)、郑(玄)训诂,韩(愈)、欧(阳修)文章,程(颢、颐)、朱(熹)语录,固已角犄鼎峙,而不能相下。必欲各分门户,交相讥议,则义理入于虚无,考据徒为糟粕,文章只为玩物。汉、唐以来楚失齐得,至今嚣嚣,有来易临决者!唯自通人论之则不然。考据以实义理,而文章乃所以述之之具。是非有异,何为纷然,自相鹬蚌,而使'异端''俗学'坐享渔人之利哉!"所以,文人袁枚反对考据,他便骂袁"非丧心病狂,何出于此",[1]徒给"异端""俗学"以钻空子的机会!虽然杨升庵因为博赡,费锡璜因为"于学有所得,能自道其所见"被他推崇,但终以费氏"不甚学而喜穿凿",杨氏"附会缘饰",[2]又受到了他的批评。

我们知道,乾、嘉之际,正是中国人民传习白莲教义起来反清的极其广泛而勇猛激烈的时代。章学诚一再强调义理、考据、辞章要相互为用,大声疾呼搞这三种学业的知识分子要团结起来,共同阐述儒家封建纲常、名教伦理之说的精微,其用意当在以之"横扫"教民(农民)起义的声势,息弭"异端""俗学"(教义)之流行,来巩固清朝封建地主阶级的政权。这就可见章学诚之认为"考证以实义理"之阐发儒圣之说以济世,和考据家王鸣盛所谓经过考据,"则义理自见",可以经时;钱大昕所谓"有训诂,然后有义理",足以济世;戴震所谓不经考

---

① 《与吴胥石简》。
② 《书贯道堂文集后》。

据,而要研究经史以求古今治乱之源,便同过河而弃舟楫,登高而无阶梯的说法,不但没有矛盾相反之处,而且完全一致,并更进一步指出了义理、考据、辞章三者之相互为用,"不可偏废"了。①

考据学诚然不能代替史学,但它却是研究历史的第一步不可缺少的环节。因为它是形式逻辑中的归纳方法,可以用之清除史料上的许多障碍:判别其真伪,确定其时代、作者,校勘其文字、版本,尽可能地使其恢复本来的面目。尽管章学诚认为"世上以博稽言史,则史考也……以故实言史,则史纂也",二者都不足以言史学。②但他要写成一部历史著作,如果不经过这一博稽故实的阶段,便是舍路无由,达不到目的地的。

章学诚是个"有良史才"的史家,要充实他的著作,使之有征有据,具有足够的说服力而为封建主义的政权说教,无论如何,他都是不得不主张考据,不得不讲考据,不得不做考据的。试看他在《丙辰札记》里,对于做治家格言的朱柏庐的名字、居处,陆故翁的周旋韩侂胄是牵于爱妾、幼子的过错事迹等详为考核,不都主张要做考据吗? 又看他在《乙卯札记》里,指责欧阳修《集古录》言韩擒虎为州刺史,乃史官的阙误,属于疏忽,杨慎《丹铅录》之言古人避讳改字,必须同音的说法,是附会不确。不都是批判他们不讲考据,以致发生了错误吗? 在《报谢文学》的信里讲音义训诂,《与乔迁安明府论课业简》里谈文字形义及说文归类之说,《评周永清书其妇孙孺人事》中说古文辞里不多见记时刻,"乙科二字不可以称乡举"等等,不都是正文学、辨音读、释训诂、举例证,而大做考据吗? 其实,《信摭》《乙卯札记》《丙辰札记》

---

① 《与朱少白论文》。
② 《上朱大司马论文》。

的极大部分都是谈考据的。

再则,从章学诚的社会关系、现实生活和学业承受来说,他都得要做考据,而且非做不可。首先,他虽中了进士,却怕做首当一面之官要负职责而会惹祸,为了"遑遑升斗",只得"终岁奔驰"[1]去依旁人家,以做封疆大吏的幕僚为职业,才是最保险的。从而他不惜"裹粮跋涉,不远万里"恳求毕沅收容他在门下"充实宾客之数",以救其"穷阨",而事事"窃愿听命"。[2]他平时治学虽然"勇于自信",[3]到为了现实生活,却没有一点独立的人格了!而毕沅这位抚台,不但自己是个主张经义专宗汉儒,说文专宗许氏的考据家,而且对考据事业,是个极为有力的奖进者。在他一生做巡抚、总督的几十年中,所招致的一批高级知识分子,帮助他校勘秦汉古籍和集当时同好著述以成《经训堂丛书》的孙星衍、汪中等,哪个不是对于三代典礼、文字训故、名物象数,都得考其原委的?章学诚当然不能例外。为了给毕总督编纂《湖北通志》,就得旁征博引,精密考据,在这方面做出成绩,以博得毕氏的信任和欢心,其后给《湖北通志》做《跋》的湖北巡抚彭祖贤就曾说,"实斋先生所纂《湖北通志检存稿》……征引繁富,考据精确,则固犹是先生搜剔之功"。可见封建官僚地主之推许章学诚在方志学方面有巨大的贡献,还是和他能做考据分不开的。

再次,章学诚曾从朱筠学做文章,给朱当过幕僚,又由于朱的吹嘘,才在京师渐露头角。[4]因而章学诚在做学问上,很是听"信其说"[5]

---

① 《答沈枫墀论学》。
② 《上毕制府书》《上毕抚台书》。
③ 《清史稿》卷 485《章学诚传》。
④ 《跋甲乙剩稿》。
⑤ 《与汪龙庄简》。

的。而朱筠又是个"谓为学必先识字"、"说经宗汉儒,诸史百家,皆考证其是非同异",①而主张考据,奖励考据的。章学诚治学既然听"信其说",而在生活上又依赖他以就业,露头角又是靠着他的吹嘘,这就决定他非做考据不可了。

但在另一方面,如本文前面所提及过的,他自己又是确曾批评过考据是饾饤琐屑之学,不足以言著作,而"尽天地之能事"的,②因此,他又不愿在考据学上多下功夫,这又是什么原因呢?

第一,乾、嘉之际,正是考据学极其鼎盛的时代,无论是以惠栋为首的吴派,还是以戴震为首的皖派,都已在考据学上做出了特殊成绩,成了"汉学"的权威,尤其是戴震。章学诚虽然具有良史之才,而又"好辩论,勇于自信",③惯于自负,但想要在考据方面超过戴震,用之以做"干禄"、"求名"的敲门砖,④却是绝对不可能的,何况考据学与他治学的兴趣又不相近。一切从现实、名利出发,所以他就不愿在考据方面多花气力,而向另一方面发展了。

章学诚这种虚弱的本质,在他《答沈枫墀论学》里完全暴露出来了。他说:"考订主于学,辞章主于才,义理主于识,人当自辨其所长矣……人生有能有不能,耳目有至有不至,虽圣人有所不能尽也。"这就是说,他是很有自知之明的,他对古籍上的字义,去做整理贯通的训诂工作;对古籍上的文义,去做校对勘误的求真工作;都是很不相近,很不擅长的,便不必向这方面发展。因而又在《与朱沧眉中翰论学书》中说,一切当"求诸己也。世之所重,而非吾意所期欤,虽如泰山,不遑顾

①杨荫深:《中国学术家列传·朱筠》。
②《博约中》。
③《清史稿》卷485《章学诚传》。
④《与族孙汝楠论学书》。

也;世之所忽,而苟为吾意之所期欤,虽细如秋毫,不敢略也。趋向专,故成功易;毁誉淡,故自得也深。即其天资之良,而悬古人之近己者以为准,勿忘勿助,久之自有会心焉。所谓途辙不同,而同期于道也。"这就可见他不曾在考据学上多下功夫,是因他的性情不相近,不易取得与吴、皖二派同等的成果,便只有朝着另一方向发展。这在他看来,所谓殊途同归,最后还是"同期于道",同样阐述儒家的封建主义而为清政权服务的。所以他说:"学业之事,将求此心之安,苟不悖于古人,流俗有所毁誉,不足较也!"

第二,章学诚原是"于古今学术,辄能条别而得其宗旨,立论多前人所未发",[1]而有独到之处的。他的义理、考据、辞章三者相互为用、各有所长的说法,既肯定了考据之与义理、辞章相辅相成的作用,同时又否定了考据的独立功能。他认为,三者只讲其一,"此皆道中之一事",实未窥道之全景。"而近人所谓学问,则以《尔雅》名物六书训故谓足尽经世之大业",[2]便是过高地估计了考据学的功用了。

从而他要反潮流,矫时习,而谓"君子之学,贵辟风气,而不贵趋风气"。[3]"风气未开,学业有以开之;风气既弊,学业有以挽之"。[4]因而异军突起,独树一帜,而挽狂澜于既倒了!

第三,章学诚、戴震都是具有封建官僚地主阶级的知识分子的本质,只知有己,不知有人,各自抱着"家有敝帚,享之千金"态度的极端狂妄者。

从而戴震所一味强调的,便是"不明训故声音之原",便不能辨

---

[1]《清史稿》卷485《章学诚传》。
[2]《与陈鉴亭论学》。
[3]《淮南子洪保辨》。
[4]《天喻》。

"古籍传写递讹"，①而求得古圣贤之道。并讥议"今人读书……文字之鲜能通，妄谓通其语言；语言之鲜能通，妄谓通其心志；而曰傅合不谬，吾不敢知也"。②一句话，不通文字训诂，便不能求得古籍中的真正知识。并认为他精于考据，在学术上的造诣也就超过了历史上所有的前人，"乃思一切以专宗汉学为至"。③既看不见古人，也看不见今人，真是睥睨天地之间，只有他自己一个了。再加上考据学在当时成了风靡一时的"显学"，而戴震便是这"显学"中具有最高声望的"权威"，因而越是坚持宗派主义，与人讨论学术，一言相左，便盛气凌人，大肆攻击，这又怎能使人忍受得了，而不以牙还牙，反击他们的考据学呢！

至于章学诚，则以为他是天才史学家，自谓"吾于史学，盖有天授"。④他认为他的论述，凡是"有关文史者，不言而已。言出于口，便如天造地设之不可动摇"，⑤而成了一种"为后世开山"的"绝业"。⑥于是他目空一切，把古今史家都一概骂倒：什么欧阳修修《五代史》，是活"类孺子学步。王（安石）与苏（轼）之商论史事，殆于群瞽拍肩矣；而思修《三国志》，尤为梦中说梦"；⑦什么"员兴宗……史学全无所见，其三史并六经论，直是乡里小儿妄说"；什么全谢山记胜国遗事，"文辞不免冗蔓，语亦不甚选择，又不免于复沓，不解文章互相详略之法"；⑧什

---

①［清］方东树：《汉学商兑》。
②［清］戴震：《戴东原集》卷3《尔雅注疏笺补序》。
③［清］姚鼐：《惜抱轩全集·文集》卷6《复蒋松如书》。
④《家书二》。
⑤《与朱少白书》。
⑥《家书二》《家书三》。
⑦《信摭》。
⑧《乙卯札记》。

么赵耘松所撰诸种方略概要，"笔力不健，铢铢拾掇，颇见竭蹶"。<sup>①</sup>总之，谁都不擅长修史，<sup>②</sup>只有老子天下第一。且莫说我们今天要批评他过高估计了自己，低估了别人，就是他自己也曾说他的"论锋所指，有时而激，则恐失是非之平"，<sup>③</sup>使人不能接受，而不得不和他闹别扭了！

从上可见章学诚和戴震都是极端狂妄自大，把自己的学问看成一朵花，把别人的著作看成豆腐渣的人。所以他们在讨论编修方志的体例时，戴一听章"言史事，辄盛气凌之"，骂他为"庸史"；章立刻向戴回敬，骂他"不解史学"，是个"俚儒"。刀来枪往，谁也不肯让谁。但在这次争吵中，章学诚还是认为"戴君学术淹贯"的，<sup>④</sup>然尚对之如此，那么，章著《文史通义》，而讲"史学义例"，在当时不但为"通人所弃置而弗道"，<sup>⑤</sup>"为不知己所诟厉"，<sup>⑥</sup>即是少数的几个知己，也不与他"同道"，<sup>⑦</sup>而对他的《原道篇》"皆不满意"，<sup>⑧</sup>也就是很自然之事了。一个极端自负的人，其最称心得意之作，却偏偏遭到考据家的鄙弃，自然是气愤填膺，而大骂他们是"矜所托以为高"的"贱儒"；大骂考据是一种"流弊不在小"的"伪学"了！<sup>⑨</sup>

---

①《信摭》。
②《信摭》中并曾批评戴东原、程易田于史学非所擅长。
③《跋丙辰山中草》。
④《记与戴东原论修志》。
⑤《家书二》。
⑥《与汪龙庄书》。
⑦《家书二》。
⑧《原道下》邵晋涵按语。
⑨《说林》《博杂》《上钱辛楣宫詹事》《与邵二云书》。

### 三、"六经皆史"的论点

章学诚在当时汉学(考据学)成了一时的"显学",宋学被尊为国家哲学之异军突起所打的学术旗帜,是他在《文史通义》中开宗明义所标举的"六经皆史"的论点。这是他的创见,[①]也是他的历史哲学的核心。他的"经世致用"之说,都可说是围绕这一轴心而加以阐发的。

首先,他认为六经都是先王纲维天下的政教典章,[②]而典章是由官师所守,政教则是由史臣所载的。[③]诸如:"《易》掌太卜,《书》藏外史,《礼》在宗伯,《乐》隶司乐,《诗》领于太师,《春秋》存乎国史"。[④]因而"六经皆先王之政典也"。[⑤]"故夫子(孔子)之述六经,皆取先王典章,未尝离事而言理",[⑥]未尝离开人事日用而空谈述古。

章学诚综合"六经皆史"之说,归纳到史的功用。得出结论说:"史学所以经世,固非空言著述也。且如六经同出于孔子,先儒以为其功莫大于《春秋》,正以切合当时人事耳。后之言著述者,舍今而求古,舍

---

①史部之书,在刘歆《七略》、班固《艺文志》,都依附于《春秋》之末,《春秋》是经又是史了。隋王通《文中子》就曾说:"王通曾以《诗》《书》《春秋》为昔圣贤所述之史。"所以说"夏商之前,经即史也"(《少室山房丛书·经籍会通》二)。因为"以事言曰史,以道言曰经:事即道,道即事。《春秋》亦经,虽经亦史"(王守仁《传习录》卷1)也。这就做了章学诚"六经皆史"的来源。而章学诚在《书教中》亦曾说:"滥觞流为江河,事始简而终巨也",然而"六经皆史"之说,终究到了章学诚才算发挥得淋漓尽致,津优衍渥。这种发展的功夫,也便是他创造的成绩。

②《易教上》《经解上》。

③《诗教上》。

④《原道》。

⑤《易教上》。

⑥《经解中》。

人事而言性天,则吾不得而知之矣!学者不知斯义,不足言史学也"。①

　　章学诚在当时学术界所开辟新的风气,便是著述要切合当代的人事。用他的话来说,便是因为当时的"学者昧于知时,动矜博古";"诵先圣遗言,而不达时王之制度,是以文为罄帨缔绣之玩,而学为斗奇射覆之资,不复计其实用也"。所以他一再强调研究学问,要以"礼时为大",要"贵时王之制度"。并进一步指出:"三王不袭礼,五帝不沿乐,不知礼时为大,而动言好古,必非真知古制者也!"②他又将史的功用归纳到"开来"两个字上。这同当时考据家研究学问之从事训诂考核而徒明古圣贤之道者相比,确是一种新鲜而别开生面的创见。他又说:"道备于六经,义蕴之匿于前者,章句训诂足以发明之,事变之出于后者。六经不能言,固贵约六经之旨,而随时撰述以究大道也!"③这种说法,在当时固然是前进的,但却又是保守的;是革新的,但却又是反动的。而保守、反动,则又是他的最主要方面。

　　为什么说他这种说法是进步的、革新的?顾炎武是清代的开国儒宗,他倡经世致用之说而又能贯彻到实践之中,受到了人们的推崇。他所倡的"经学即理学",实际上就是墨守孔子所述六经之旨的教条,做他经时济世的教条,做他经时济世的准则。至于当时的一般考据家当更是"固守六籍以言道,则固不足以言夫道矣"!④须知时会不同,事变多样,老是搬用周公、孔子的那么僵死的一套,也就不但不能经时济世,反而损时害世了!而章学诚却独异军突起,开辟新的风气,倡言"道者,非圣人智力之所能为,皆其事势自然,渐形渐著","有所需然

　　　①《浙东学术》。
　　　②《史释》。
　　　③《原道下》。
　　　④《原道中》。

后从而给之，有所郁而后从而宜之，有所弊而后从而救之"，随"时会"以"创制"，然后"法积美备"，"穷变通久之理亦大备"。①像这样以为圣人之道，当随时会以实际需要而加以补充，才能解决所出现的新问题以应变于无穷，绝不死死地抱着自以为万世不可改易之教条，则较之当时考据家之死就六经而求"天下之教一于常，天下之性一于德"地不顾及事变，不注意时会，而一味刻板地以求古先圣贤之道以治世的，当然是前进了，革新了。

为什么又说章学诚的说法，是保守的，反动的，而且是他最主要的一面呢？这因他虽然认为孔子所述六经之道，不能不随"时会""事变"而给以补充，否则便不足以穷变而解决现实问题。但他又把"历代相传"的儒家"所守先王之道"，②看成了施之万代而不可改易的基本原则，"时会"不同，"事变"出现，也只有沿袭历代儒家的正统学说的基本原则去加以补充，而儒家正统的原则却是不能违背的。补来补去，到头来还是万变不离其宗。所以他又说："儒者不得不自尊其所出"，"以存周公之旧典"，决不许"百家杂出而言道"，"而思以其道易天下"！③这不是"罢黜百家，专尊孔子"，而以儒家的封建主义永恒地占统治思想，去阻滞历史的车轮前进吗？这就不是从经济基础而是从上层建筑出发，企图树立周、孔的永恒原则作为社会的理论准则。

章学诚讲"时会""事变""创制"，其实都是承袭儒家之道为准则，绝不许越出这个范围之外的。所以他说："周公集羲、轩、尧、舜以来之道法而于前圣所传损益尽其美善。孔子尽周公之道法，不得行而明其教。后世纵有圣人，不能出其范围。"只有如此，才算"继之者善，

①《原道上》。
②《原道中》。
③《原道中》。

成之者性"。在他说来,只有以儒家学说为指导思想的理论基础,所制作出的典章政制,才算"一先于道体之适然",才可"至于无可复加之际"。①至于其他一切学术,则是"伪学""俗学""异端",都得排除干净!

因此,我们对于章学诚的学术思想,决不可估计过高。伍崇曜为《粤雅堂丛书》所收《文史通义》作《跋》,说他"每竖一义,独开生面,前无古人,后无来者"是不对的。相反,甚至不及古人(更莫说后人)。如司马迁作《史记·六国年表序》,就曾敢于指责当时讥笑秦制而不敢称道的人。认为秦虽残暴,却能法后王而革新制法,随着时代变易而变易,结果成功很大。为什么儒家学术思想在中国封建社会占统治地位几千年,到乾、嘉之际,已是百孔千疮,不足以应时变,章学诚还要只尊周、孔,而指责其他一切学术思想都是"异端""伪学""俗学"呢?

章学诚又在他的《史释》篇,大发这种议论:"孔子曰:'生乎今之世,反古之道,灾及其身者也。李斯请禁《诗》《书》,以谓儒者是古而非今,其言若相近,而其意乃大悖!后之君子,不可不察也!夫三王不袭礼,五帝不沿乐。不知礼时为大,而动言好古,必非真知古制者也,是不守法之乱民也!故夫子恶之。若夫殷因夏礼,百世可知。损益虽曰随时,未有薄尧、舜而诋斥禹、汤、文、武、周公而可以为治者!李斯请禁《诗》《书》,君子以谓愚之首也!后世之去唐虞三代,则更远矣。要其一朝典制,可以垂后世而致一时之治平者,未有不于古先圣王之道,得其仿佛者也。故当代典章,官司掌故,未有不可通于《诗》《书》六艺之所垂"!足可见他是坚执认为历史上的世次虽然祖继不断,典章政制虽要随"时会""事变"加以修补,但只能因循唐虞三代古先圣王之道,给以损益,绝不可越出《诗》《书》六艺所垂于后世的义理,而薄尧、

_____
①《原道上》。

舜,斥三王。因此,他将李斯请禁《诗》《书》,为适应新的经济基础而改革上层建筑之举指责为"大悖",就并非偶然的了。由于他死死地认为只有"六经大义,昭如日星,三代损益,可推百世",①否则,便是大逆反常,而不可以为治;便是居今反古,而将灾及其身!所以他绝对地谈不上通今,实质还是主张复古。他认为历史上只有量变,梦想不到有什么质变,而大骂那图谋推翻清王朝而另立新的农民政权的广大白莲教民"是不守法之乱民也"!

总之,章学诚所讲的"时会""事变""创制",便是针对当时的政治现实,从古先圣主的典籍中找理论根据,企图依法炮制出一套修补的典章制度,来束缚、压制广大人民,以为清封建政权服务。穷本探源,这也还是先自《论语·为政》所记殷因夏礼,周因商礼之说;后从《宋史·礼制》所谓"圣大制作,必从时宜。故五帝殊乐,三王异礼。此古今所以不同,质文所以迭用"继承、发展而来的陈腐不堪的老调子。他对这种三纲五常、文质三统之说,继承发展得越多、越透彻,也就显得他越保守、反动。

## 四、结 语

章学诚说当时的考据家,只是"舍今而求古",好像戴震、钱大昕、王鸣盛等人只是一味地在故纸堆中讨生活,他们从事考据,是与当时的政治现实无关的。这实在是故意抹杀考据学在当时现实政治上的作用的无根之言。难道真的还有为古而古,为历史而历史,不从属于阶级斗争的考据学吗?试看戴震等正文字,明训辨,有哪一件不是为阐明儒家之道,以为清朝封建政权服务的呢!不过,戴震等专事考据

①《博约下》。

经籍的文字训诂,以之经时济世,到底是间接的,软弱的。这对章学诚这个热衷于歌颂清政权的史家来说,当然是不满意的。

在章学诚看来,"自唐虞三代以还,得天下之正者,未有如我大清……天与人归";他虽深知科举取士的弊害,但还说什么"科举严而倖世少,则真才易出";他不惜用曲笔讴歌清廷开史馆修《明史》,是什么"于故明但有存恤之德,毫无鼎革之嫌。《明史》权衡,又屡颁公训。是以史臣载笔,毫无顾忌";为防范人民群众团结斗争,他指责《三国演义》"俱以《水浒传》中崔苻啸聚行径拟之","惑乱观者,清洒人心"。①他还主张以封建伦理束缚人民,对汪中主张"女子许嫁"而反对"婿死从死"等守节吃人礼教大加攻击,②特作《述学驳文》,硬说"未婚守贞……岂非秉彝之良,出于天性?是则本人心之所有,非矫强而不情";他赞扬"程朱之学,乃为人之命脉",③歌颂清朝礼教的精严为三代以来所未有,等等,皆足以证明他是个对清政权死心塌地的忠实奴才。像他如此一味对清政权的歌颂,从为封建主义说教的儒家典籍里,又哪能找到恰当的论证呢!毋怪他要批判戴震等之专事考据,是"昧于知时,动矜博古",是"舍今而求古","而误以襞𧙍补苴谓足天地之能事"之实不足为时政服务了!只有他才是个"真知古制"而"贵时王之制度"的史学专家,能够事事以"礼时为大"。因而只要是当时清封建王朝的制度,则不管它坏到怎样,阴狠惨毒到怎样,都得附会六经之说,尽情为之补充穿凿,竭力给它辩护赞扬。这就是他之所以引经入史,之所以主张"六经皆史"的唯一而独特的政治目的!

①以上俱见《丙辰札记》。

②《清史稿》卷 481《汪中传》。

③《丙辰札记》。

　　章学诚曾特写《史德》一篇，借以宣扬他在继刘知几所谓史家之兼有才、学、识三长之不容易的基础上，能进一步地指出"文史之儒竞言才、学、识，而不知辨心术以议史德"。并说："德者何？谓著书者之心术也。"好像只有他这位史家，才是才、学、识、德四者兼备的。其实，他的心术却是不好的。他自命为浙东学派。并说："浙东之学，虽源流不异，而所遇不同。故其见于世者；阳明（王守仁）得之为事功，蕺山（刘宗周）得之为节义，梨洲（黄宗羲）得之为隐逸，万氏兄弟（万斯大、万斯同）得之为经术史裁。"①至于他自己得之，则成了一个清政权的说教士。打着浙东学派的旗帜而反浙东学派的"事功气节"，则简直不是浙东学派的学者了！

　　最后，我们的结论是：章学诚在当时之所以提出他的"六经皆史"的论点，是由他的阶级本能、政治品质决定的。他以为当时学术界之以经书而述统治天下的义理，史著是记统治天下的事迹（如给《廿二史札记》作《序》的李保泰便是其中的一个）是不恰当，是不足为时政服务的。因为专言史，则嫌玩物丧志；专言经，则嫌空疏迂阔。所以他要发个宏愿，专心著述，来"专为著作之林校雠得失"，②提出"六经皆史"之说，倡言"经之流变必入于史"，③以建立他的有体有用的经史合一的历史哲学，以为"时王之制度"作出贡献，④才算通今致用，才是"知行合一之道"。⑤所以他的"六经皆史"的史学，较之当时赵瓯北等的史学之专从"古今之递变，政事之屡更，有关于治乱兴衰之故者，亦

①《浙东学术》。
②《与陈鉴亭论学》。
③《与汪龙庄书》。
④《史释》。
⑤《原学中》。

随所见附著之",①以供统治阶级借鉴的,所以体系更为完整,观点更为反动! 诚然这与章氏之"逼于困苦饥寒,呼吁哀号,失其故态"有关。②然一念及刘宗周的"慎独""节义",则他这位浙东史家,终当自惭形秽呀!

最后,必须特地指出且给以郑重申明的:章氏的《文史通义》与刘知几的《史通》,诚然都是讲史学的名箸。但刘言史法,章言史意。言法则具体而易言明,言意则高深而难阐述。而章氏却独发前人所未发,为后世所开山,《文史通义》也就成了中国史学史上一部空前未有的杰作了。表彰前贤,后学之责,容再专篇论述,这里就从略了。

---

① [清]赵翼:《廿二史札记·小引》。
②《上朱梁相公书》。

# 谈谈整理古籍

关于整理古籍这个问题现分三点来谈。

## 一、整理古籍,是极有必要,极其及时的

党中央号召我们、组织我们整理古籍,是极有必要,极其及时的。我们国家版图广大,人口众多,历史悠久,文化发达,遗留下来的古籍,的确是浩如烟海、汗牛充栋;而现在又正呈现出一个安定团结,而为历史上空前未曾有过的大一统,经济建设之欣欣向荣而崭新的大好局面,则更有整理古籍与之相适应、相配合,发扬中华民族悠久传统的文化,建设社会精神文明、物质文明的必要。

据估计,我国的古籍,现在约有 12 万多种,已经整理的,则只有 4000 多种,所以很需要我们去花大力气加以整理。

又得知道,古籍有不见于当时而出现于后代的,如《萧何法令》《张苍章程》,都是汉的法典,虽曾见著于《史记》《汉书》的纪、传之中,但刘歆《七略》、班固《艺文志》都未收录。然而按之晋的故事,也就是汉的章程。而《汉朝驳议》《汉名臣奏议》这种章程之书,却至隋、唐尚有存在的。至于历代刑统之书,则又是根据《萧何法令》增修而成的,这就可见古籍其已散佚不全,未经收录在当代目录书中的,要在后世校雠家历经稽考,为之辑佚、釐正罢了。又有古籍,在古时不曾发现,而出现于后代民间的。诸如《古文尚书音》,李唐、北宋未有其书,而出现于南宋漳州的吴氏家中;陆机《正训》,唐、宋二志并未收录,却留藏

在南宋荆州田氏家里。更有不完全藏存于国家图书馆,而收存于山间寺庙、道院里的。如全藏唐人文集的,则是南宋的一个道士;全藏北宋名人笔记的,则是南宋的一位和尚。①是知古书散落民间,未为国家所收存的实又不在少数。所以,无论明朝纂辑《永乐大典》,清代纂辑《四库全书》,都得收集民间的藏书,以补国藏典籍的不足,从这点来说,都是必要的。

总之,我国在中央相关指示之下整理古籍,将有许多民间储藏的古书出现,这是可以想象得到的。在这种情势之下,也就更加迫不及待地需要我们认真而又积极地去整理了。

何况现在全国各省、各地区以至各县,都在撰修他们的志书,整理他们先贤的著作。诸如湖南之于周濂溪、王船山、王先谦等,江西之于陶渊明、欧阳修、曾巩、王安石、朱熹、文天祥、汤显祖等的著作,都在广泛搜集,则在过去未曾出现而有待于整理的古籍,势必愈来愈多。同时,我们又是个多民族的国家,中华民族的文化,本来就是各民族共同创造的。所以我们更得整理各民族的古籍,来繁荣中华民族的文化。因而我们整理古籍范围之广泛,意义之重大,都是我国历史上空前未曾有过的,那就更加使我们兴奋之至而要认真为之整理了。

## 二、我国历史上第一次之由国家、私人的整理古籍

我国历史上之由国家、私人整理古籍,次数是较多的。现因篇幅关系,仅就国家、私人的第一次的整理来做个初步的研究于下。

1. 孔子私人之删订《诗》《书》

我国历史上,以私人而整理古籍,是从孔子开始的。孔子为什么

---

①[宋]郑樵:《通志》卷 71《校雠略·亡书出于民间论、收书之多论》。

要整理古籍？马端临说："孔子生于周末，睹史籍之繁文，惧览之者不一，遂乃定礼、乐，明旧章，删诗为三百篇，约史记而修《春秋》……讨论坟、典，断自唐、虞以下，迄于周。"①这就是说，孔子以当时的诗篇、史籍，繁复杂乱，担心读者迷惑不清，因而加以整理，"修明圣经，以绌缪异"，②现且分论于次。

(1)删订《诗经》

孔子为什么要删订《诗经》？这因诗的作用很大。试看《毛诗序》说："先王以是经夫妇，成孝敬，厚人伦，美教化，移风俗。"是说诗乃先王所以经纪世道人心，移风易俗，统治天下之必不可少的典籍。然而时值春秋，礼、乐崩溃，诗多衰世之音，很是缪乱不正。孔子因将当时三千多篇的诗，重新加以整理，"釐正遗文，辑其精华，褫其烦重"，③而"取可施于礼义，上采契、后稷，中述殷、周之盛，至幽厉之缺"的，④"凡三百五篇"，⑤使之各得其所，而起其"止僻防邪"的作用。结果，《国风》也都"好色而不淫"，《小雅》也都"怨诽而不乱"，⑥总之，诗经删订，"《风》《雅》变而还正"了，⑦这就是孔子，尽管为人恭慎谦让，对自己删诗所起的作用也都评价很高，说是"一言以蔽之，曰'思无邪'"了。⑧这就可见诗在当时，实有整理必要。

---

①[元]马端临：《文献通考》卷174《经籍考·总序》。

②《新唐书》卷57《艺文志序》。

③[唐]孔颖达：《毛诗正义序》。

④《史记》卷47《孔子世家》。

⑤《汉书》卷30《艺文志》。

⑥《史记》卷84《屈原贾生列传》。

⑦《晋书》卷91《儒林传序》。

⑧《论语·为政》。

至于孔子,又是怎样删订诗的呢?

第一,"风"有十五国,篇、章次第,已是颠倒错乱,孔子因而详为釐正而次第之。①

第二,欧阳修《诗本义》说,孔子删诗,"非止全篇删去。或篇删其章,或章删其句,或句删其字"。朱子发又本欧阳之说,而谓孔子删诗,有"全篇删去者",有"篇中删章者","句中删字者"。②

第三,顾炎武说:"孔子删诗,所以存列国之'风'也,有善有不善,兼而存之,犹古之太师陈诗以观民风,而季札听之,以知其国之兴衰。正以二者之并陈,故可以观,可以听……是以《桑中》(鄘风)之篇,《溱洧》(郑风)之作,夫子不删,志淫风也。《叔于田》为誉段之辞,《扬之水》《椒聊》(均是唐风。但王风、郑风,也有《扬之水》)为从沃之语,夫子不删,著乱本也。淫奔之诗,录之不一而止者,所以志其风之甚也……选其辞,比其音,去其烦且滥者,此夫子之所谓'删'也。"③这就是说,孔子对诗的釐正删订,是善与不善并存的。所以郑、鄘的淫诗,不曾淘汰。又,诗必协之于韵,以求合于韶、武、雅、颂之音,其中音律不协,烦而且滥,不成其为乐章的,都得删去。

(2)删订《尚书》

孔子为啥要删订《尚书》? 自周东迁,王纲不振,242 年之中,"弑君三十六,亡国五十二,诸侯奔走不得保其社稷者,不可胜数"。④而孔子则"守先王之道",以为"政教典章,人伦日用之外,更无著述之

---

① 《毛诗正义》,《欧阳文忠公集》卷 41《诗谱补亡后序》,崔述:《读风偶识》。
② [宋]王应麟:《困学纪闻》卷 3《诗》。
③ [清]顾炎武:《日知录》卷 3《孔子删诗》。
④ 《史记》卷 130《太史公自序》。

道"。①因而删订《尚书》,以记先王之事而明其政,以期拨乱反正,所谓"载之空言,不如见之于行事之深切著明也"。②从而以尧能让天下于舜,舜又能遵循尧之道而让天下于禹,以故删订《尚书》而起自唐、虞。又因秦穆公之作《秦誓》而能悔过迁善,乃将《秦誓》系于帝王之末,③而给当时以及后代的统治者,起一种"过则勿惮改";④"过而能改,善莫大焉"⑤的典范作用。

总之,孔子删订《尚书》,原是为了阐发他儒家的政治理论以为统治者留下一部统治天下的大经大法。每篇里面,莫不富有强烈的政治内容。明儒邵宝《语录简端录》就曾说:"《书》以道政事,仲尼删《书》,岂徒以文乎哉?篇有大义焉,其间小节目不论也。是故典、谟,禅继也,《汤诰》《牧誓》,征伐也;《太甲》,复也;《盘庚》,迁也;《大诰》,摄也;《顾命》,终也;《康王之诰》,始也。他篇准是,盖无无义者。"正因如此,所以不待这位成化进士,古代先贤早就指出:"《书》者,上古帝王之书","政事之纪","记先王之事,故长于政",⑥而是儒家为推行其政治理论的一部典籍。

孔子又是怎样删订《尚书》的呢?

第一,春秋之时,"上古之书,盖不可胜计",所诵习的,都是《三坟》《五典》。⑦然而《三坟》乃是什么伏羲、神农、黄帝之书;《五典》则是

---

① [清]章学诚:《文史通义》内篇二《原道中》。
②《史记》卷130《太史公自序》。
③ [宋]陈经:《尚书详解》。
④《论语·子罕》。
⑤《左传》"宣公二年"条。
⑥ [汉]王充:《论衡》卷28《正说》,《荀子·劝学》,《史记》卷130《太史公自序》。
⑦《文献通考》卷174《经籍考·总序》。

所谓少昊、颛顼、高辛、唐尧、虞舜之书。在孔子看来,这种古籍,"所起远矣"①,其可信乎?且又"简编脱落,不可通晓"。②经过研究,高辛以上,既质朴疏略而难传于后代;唐、虞以来,才"垂文立制又著明",则"焕乎其有文章",③足为万代的法典,于是断自唐、虞,以至于周,采集其典、谟、训、诰、誓、命之文,为之"蔓夷烦乱,剪截浮辞,举其宏纲,撮其机要,足以垂世立教",④而恢宏儒家统治天下的道术。

第二,孔子原是一位"信而好古"的学者。眼见当时已是少有"有疑则阙"的史家,而只穿凿附会,妄作一些篇籍,以至出现"是非无正,人用其私"⑤的不良现象。因之不禁感叹地说:夏、商之礼,我可以讲说,只是文献不足,不敢征信,⑥文献既不足征信,修史也就是附会其意,牵合其辞。于是为了删订《尚书》,便西去周室,收集丰富的资料,得见虞、夏、商、周的史书,加以删订,以成足以"疏通知远"之从唐尧、虞舜以至秦穆的政治史。

2. 刘向父子之为国家整理古籍

我国历史上第一次由中央组织专家整理古籍,是西汉成帝之命光禄大夫(掌议论及顾问、应对、诏命之官)刘向等,和哀帝时之续命刘向的儿子刘歆继承其未竟工作开始的。兹分述于下:

(1)西汉末年,为什么要整理古籍?

西汉末年政府之所以要整理古籍,并非事出偶然,而是有其由

①《汉书》卷30《艺文志》。
②《文献通考》卷174《经籍考·总序》引程子。
③《论语·泰伯》及注。
④孔安国:《尚书传·序》及疏。
⑤《论语·述而》、《论语·卫灵公》、《论语·述而》、《汉书》卷30《艺文志》。
⑥《论语·八佾》。

来,逐渐形成的。原来经秦焚书坑儒,制挟书之令,书籍遭厄,学者逃
藏,造成了一次惨重的大灾难。至汉惠帝四年(前191),始除挟书之
令;武帝时且开献书之路,置写书之官,将书藏之秘府。[1]至成帝时,秘
府之书,又多散佚,乃使谒者(掌朝觐宾赞受事)陈农求遗书于天下,
而命刘向校经、传、诸子、诗赋,步兵校尉任宏校兵书,太史令尹咸校
数术(占卜书),侍臣李柱国校方技(医药书),[2]而由刘向总其成。

(2)刘向的整理古籍

刘向是怎样整理古籍的呢?

第一,校正书名、篇目。

如《战国策》这一书名,在当时已是纷然杂乱,或叫《国策》,或叫
《国事》,或叫《短长》,或叫《事语》,或叫《长书》,或叫《修书》,而无确
定的统一名字,刘向以书的内容既是战国游说之士,为所辅之国所筹
划的策略,因而定其名曰《战国策》。

古籍篇目,有错乱重复的,乃一一为之改正。如《管子》原为484
篇,经过校去重复的,定为86篇。又如《晏子》,原凡30篇,838章,经
校去重复的22篇,623章,厘定为8篇,215章。其中"文辞颇异"的
27章,不合六经之义的18章,都各共合为一个外篇。[3]

第二,改正讹误文字。

如《晏子》,原本中之以"芳"错为"夭","牛"错成"先","章"错为
"长"的例子很多。又如《列子》中,以"尽"为"进",以"贤"为"形"的例

---

①我国储藏图书,其来很久。如《世本》说彭祖在商为守藏史;又有说周穆王
藏书于大酉山、小酉山(二山在今湖南沅陵县西北)的。至于周有藏室柱下史老
聃、秦有柱下史张苍,司马迁且说藏之名山,副在京师,就更不必说了。

②见《汉书》卷30《艺文志》。

③[清]姚振宗:《师石山房丛书·七略别录佚文》。

子也很多,都一一校正。①

第三,简述作者的生平。

任何一部著作,和作者一生的经历都有密切的关系。因此,"诵其诗,读其书,不知其人何乎"?②司马迁就曾说:"西伯拘羑里(今河南汤阴)演《周易》,尼父厄陈、蔡作《春秋》,屈原放逐著《离骚》,左丘失明厥有《国语》,孙子膑脚而论兵法,不韦迁蜀世传《吕览》,韩非囚秦《说难》《孤愤》。"③这个不但是说古人遭遇不幸发愤而著书立说,更是说他自己受李陵之祸,胸怀郁结而撰述《史记》。是知刘向之整理《管子》《晏子》《列子》……对管、晏等人的生平事迹,都做了简明叙述,使世人读其书,知其人,易于了解其中的深藏意义,是有必要的。

第四,辨章学术源流。

刘向整理一书既毕,则求索它的宗旨,穷究它的源流,"撰为一录,论其旨归,辨其讹谬,叙而奏之",④然后再整理各书的《叙录》,加以编次而成《别录》,上报中央。总计《别录》20卷,实际上也就是后人所说的解题。虽说如此地"辨章学术源流,似有得于太史叙传,及庄周《天下篇》、荀子《非十二子》之意"。⑤甚至如王应麟所说:"孔子删书,别为之序,各陈作者所由;韩、毛二诗,亦皆相类。汉时《别录》《七略》,各有其部,推寻事迹,疑则古之制",⑥非是创新之作。然而我们认为,这种文法,虽说本之于前人,但无所因则无所创,无所本则无所精。非

----

①[清]姚振宗:《师石山房丛书·七略别录佚文》。

②《孟子·万章下》。

③《史记》卷130《太史公自序》。

④《隋书》卷32《经籍志·序》。

⑤[清]章学诚:《校雠通义》内篇二《补校汉书艺文志》。

⑥[宋]王应麟:《汉艺文志考证》。

是刘的"博物洽闻,通达古今"。①是绝不可能在前人原有的基础上,继续发展、推广,取经传九流百家以辨章其源流,考究其得失,而撮述其主旨的,以故博学通才之班固撰《艺文志》,亦复"谨守刘《略》遗法。唯出刘氏之后者,间为补缀一二"而已。②反过来,"戴圣、戴德之于《礼记》,既加删削致使篇章不全;小戴所取各篇,且又多所节略;而《隋书·经籍志》尚沿二戴之位置,不循中垒(刘向曾为中垒校尉)之纪纲,吉凶迷其条贯,经纬贸其本末,沿流昧源,积非成是",也就使魏源引为遗憾了。③这又何怪乎那个以深明史义的名家章学诚之撰《校雠通义》,也都特别推崇刘向,而作《宗刘》一篇,以示意向。对于郑樵,则多微词,而有《补郑》之作了。

刘向死后,哀帝乃使其子刘歆续成其业。歆因总结群书,列其书目,著为《七略》,以之上奏。有《辑略》辑与集同,故《隋志》作《集略》,也就是群书的总要。有《六艺略》,六艺,非指礼、乐、射、御、书、数六种科目,乃指《易》《礼》《乐》《诗》《书》《春秋》,也就是六经,当时史书甚少,以之附入《春秋》,是合乎义例的。"郑樵讥《汉志》以《世本》《战国策》《秦大臣奏事》《汉著记》为《春秋》类,是郑樵未尝知《春秋》之家学也"。④有《诸子略》,有《诗赋略》。按赋本六义(风、雅、颂、赋、比、兴)的附庸,列诗于前,叙赋于后,是有得于文章承变之次第的。有《兵书略》,有《术数略》,指阴阳术数。有《方技略》,分医经、医方,而以房中(讲阴阳交合及种子的邪术书。西汉末年,曾盛行于世)、神仙两家附

①《汉书》卷 36《刘向传》。
②[清]章学诚:《校雠通义》内篇二《补校汉书艺文志》。
③《魏源集·礼记别录考》。
④[清]章学诚:《校雠通义》内篇二《郑樵误校汉志》。

入其内。大凡33090卷,是为我国目录学史上最早的一部图书分类的书。故从班固以来,莫不争相论述。《汉书》《新唐书》《宋史》《明史》都有《艺文志》,而《隋书》《旧唐书》都有《经籍志》。甚至《二十四史》中,没有《艺文志》的,清代学者亦复纷纷为之补作。诚以"《艺文志》者,学问之眉目,著述之门户"。①然则刘向父子对后学首创的津梁作用,是极其重大而深远的。

### 三、严肃认真的工作

整理古籍,自是一种扎扎实实,实事求是,力求恢复其本来面目的工作。中央颁下的文件,就曾告诫我们,"整理研究古籍,是严肃的工作,要有比较高的学术造诣"。这是我们首先必须严格认真遵守的指示。否则,即以郑樵学问之博识力之高,当他从事校雠之业,亦因不曾精意虚心地深究其故,从而卓见虽多,而错误亦复不少。尤其他因为心怀不平,嫌恶班固,以至校雠《汉书·艺文志》,错讹杂出,欲知其详,且请参阅章学诚的《郑樵误校汉志》一文好了。须知"古书之坏于不校者固多,坏于校者尤多,坏于不校者,以校治之;坏于校者,久且不可治"矣!②然则我们整理古籍,只有兢兢业业,严肃认真,以完成这攸关我们中华民族悠久的传统文化之千秋万代的伟业。兹就下列几个问题来谈谈。

1. 广搜版本

整理古籍而为之校勘,首先就得广泛搜集各种版本,以至有关的多种资料,严密地加以对比,以审定其是否篇章有错乱,字句有异同,

---

① [清]王鸣盛:《十七史商榷》卷22《汉艺文志考证》。
② [清]段玉裁:《经韵楼集》卷8《重刊明道二年国语序》。

然后才能实事求是,恢复它原来的面目。清代著名的校雠学家,曾受孙星衍、胡克家敦请,为之主持刊书;每书刊成,都得综合其所校正的撰成《考异》,或《校勘记》的顾广圻,①就曾根据他从实践中得来的经验说:"校本之异,夐若径庭,不识其为何本,则某书之为某书,且或有所未确,乌从论其精粗美恶"哉?②然则整理古籍,而得辨定其精粗,校正其讹误,第一步就得广搜不同的版本了。

现在再举一些实际的例子来说。

第一,唐太宗贞观中,令狐德棻、魏徵相次为秘书监,上言"经籍亡逸,请行购募;并奏引学士校定"。③是先购募不同版本的古籍,才奏引学士校正的。

第二,唐玄宗命昭文学士马怀素、崇文馆学士褚无量整理图书,首先就是广事借阅民间异录,④精心细致地加以对比,然后再行校勘的。

第三,宋仁宗嘉祐七年(1062),校雠宋、齐、梁、陈、北魏、北齐、北周七史。事前苏洵等即以馆阁所藏,既多脱误,不足以供校对,仁宗因诏京师及天下藏书之家上之。至七年,书才开始稍稍集于京师,而得借以校雠。⑤

再回到刘向等的整理古籍来说,这在前面已经述及成帝于事前

---

①顾广圻著《思适斋笔记》,校正六经诸子,勘定文字,是为刘向而后校雠的大宗师,曾受到龚自珍的极端推崇(《龚定庵全集·杂诗》)。

②[清]顾广圻:《思适斋文集》卷12《石研斋书目序》。

③《旧唐书》卷46《经籍志序》。

④《新唐书》卷57《艺文志一》。

⑤[清]赵翼:《廿二史札记》卷9《八朝史至宋始行》,[清]钱大昕:《十驾斋养新录》。

曾使陈农求遗书于天下了。章学诚因之说:"校书宜广储副本。刘向校雠中秘,有所谓中书,有所谓外书,有所谓太常书,有所谓太史书,有所谓臣向书,臣某书。夫中书与太常、太史,则官守之书不一本也;外书与臣向、臣某书,则家藏之书不一本也,夫博求诸本,乃得雠正一书,则副本固将广储以待质也。"①

总之,整理古籍,首先必须广搜副本,以便参互比较,以求得一个较为正确可靠的说法,则是必不可缺的第一招,从来就是如此,现在也还是必须如此的。

2. 不得自以为是

在上已是论及整理古籍,要当首先广搜异本,考其异同,辨其正误,再行择其善者而从之了。然而校勘之时,又当慎之又慎,注意以下两点,决不可自以为是。

第一,注明原文,保留异说、阙目。

刘向父子原是校雠名家,但他们整理古籍,凡是遇"书有讹误,更定其文者,必注原文于其下;其两说可通者,亦两存其说;删去篇次者,亦必存其阙目。所以备后人之采择,而未敢自以谓必是也。"至于班固掇刘的精要以成《艺文志》,亦复附"注并省之说于本文之下",决不师心"自用其例,而不顾刘氏之原文,而使后人无得从而考证"。②这是校雠古籍最好的方法,值得我们注意而且学习的。

又如朱熹竭尽一生精力,钻研经训,校正群书。然所厘定的《大学》《孝经》,亦必详注其旧本,以备后人便于再行考校,决不轻于专断,独自为是。

---

①[清]章学诚:《校雠通义》内篇一《校雠条理》。
②[清]章学诚:《校雠通义》内篇一《校雠条理》。

第二,校而不改。

改易古书原文,始于春秋之时。《汉书·艺文志》及颜注:"古制,书必同文,不知则阙,问诸故老。至于衰世,是非无正,人用其私。故孔子曰:'吾犹见及史之阙文也,今亡矣夫。'盖伤其浸不正","任意改作也"。到了汉朝,则更"有行赂改兰台漆书,以合其私者"。①

北宋之时,苏东坡尚见前辈不敢轻于改书,故蜀本大字书,尚是善本。然而以后却都改《庄子》"用志不分,乃疑于神"之疑而为凝;都改陶渊明"采菊东篱下,悠然见南山"之见而为望;②而宋敏求且改杜子美"白鸥没浩荡"之没为波,致使全篇神气索然了。

明万历年间,士人爱好改篡古书,肆意妄为,毫无怠惮。③到了末年天启、崇祯时代,则风气越盛,凡《汉魏丛书》之类,都被割裂,删句改字,古籍原来的面目全都失真了。至清,名学者辈出,校刊古书,实事求是,才一洗明人庸亡恶劣的习气,④但是这并不是说,清人就不改书了,不见毕沅就是依据他书的考订,而去注存旧本的一个例子吗?

清代儒家黄廷鉴,精于校勘,凡所校定之书,多至数十种,却以不改为主。这在他认为,"《史记》《汉书》,凡引《诗》《书》,其文多与今书不合。而裴骃、司马贞、如淳、师古之注,皆悉仍本文释之。由此言之,书之不容轻改,明矣"。⑤须知古人同述一事,同引一书,字句多有异同,以至点篡涂改原文,也是司空见惯的。诸如:庄周点篡《列子》,司马迁点篡《战国策》,以至《论语》中的《接舆》一歌,庄周也都增改了其

---

①[清]顾炎武:《日知录》卷18《改书》。

②《东坡志林》卷5。

③《日知录·改书》。

④[清]黄廷鉴:《第六弦溪文钞》卷1。

⑤[清]黄廷鉴:《第六弦溪文钞》卷1。

中的文字。但不仅无损于旧文的本意,而且有胜于前人,而自有其妙境,如果没有庄子、司马迁的才学,是极不足以语此的,所以校雠古籍,终究以校而不改为是。这因"校"与"改",是有严格区别的。凡校一书,依据多种不同版本中的差异之点,择其善者照着改正的,叫作"校";采摘它书,凭臆篡乱,借以更改本书的,叫作"改"。试看明人校书,往往鲁莽草率,轻于删句改字,致使古籍的面目全失其真,也就不如不校更好了。

<h2 style="text-align:center">四、要有比较高的学术造诣</h2>

在前面我们已是说及中央颁下的文件,说是整理古籍,"要有比较高的学术造诣"了。现根据这个指示的精神,分述几点看法于下。

1. 懂点文字学

我国古籍历经汉、唐、宋、清的专业名家注释考订,至今读之文从字顺的,固然不少;但扞格难通,也是依然存在的。为什么会存在这个问题呢?不能精通文字学,便是其中的原因之一。

我国文字,古代不多。东汉许慎《说文解字》,仅有 9000 多个字;清初的《康熙字典》,则有 47000 多字;1915 年中华书局出版的《中华大字典》且多至 48000 多字了。正因为古代文字不多,因而古籍里面,凡是声音相同、相近的字,假借通用的例子是很多的。清代精于音韵训诂之学的名家王引之所著《述文通说》,其中就曾历举前人所未涉及的经籍中的通假字,列成经文假借专条,且请读者自行参考,这里就不去说了。

正因为王引之和父亲王念孙,都是文字学的专门名家,父亲所著《广雅疏证》,凡汉以来的古训都经搜括加以疏证,订正了诸本的舛误衍漏;所撰的《读书杂志》,于古籍传写的错误,校正颇多;而自己的《经义述闻》《经传释问》,又都是今天我们整理古籍所当留心研究之书,而对我们读通古籍,起了很大的作用。1983 年 10 月 17 日,他们父子的纪念馆在高邮揭幕,全国许多训诂专家,也都不辞舟车辛苦,前去参加,无非都是对他俩津逮后学钻研古籍的功绩,表示最高的崇敬。

2. 具备较高的阅读水平

古书词义,往往艰深隐奥。如其阅读水平不高,在整理的过程中,首先也就难以了解其中的意义,更莫谈增补其中的脱文,删去其中的愆文,纠正其中的前后或上下倒置之文,以及错入正文中的注文了。

反过来,如果水平颇高,深明各时代的文体以及书中的奥义,则就辨别一部书的真伪,也就很容易了。比如,东晋晚出的《伪古文尚书》,较之今文的《周诰》《殷盘》,文体就绝然不同,只要由具有高度阅读古典文专家展眼一过,就可知道它是伪书,更不需要做什么考证了。所以整理古籍,具有较高阅读古文的水平,是不可缺少的。

3. 熟悉历史事实,典章经制

整理古籍,如果在文字上虽然没有遇到阻滞,但因对其中所涉及的历史事实或典章制度不很明悉,问题也又来了。古代许多名家学者,阐述历史上的某个问题,既已穷究它的初始,又得要会它的终末,而将它的来源、沿袭、变革,叙述成有机的一串相连,曲尽原委,就是因为学力深厚,熟悉历代事实、典制的缘故。这种例子,只要一读赵翼的《廿二史札记》所论述的问题,就足够明白了。

反过来,如清初之有勘书的,因为不知道汉贾山所说“‘秦’为驰道于天下……道广五十步,三丈而树,厚筑其外,隐以金椎,树以青松”①的历史事实,从而校勘梁简文帝《长安道》诗“金椎抵长乐,复道

①《汉书》卷 51《贾山传》。

向宜春",便误作金槌,且改为椎轮了。又《晋书》卷126《秃发傉檀载记》,曾记鲜卑人河西王秃发傉檀的历史事迹而为他立传,但校刊者因为不知道唐阎朝隐《送金城公主适西蕃诗》"还将贵公主,嫁与傉檀王",正是用了上面《晋书》中的典故,便误作耨檀,而又改作褥毡了。①总之,校雠古籍而不明历史事实,是易发生问题、出现问题的。

再就典章制度,且举避讳之事为例来说。

我国避讳制度,是从西周开始的。唐代避讳之制很严。以故唐人修诸史时,避讳之法有三。如虎(高祖的祖父名虎)、渊(高祖名渊)字,或前人名有同之者,有字则称其字。如《晋书》,公孙渊称公孙文懿,刘渊称刘元海,褚渊称褚彦回,石虎称石季龙是也。否则,竟删去其所犯之字,如《梁书》肖渊明、肖渊藻,但称肖明、肖藻。《陈书》韩擒虎,但称韩擒是也。否则,以文义改易其字,如李叔虎称李叔彪,陶渊明称陶泉明,②鲍照称鲍昭是也。如此改易前人名字,也就淆乱了古籍。如果不明唐人撰修前代史书避讳的法则,校勘《晋书》《梁书》等,也就容易发生错乱了。这就可见校雠古籍,熟悉古代的典章经制,是有必要的。

## 五、世业与专职

整理古籍,绝不是一时一代所能完成的。因而从现在起,最好就得注意整理人的专职、专业的问题。

校雠名家章学诚就曾说:"古者校雠书,终身守官,父子传业,故能讨论精详,有功坟、典。"③这不就明白地告诉了我们,要把古籍整理得很好,就要有一批专职、世业的人才么?至于精于校雠之学的郑樵,

① [清]顾炎武:《日知录》卷18《勘书》。
② [清]赵翼:《廿二史札记》卷9《唐人避讳之法》。
③ [清]章学诚:《校雠通义》内篇一《校雠条理》。

对于这个问题,则说得更是具体,且举例以明之,更是值得我们注意了。他说:"校书之任,不可不专……司马迁世为史官,刘向父子校雠天禄,虞世南、颜师古相继为秘书监,令狐德棻三朝当修史之任,孔颖达一生不离学校之官。若欲图书之备,文物之兴,则校雠之官,岂可不久其任哉?"①

　　不过,我们认为,要调某个学有根底的同志去任专理古籍之职,并不见得困难;但要拥有一批世代相传的专家,就得未雨绸缪才好。须知深通古代学术的世业专家,较比专职人才是更为重要的。所以古人之谈学术,也都注重世传其业。《礼记·学记》,原是一篇教人求学之道的文章,其中也就提到了"良弓之子,必学为箕;良冶之子,必学为裘"这个世传家学之业的问题。试看孔子一家,从春秋、战国以至秦、汉,没有一代不以儒家经义为业;伏氏一门,自伏生以后,历经两汉400年,也都代传儒家的经学。至于司马迁一家,自唐、虞经周以至西汉,皆掌太史之职;而班彪、班固、姚察、姚思廉、李百药、李延寿,莫不父子相承,世传史学之业。从而孔、伏两家之于经学,马、班等家之于史学,也都作出了极大的贡献。所以马端临撰述《文献通考》,首先在序里就说他的这部书是乃"业绍箕裘"的世业,以明渊源有自,父子相承的家学了。

---

①［宋］郑樵:《通志》卷71《校雠略》。

# 附录

## 张孟伦先生论著要目

### 一、论文

1.《孔子的史学》,《甘肃省史学会论文集》,甘肃省历史学会编,1981 年。

2.《孔子和中国古代史学》,《史学史研究》,1987 年第 1 期。

3.《〈左传〉的作者问题》,兰州大学科学讨论会,1980 年。

4.《〈左传选〉注释管见》,《兰州大学学报·中国古代史论文辑刊》,1983 年。

5.《〈汉书·地理志〉在中国史学史上的价值》,《兰州大学学报》,1983 年第 2 期。

6.《点校本〈汉书〉管见》,《社会科学》(甘肃),1979 年第 4 期。

7.《裴松之〈三国志注〉》,《中国历史文献研究集刊》,1983 年第 4 辑。

8.《隋代史学》,《史学史研究》,1982 年第 3 期。

9.《关于唐代撰修史书的几个问题》,《中国史学史论丛》,兰州大学历史系,1980 年。

10.《刘知几〈史通〉评》,《中国史学史论丛》,兰州大学历史系,1980 年。

11.《刘知几对〈三国志〉的评论》,《中华文史论丛》,1980 年第 3 期。

12.《关于宋代重修〈唐书〉的问题》,《兰州大学学报》,1984 年第
3 期。

13.《宋代治阶级在撰修国史上的斗争》,《兰州大学学报》,1981 年
4 期。

14.《〈资治通鉴〉修成的原因》,《资治通鉴丛论》,河南人民出版
社,1985 年。

15.《从史学价值和政治意义的两方面介绍〈资治通鉴〉》,《中国
史学史论存》,兰州大学历史系,1980 年。

16.《司马光和王安石在学术领域里的斗争》,《中国史学史论丛》,
兰州大学历史系,1980 年。

17.《李焘和〈续资治通鉴长编〉》,《上海师范学院学报》,1983 年
4 期。

18.《关于马端临〈文献通考〉人民性的问题——与白寿彝先生商
榷》,《兰州大学学报》,1980 年第 1 期。

19.《马端临〈文献通考〉》,《杭州师范学院学报》,1984 年 3 期。

20.《〈辽史〉的纂修及其评价》,《西北民族文丛》,1984 年第 1 辑。

21.《顾炎武〈日知录〉中的四权史观》,《兰州大学学报》,1982 年
3 期。

22.《王夫之的史论》,《中国史学史论丛》,兰州大学历史系,1980
年。

23.《赵翼〈廿二史札记〉中为清政权服务的观点》,《中国史学史
论丛》,兰州大学历史系,1980 年。

24.《章学诚的史学》,《华南师范大学学报》,1984 年第 3 期。

25.《章学诚"六经皆史"的史学观》,《高等学校文科学报文摘》,
1984 年第 3 期。

26.《关于史学史教学的一些体会》,《史学史研究》,1985 年第 2 期。

27.《评嵇文甫老先生两本评价历史问题的著作》,兰州大学科学讨论会,1981 年。

28.《谈谈整理古籍》,《河南图书馆季刊》,1984 年第 2 期。

29.《杂记小说是撰修史书所必需的重要资料》,《华南师范大学学报》,1986 年第 3 期。

30.《汉魏阿名考》,《中国古代史论丛》总第 7 辑,福建人民出版社,1983 年。

31.《汉魏时代的调味品》,《中国烹饪》,1986 年第 3 期、第 4 期。

32.《豆豉考略》,《大公报·史地周刊》,1937 年 7 月 16 日。

33.《于定国食酒数石不乱考》,《中南日报·中南文丛》,1940 年 2 月 7、14、16、18、21 日连载。

34.《先秦文武合儒教之政教》,《四海杂志》,1947 年第 4 期。

## 二、著作

1.《宋代兴亡史》,商务印书馆,1946 年。

2.《中国史学史论丛》,兰州大学历史系,1980 年铅印本。

3.《中国史学史(上、下)》,甘肃人民出版社,1983 年、1986 年。

4.《汉魏人名考》,兰州大学出版社,1988 年。

5.《汉魏饮食考》,兰州大学出版社,1988 年。

6.《中国史学史论丛》,兰州大学出版社,2016 年。

# 《陇上学人文存》已出版书目

## ■ 第一辑 ■

《马　通卷》马亚萍编选　　《支克坚卷》刘春生编选
《王沂暖卷》张广裕编选　　《刘文英卷》孔　敏编选
《吴文翰卷》杨文德编选　　《段文杰卷》杜琪　赵声良编选
《赵俪生卷》王玉祥编选　　《赵逵夫卷》韩高年编选
《洪毅然卷》李　骅编选　　《颜廷亮卷》巨　虹编选

## ■ 第二辑 ■

《史苇湘卷》马　德编选　　《齐陈骏卷》买小英编选
《李秉德卷》李瑾瑜编选　　《杨建新卷》杨文炯编选
《金宝祥卷》杨秀清编选　　《郑　文卷》尹占华编选
《黄伯荣卷》马小萍编选　　《郭晋稀卷》赵逵夫编选
《喻博文卷》颜华东编选　　《穆纪光卷》孔　敏编选

## ■ 第三辑 ■

《刘让言卷》王尚寿编选　　《刘家声卷》何　苑编选
《刘瑞明卷》马步升编选　　《匡　扶卷》张　堡编选
《李鼎文卷》伏俊琏编选　　《林径一卷》颜华东编选
《胡德海卷》张永祥编选　　《彭　铎卷》韩高年编选
《樊锦诗卷》赵声良编选　　《郝苏民卷》马东平编选

## 第四辑

《刘天怡卷》赵　伟编选　　　《韩学本卷》孔　敏编选

《吴小美卷》魏韶华编选　　　《初世宾卷》李勇锋编选

《张鸿勋卷》伏俊琏编选　　　《陈　涌卷》郭国昌编选

《柯　杨卷》马步升编选　　　《赵荫棠卷》周玉秀编选

《多识·洛桑图丹琼排卷》杨士宏编选

《才旦夏茸卷》杨士宏编选

## 第五辑

《丁汉儒卷》虎有泽编选　　　《王步贵卷》孔　敏编选

《杨子明卷》史玉成编选　　　《尤炳圻卷》李晓卫编选

《张文熊卷》李敬国编选　　　《李　恭卷》莫　超编选

《郑汝中卷》马　德编选　　　《陶景侃卷》颜华东　闫晓勇编选

《张学军卷》李朝东编选　　　《刘光华卷》郝树声　侯宗辉编选

## 第六辑

《胡大浚卷》王志鹏编选　　　《李国香卷》艾买提编选

《孙克恒卷》孙　强编选　　　《范汉森卷》李君才　刘银军编选

《唐　祈卷》郭国昌编选　　　《林家英卷》杨许波　庆振轩编选

《霍旭东卷》丁宏武编选　　　《张孟伦卷》汪受宽　赵梅春编选

《李定仁卷》李瑾瑜编选　　　《赛仓·罗桑华丹卷》丹　曲编选